地域づくり新戦略

自治体格差時代を生き抜く

片木　淳
藤井浩司
森　治郎
［編］

◎はしがき

　今日、わが国の地方自治体は、急激な人口減少と高齢化の進展、経済のグローバル化の下での厳しい地域間競争により、「ゴーストタウン」化、地域経済衰退、財政破綻など存亡の危機に直面しているといっても過言ではない。特に、2007（平成19）年夏の参議院選挙で与党自由民主党が大敗した原因の一つとして、「地域格差」問題への取り組み姿勢が不十分であったことが指摘されたこともあり、ここにきて、地域の格差是正、再生・活性化が大きな政治課題となっている。政府においても、同年11月末、「地方再生戦略」をまとめ、関係省庁が連携してこの問題に取り組むこととなった。

　しかし、これらの課題解決の主役はあくまで地方自治体であろう。すなわち、分権時代を迎えた自治体が自らの課題として、国などへの依存や甘えを排して、地域住民とともに取り組んでいくべきものである。

　その際、自治体は、このような危機を乗り越え、厳しい格差時代を生き抜くため、いかなる対策を実施していくことが必要であろうか。どのような地域づくりを進め、どのように地域住民と協働して地域の再生、活性化に取り組んでいくべきであろうか。

　私ども、早稲田大学メディア文化研究所「地域ネットワーク資源プロデュース研究会」は、2006（平成18）年夏以来、「いかに地域資源をネットワーク化によりプロデュースするか」のテーマを中心に月例会合や合宿などで議論してきた。本書は、現下の地域の再生・活性化等の問題の緊急性にかんがみ、急遽、その成果の一部として、同研究会に属する広範な分野の研究者、専門家による提言を取りまとめたものである。

　本書の内容を略述すれば、第1章（片木「『地方政府』と地域づくり新戦略──自治体が直面する存亡の危機」）では、人口減少等に対応したまち全体の「スマート・シュリンク」を提唱するとともに、自治体が「地方政府」としての自覚と責任の下、国への依存を排し、客観的な見

通しに基づいた長期的な地域づくりのための戦略を樹立し、地域の再生と地方税源の涵養に取り組むべきことを、第2章（林「まちの活性化と地域ブランド──ブランドの果たす役割」）では、自治体におけるブランドマーケティングの観点から、人材も資源もないと悩む自治体担当者に対して地域ブランドづくりのための有効な方策を提言し、第3章（森「メディアの地域貢献をどう進めるか──新たな公共性と協働の追求を」）では、地域の担い手たちがメディアを共に地域をつくる協働者として位置づけ、またメディアも地域貢献を自らの使命としてとらえるべきことを、さらにフリーペーパーなど新しいメディアの可能性について指摘している。

第4章（本間「地方自治体におけるICTとウェブアクセシビリティについて──コミュニティ活性化手法としての可能性」）では、公共分野のホームページ等のアクセシビリティの確保を提言するとともに、新たな地域コミュニティ活性化の取り組みとして、住民自治を補完する地域SNS等ICTの活用を提言するとともに、第5章（黒澤「『中心市街地活性化』のパラダイムシフト──街のメタボリズム（新陳代謝）促進を」）では、中心市街地の「新陳代謝」を促すためのキーワードとして「LIVE」を掲げ、ライブコンサートやおしゃれなレストランでの食事など思い出に残る付加価値の高い「生」の体験（ライブ）を生み出すことと、SOHOなどを活用して中心市街地居住（リブ）を促進することを提言している。

第6章（松田「高速道路と地域のかかわり──積極的な関係構築を目指して」）では、地域活性化の対象領域の内、「ビジネス色の強いトライアル領域」にフォーカスしながら、高速道路を積極的に活用し、地域の魅力を重層的・広域的につなげ、地域来訪者を多方面から引き寄せることを、第7章（木村「人的ネットワークによる地域再生──北海道小樽市における手工業職人の連携構築の事例を交えて」）では、北海道小樽市における実経験に基づく事例を紹介し、地域再生を実現するための必要

な条件を考察するとともに、地域再生におけるキーパーソンと人的ネットワーク形成、地域の大学における地域再生システム論の講義等を提言している。

　第8章（河村「学官連携と地域活性化の視点——秋田市新屋地区における学官支援による住民主体のまちづくり」）は、大学等の教育機関、自治体および住民組織の3者の連携の中で協働で取り組むことにより、大学が持つ専門的な知識やノウハウを今後の地域経営に活かしていくことを、第9章（細川「コラボレイティブ・リーダーシップ、ソーシャル・キャピタルによる地域再生——島根県隠岐の島町での動きを中心として」）では、一般的モデルとして、コラボレイティブ・リーダーシップによる地域再生へ向けて比較的紐帯が強いコンソーシアム的な組織の必要性を指摘し、終章（第10章、藤井「自治体／地域経営のリ・オリエンテーション——経営主義の浸透と揺らぎ」）では、自治体／地域社会の持続可能な自立と再生を図るとともに、共存と共生の可能性を追求するために、21世紀日本の自治体／地域社会が直面する課題を検証し、そのための解決策を展望している。

　本書が、「存亡の危機」に直面している地方自治体の首長、議員、職員をはじめ、広く、NPO、地元企業、住民など多くの方々が地域再生、活性化に取り組む際のヒントを提供し、今後の「スマート」な地域づくりに貢献できれば、幸いである。

2008年3月10日

　　　　　　　　　　　　　　　編者　　片木　淳
　　　　　　　　　　　　　　　　　　　藤井浩司
　　　　　　　　　　　　　　　　　　　森　治郎

もくじ●地域づくり新戦略

はしがき……1

第1章 「地方政府」と地域づくり新戦略……7
自治体が直面する存亡の危機　　片木 淳

第1節 「自治体」が直面する2つの危機……8
第2節 政府の地域再生・活性化と格差是正策の限界……13
第3節 「スマート・シュリンク」……19
第4節 地方が主役の地域づくり……27
本章のむすび……30

第2章 まちの活性化と地域ブランド……33
ブランドの果たす役割　　林 秀一

第1節 地域におけるブランド……34
第2節 ブランド構築のために……36
第3節 ブランド構築に向けて……52
本章のむすび……56

第3章 メディアの地域貢献をどう進めるか……59
新たな公共性と協働の追及を　　森 治郎

第1節 「地域とメディア」の遠い距離……60
第2節 新たな公共性の発見と追求……65
第3節 フリーペーパーの大きな意味……69
第4節 芽吹いている地域貢献──全国の実例から……74
本章のむすび……81

第4章 地方自治体におけるICTとウェブアクセシビリティについて

コミュニティ活性化手法としての可能性　　本間奈々

- 第1節　情報化の現状……86
- 第2節　地方におけるICTによる住民参加の取り組み……89
- 第3節　ウェブアクセシビリティ……105
- 本章のむすび……109

第5章 「中心市街地活性化」のパラダイムシフト

街のメタボリズム（新陳代謝）促進を　　黒澤武邦

- 第1節　中心市街地の「非中心」化……112
- 第2節　中心市街地活性化の取り組み……118
- 第3節　再生のためのパラダイムシフト……125
- 本章のむすび……133

第6章 高速道路と地域のかかわり

積極的な関係構築を目指して　　松田弘行

- 第1節　地域と高速道路を取り巻く情勢……138
- 第2節　地域の魅力をつなぐ高速道路の役割……144
- 第3節　地域づくりのための視点……151
- 本章のむすび……157

第7章 人的ネットワークによる地域再生

北海道小樽市における手工業職人の連携構築の事例を交えて　　木村俊昭

- 第1節　日本に、今、地域再生が必要な諸事情……160
- 第2節　内閣府調査研究の観点……162
- 第3節　地域連携の構築──小樽市の事例から……167
- 本章のむすび……177

第8章 学官連携と地域活性化の視点……181
秋田市新屋地区における学官支援による住民主体のまちづくり　河村守信

第1節　学官連携について……182

第2節　秋田市新屋地区の取り組み……183

第3節　新屋地区から学ぶこと……187

第4節　地域に対する官と学のあり方について……191

第5節　地域活性化の視点……199

本章のむすび……204

第9章 コラボレイティブ・リーダーシップ、ソーシャル・キャピタルによる地域再生……207
島根県隠岐の島町での動きを中心として　細川甚孝

第1節　地域再生とリーダーシップ、ソーシャル・キャピタル……208

第2節　隠岐の島町でのコラボレイティブ・リーダーシップ、ソーシャル・キャピタルを中心としたまちづくり……213

第3節　コラボレイティブ・リーダーシップ、ソーシャル・キャピタルを柱としたまちづくり──理念形として……223

本章のむすび……227

第10章 自治体／地域経営のリ・オリエンテーション……231
経営主義の浸透と揺らぎ　藤井浩司

第1節　自治体改革と経営主義への転換……232

第2節　自治体経営とリ・ストラクチュアリング──3つの文脈……234

第3節　経営主義の受容と見直し
　　　　──日本型マネジメント・システムをめぐって……238

第4節　自治体／地域経営の新たな座標軸を求めて……252

本章のむすび……255

執筆者紹介……260

第1章

「地方政府」と地域づくり新戦略

自治体が直面する存亡の危機

◎片木 淳

提言

　地方自治体は、2つの危機に直面している。人口の急激な減少・高齢化による「ゴーストタウン」化の危機と、地域経済の衰退・自治体財政破綻の危機である。中央省庁から地域の再生・活性化や格差是正のための施策が相次いで打ち出されているが、国依存の姿勢のままでは、これらの危機を乗り越えられない。厳しい現実を直視し、「コンパクト・シティ」を超えた「スマート・シュリンク」の考え方に基づき、抜本的な「まちの再改造」を決断すべきである。夕張市が財政再建団体に転落した真の原因は、炭鉱閉山により急激な人口減少が予想されたにもかかわらず、これへの対応を誤ったことにある。自治体は、「地方政府」としての自覚と責任の下、国への依存を排し、客観的な見通しに基づいた長期的な地域づくりのための戦略を樹立し、地域の再生と地方税源の涵養に取り組むべきである。

「自治体」が直面する2つの危機

　2007（平成19）年11月1日、経済財政諮問会議に提出された有識者議員資料「地域経済建て直しに向けて」は、疲弊している地域の例として、有効求人倍率0.7未満の北海道、青森、秋田、高知、長崎、宮崎、鹿児島、沖縄の8道県を挙げ、①急速な人口減少、老年人口割合の増大、②産業の衰退と雇用機会の縮小、③弱い財政力と財政状況の悪化傾向といった課題を指摘した。

　しかし、今後の急激な人口減少と高齢化の進展、経済のグローバル化の下での厳しい地域間競争を考えれば、「地域の疲弊」は、これらの8道県にとどまるものではない。

　地方自治体は、人口の急減等による「ゴーストタウン」化の危機と、地域格差の拡大に伴う地域経済の衰退・自治体財政破綻の危機に直面しているのである。

●人口の急減等に伴う「ゴーストタウン」化の危機

　国立社会保障・人口問題研究所の推計によれば[1]、わが国の総人口は、2005（平成17）年の1億2,776万人余をピークに減少に転じ、2020年には1億2,273万人余（3.9%減）に、2035年には1億1,067万人余（2005年比13.4%減）に減少するものと予測されている。すでに、2005年までの5年間に32道県で人口が減少したが、人口が減少する都道府県は今後も増加を続け、2010年から2015年にかけては42道府県、2020年から2025年にかけては沖縄県を除く46都道府県、2025年以降はすべての都道府県で人口が減少する。

　老年人口（65歳以上人口）が総人口に占める割合は、逆に、各都道府県とも今後一貫して増加し、老年人口割合が30%を超える都道府県は2005年にはゼロであったが、2020年31道県、2035年には44都道府県に

増加する。

　さらに、労働力人口は、人口減少を上回る勢いで減少し、女性や高齢者の労働市場への参加が進むという楽観的な仮定をおいた場合でも、2004年から2030年までに約533万人の減少が予測されている[2]。

　また、国立社会保障・人口問題研究所の市区町村別推計によれば[3]、1995年から2000年にかけて既に全国3,245（2001年末現在。以下同じ）の約3分の2（67.6％）の市町村で人口が減少したが、その割合は今後も増加を続け、2025年から2030年にかけては95.3％の自治体で人口が減少する。

　2030年の人口を、2000年を100とする人口指数で見ると、指数が100を超える、すなわち2000年より人口が増加する自治体は431（全体の13.3％）であるのに対して、残る9割近くの自治体は人口が減少する。このうち、指数が60未満、すなわち4割以上減少する自治体は540（全体の16.6％）、指数が60〜80、すなわち減少率が2割〜4割の自治体は1,277（39.4％）となる。合わせて全自治体の56.0％を占める1,817自治体では、人口が2割以上減少する（図1）。人口が4割以上減少する自治体540を地域ブロック別に見ると、多い順に、北海道94、九州・沖縄91、中国86と並び、このうち158自治体は人口が半分以下になる。

■図1　人口指数別市区町村（2000（平成12）年を100とした場合）

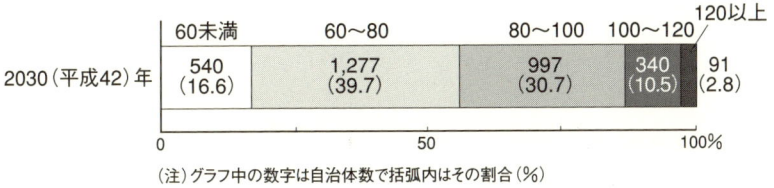

（注）グラフ中の数字は自治体数で括弧内はその割合（％）

（出典）国立社会保障・人口問題研究所「日本の市区町村別将来推計人口（平成15年12月推計）」

人口規模別には、2000年から2030年にかけて、3万人以上の自治体が735から678に、3万人未満5,000人以上の自治体が1,788から1,445に減少するのに対し、人口規模5,000人未満の自治体は722から1,122へ1.6倍増となり、その全自治体に占める割合は、34.6％となる。

　地域ブロック別に見ると、2030年に人口規模5,000人未満の自治体が最も多くなるのは九州・沖縄（208）、続いて東北（169）、中国（165）の順であり、これら3ブロックで人口規模5,000人未満の自治体の48.3％を占める。

　また、2000年から2030年にかけて3,232自治体（全自治体の99.6％）で老年人口割合が上昇し、老年人口割合40％以上の自治体は77から987に増加、2030年には全自治体の30.4％を占めるようになるのに対し、老年人口割合20％未満の自治体は967から7へ減少する（図2）。

　さらに、2007（平成19）年8月に公表された国土交通省の「平成18年

■図2　老年人口割合別市区町村

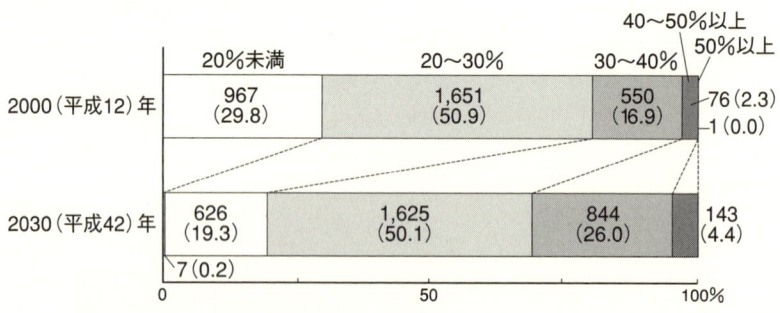

（注1）グラフ中の数字は自治体数で括弧内はその割合（％）
（注2）割合については四捨五入して表記したため合計が100にならない

（出典）国立社会保障・人口問題研究所「日本の市区町村別将来推計人口（平成15年12月推計）」

度　国土形成計画策定のための集落の状況に関する現況把握調査」最終報告によれば、過疎地域を抱える全国775市町村の62,273集落のうち、全体の約15％（8,859集落）では、集落機能が低下もしくは維持困難になっている。また、前回調査時（1999年）から今回までに、すでに全国で191集落が消滅したが、今後10年以内に消滅する集落は423集落、いずれ消滅すると見られる集落と合わせて全体の4.2％に当たる2,643集落が消滅すると予測されている。

　このように、人口の減少と高齢化の急激な進行による限界集落の消滅など、自治体の「ゴーストタウン」化とでもいうべき事態の発生が憂慮されるのである。これを成り行きのままに放置するならば、各種行政サービスとインフラの利用が非効率となるとともに、将来、財政的に支えきれないほどの大きな負担となることが懸念される。

●地域経済の衰退と自治体財政破綻の危機

　2007（平成19）年6月に公表された総務省「地方の活性化とユビキタスネット社会に関する懇談会」の報告書によれば[4]、大都市圏とそれ以外の地域で景気の回復感に差があり、自立した地域経済の確立が急務となっているとされている。

　また、産業面では、世界市場における日本の輸出シェアが減少するとともに、海外生産比率は上昇傾向にあり、生産拠点の空洞化が進展しているほか、中心市街地の居住人口や販売額も減少し、地場産業の苦戦が見受けられるとしている。

　さらに、少子高齢化の進展、産業構造の変化等の結果、地域の労働力の減少、地域コミュニティの喪失、地域の基幹産業の不振等地域において様々な課題が生じていると指摘している。

　「地域経済の衰退」という厳しい現状であるが、この結果は、民間経済の状況に左右される地方自治体の税収入に影響を及ぼし、自治体間の税収格差となって現れる。

現状でも、例えば、都道府県における1人当たりの税収は、最大の東京と最小の沖縄との間で、3.2倍の格差がある。特に企業に課税する地方法人2税（法人事業税と法人住民税）では、最大の東京と最小の長崎との間で、6.5倍の格差となっている。地方消費税の格差は少なく、2.0倍程度である（表1）。

また、最近は、景気の回復により、地方税収も伸びているが、この4年間の増収額を見ると、東京都においては、1兆3,670億円にも上っているのに対し、財政力の弱い下位8県の増収は、全部合わせても1,395億円にとどまり、東京とそれ以外の道府県との格差が開いていく傾向にある（表2）。

今後、自治体によっては、さらに地域経済の衰退により税収入が減少

■表1　地方税の偏在の状況（平成17年度）

	偏在度 （1人当たり税収:最大／最小）	集中度 （東京／全国）
地方税全体	東京／沖縄：3.2倍	17.3%
地方法人二税	東京／長崎：6.5倍	25.8%
地方消費税（精算後）	東京／沖縄：2.0倍	14.1%

※都道府県・市町村分を含む。

（出典）経済財政諮問会議、総務・財務両大臣提出資料「地域間の財政力差の縮小について」平成19年4月25日

■表2　地方税収額の推移

	平成15年度 （決算）	平成19年度 （予算）	増減額
東京都	3兆9,360億円	5兆3,030億円	+1兆3,670億円
財政力指数下位8県	6,594億円	7,989億円	+1,395億円

※財政力指数下位8県とは、島根県、高知県、鳥取県、長崎県、秋田県、宮崎県、沖縄県、和歌山県である。
　このうち、島根県、鳥取県、宮崎県は平成19年度当初予算が骨格予算である。
※東京都の地方税収は、都区財政調整に係る調整税を含む。

（出典）経済財政諮問会議、総務・財務両大臣提出資料「地域間の財政力差の縮小について」平成19年4月25日

する一方で、人口の高齢化等に伴う財政需要が増嵩し、財政が逼迫して破綻する事態も懸念されるのである。

政府の地域再生・活性化と格差是正策の限界

●「ふるさと納税」と「税源交換」構想

　このように、地方財政格差が拡大していく中で、政府において検討されたのが、「ふるさと納税」と「税源交換」構想である。

　「ふるさと納税」は、個人住民税の一部を生まれ育った故郷の自治体などに納めることができるようにする制度である。現在の個人住民税では、1月1日に住民票がある自治体に納付する「住所地主義」が採用されており、「ふるさと納税」はできない。

　「税源交換」構想は、法人2税（法人事業税、法人住民税）が東京に集中している現状から、地方税収における偏在が小さい地方消費税の比率を高め、引き換えに地方の法人事業税などを国税に移すというものである。

　いずれも、地方自治体間の税収格差を是正するため、菅義偉総務大臣（当時）が打ち出した構想である。

　これを受け、2007（平成19）年4月に発足した地方分権改革推進委員会は、その「基本的な考え方」の中で、分権型社会にふさわしい地方の税財政基盤の確立にあたっては、「地域間の財政力格差の縮小をはかり、どの地域に暮らしていても勇気と希望がもたらされる豊かな自治が実現される仕組みにするとともに、東京等に税源が偏在している状況も念頭に置く必要がある」5)とした。

　政府の「基本方針2007」（2007年6月19日）でも、法人2税を中心に税源が偏在するなど地方自治体間で財政力に格差があることを踏まえ、「地方間の税源の偏在を是正する方策について検討し、その格差の縮小を目指す」とともに、「『ふるさと』に対する納税者の貢献や、関わりの

深い地域への応援が可能となる税制上の方策の実現に向け、検討する」こととされた。

　このような動きに対して、東京都は、石原慎太郎知事を先頭に反論を展開した。すなわち、「ふるさと納税」については、「非常におかしな話で、住んでいるところでいろんな行政のサービスの受益をしているわけですから、それに対する対価としての住民税が払えているわけでね」（2007年5月25日同知事記者会見）と批判するとともに、「現在の地方財政の困窮は、国がバブル経済崩壊のツケを地方に押し付けた結果」であり、「都市から地方へと税を再配分する小手先の手法は、地方財政を困窮させた国が、地方全体の財源を召し上げるものであり、都市と地方にとってメリットはない」、「地域間の税収の偏在は、地方交付税によって調整済みである」等と主張した[6]。

　2007（平成19）年6月1日に発足した総務省の「ふるさと納税研究会」（座長：島田晴雄千葉商科大学学長）は、同年10月5日、最終報告を提出したが、①「ふるさと」とすべき地方団体は限定せず、納税者の意思に委ねる、②「ふるさと納税」は、直接の納税ではなく、寄付金控除の仕組みによることとし、控除対象額のうち、4割を都道府県税から、6割を市町村民税から、それぞれ税額控除することが適当であるとした。政府は、これに基づき、次の通常国会に法案を提出する予定であるが、寄付とする形に落ち着き、しかも、納税額の1割という上限を設けたため、地方税収格差の是正効果は薄いのではないかと予想される。

●政府の地方再生戦略と「税源交換」構想

　2007（平成19）年10月9日、政府は、小泉政権下で設置された従来の都市再生本部、構造改革特別区域推進本部、地域再生本部、中心市街地活性化本部の4つの地域関連本部の実施体制を統合した地域活性化統合本部の設置を決定した。

　これまで、都市再生本部は都市の魅力や国際競争力を高めるための物

流施設などの整備、構造改革特区推進本部は地域における規制緩和、地域再生本部は雇用創出につながる行政サービスの民間委託、中心市街地活性化本部は衰退する地方都市の活性化支援などを推進してきた。

　今回の統合本部は、安倍晋三首相の突然の辞任にまで至った2007（平成19）年夏の参議院選挙での与党自由民主党の大敗の原因のひとつとして、地方の格差への取り組み姿勢の不十分さが指摘されたことから、福田康夫首相の指示で設置されることとなったものである。

　2007（平成19）年11月30日、地域活性化統合本部は、「地方再生戦略」を決定した[7]。その中で、「人口減少時代に突入した我が国において、この地方の衰退を食い止めるための道筋を明確に定め、地方再生に向けた取組を長期にわたって継続することにより、福田内閣が目指す『希望と安心の国づくり』を実現」するとし、次の地方再生5原則を掲げた。

```
◎「補完性」の原則
◎「自立」の原則
◎「共生」の原則
◎「統合性」の原則
◎「透明性」の原則
```

　そして、地域を（1）地方都市（2）農山漁村（3）基礎的条件の厳しい集落——に3分類した上で、それぞれの特徴に応じた課題を列挙した。すなわち、

（1）地方都市については、企業立地、中小企業振興等による地域経済の牽引、生活者にとって暮らしやすいまちづくり、持続可能な都市の活性化と成長発展を支える交流の推進、多様な主体によるまちづくりの促進と地域コミュニティの再生等、

（2）農山漁村については、地域の基盤となる農林水産業等の再生、医療、生活交通等生活者の暮らしの確保、地域の持続可能な発展を支

える循環・交流・連携等、
(3) 基礎的条件の厳しい集落については、生活者の暮らしの維持確保、担い手による地域の産業の再生、域外との交流の維持・促進等、
地方の課題に応じた地方再生の取り組みを進めるとしている。

　また、これに先んじ、11月8日、増田寛也総務大臣は、「『地方と都市の共生』プログラム（地方税財政上の対応）」を提示し、地方財政計画の歳出に「地方再生・活性化対策費」（仮称）を新設し、地方の自主的・主体的な活性化施策に必要な地方交付税の特別枠を確保するとともに、その財源を、偏在度の小さい地方消費税と偏在度の大きい地方法人2税を交換（当面、消費税の地方交付税分を地方消費税へ、地方法人2税を国の法人税の地方交付税分に、それぞれ一部移管することを中心に検討）する「税源交換」により捻出すること等を提案した[8]（図3）。

　しかしながら、財務省の反対もあり、結局、2008年度の政府予算では、「税源交換構想」は実現せず、都市部と地方の税収格差を是正するため、

■図3　「地方と都市の共生」プログラム（実施イメージ）
・地方と都市がともに支えあう「共生」の考え方の下、地方の自主的・主体的な活性化施策に必要な地方交付税の特別枠を確保。その財源は、地方税の偏在是正により生ずる財源を活用。
・東京都等の歳出が減少し、交付団体の歳出に振り替わるものであって、地方全体の歳出は増加しない（A＝B）

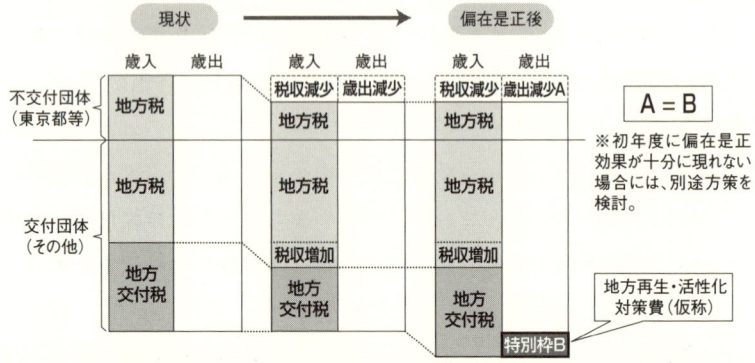

（出典）経済財政諮問会議、増田臨時議員提出資料「地方の元気が日本の力（（第2）「地方と都市の共生」プログラム（地方税財政上の対応）」平成19年11月8日

法人事業税のうち2.6兆円分を分離、国税の「地方法人特別税」に衣替えした上で地方に譲与税として配分し直すにとどまった。結果的に、東京都などから計4,000億円程度を財政力の弱い自治体に再配分することとなったが[9]、あまりに場当たり的な対応との批判がなされている。

これらの構想についても東京都の反発には激しいものがあったが、2007（平成19）年12月11日、福田首相と石原都知事が会談し、東京都の税収減への見返りとして、都から国への要望が強い首都圏の幹線道路整備などについて、政府と都の協議機関をつくることなどを検討することを条件に決着したものである。

●政府の地域再生・活性化と格差是正策の限界

以上のとおり、国のサイドにおいても、地方財政格差是正策や地域再生・活性化策が講じられてきているが、なんといってもこれらの施策推進の中心となるべきは地方自治体である。国に依存した旧来型の地域再生・活性化策等では、効果が期待できないのは、旧全総、新全総以来のわが国における地域開発の歴史が示すところである。政府自身も認めるように、そもそも、地域の課題は「地域によって多種多様であり、従来の国主導による一律の政策展開は限界を迎えていること、他方で、各地域は、農林水産品、産地の職人の技、伝統文化、地域活動の主体となる人的資源、地域の社会的ネットワーク等の固有の地域資源を有しており、それぞれの地域にある潜在的な資源を掘り起こし、それぞれの課題に対応した解決策を自ら考え、地域の実情に応じた政策展開を行い、持続的な発展の仕組みを作っていく必要に迫られている」[10]のである。

今後は、地方自治体が中心となって、住民の力も動員した内発的な地域再生・活性化策等を進めるのでなければ持続的な成功につながらない。最近、地域再生、地域格差等が政治問題化するのに乗じて、政府各省の地域再生・活性化策が雨後のたけのこのように次から次へと立案され、まるで、国家財政の危機などどこの国の話だとでも言わんばかりの

大盤振る舞いになりつつある。中には「悪乗り」と見られるものもあり、また、しばしば、仕事をしているという言訳（国会答弁）のためだけのいわゆる「アリバイ行政」の疑いを持たれるものもある。これらの国の施策については、真に持続的な地域の活性化等をもたらすものであるのか、政策評価・行政評価理論の説くところに従い、アウトカムの事前予測と事後検証をきちんと行うことが必要不可欠である。

いずれにしても、今後の地域再生・活性化策の推進にあたっては、あくまで各地方自治体が主体となって、国への依存を排してそれぞれの地域の課題に即した解決策を自ら考え、地方税減の涵養を目指して、地域の実情に即した政策展開を自立的に行うべきものである。

●第2期地方分権改革の推進

そして、そのためにも、本稿では詳述する余裕はないが、国から地方自治体への権限と財源の移譲、国の関与の撤廃、さらなる三位一体の改革の推進による自主財源の充実等の地方分権改革の推進が避けて通れない課題となる。

2007（平成19）年4月2日、7人の委員からなる地方分権改革推進委員会（委員長：丹羽宇一郎伊藤忠商事取締役会長）が発足した。5月30日の第7回地方分権改革推進委員会においては、地方分権改革の目指すべき方向性、地方分権改革推進のための基本原則、調査審議の方針、政府および地方自治体に望むこと等からなる「基本的な考え方」が取りまとめられている。

その主な内容としては、地方分権改革の目指すべき方向性として、自治行政権・自治財政権・自治立法権を十分に具備した地方政府の確立、国の地方支分部局等の廃止・縮小、条例の上書き権を含めた条例制定権の拡大、地域間の財政力格差の縮小等を打ち出した。また、2010年3月の「新分権一括法案」提出を目指して、おおむね2年以内をめどに順次「勧告」を行うとした。

その後、同委員会は、2007（平成19）年11月16日、中間的な取りまとめを行い、「自治行政権、自治立法権、自治財政権を有する『完全自治体』を目指す」など地方分権改革における基本姿勢を明確化にするとともに、自治体への権限移譲、国による義務付け・関与の廃止・縮小、国の地方支分部局等の見直し、国と地方の税源配分5：5等の方針を示し、国民・住民本意の分権改革を進めるとしている。

　今後は、地方分権改革委員会において抜本的な改革案が早期にまとめられることが期待されるとともに、政府自身においても、これと並行して、さらに、地方分権改革の推進に努め、地方自治体による「地域づくり新戦略」のための条件整備を進めるべきである。

「スマート・シュリンク」

　第1節で述べたように人口減少が今後のわが国にとって深刻な問題であるということについては、ある程度政府も認識しており、「基本方針2007──『美しい国』へのシナリオ」（2007（平成19）年6月19日）では、「人口減少というこれまで経験したことのない状況の中で、経済成長を持続させ、生活の質を高くしていくことが、今後の日本経済の最も重要な課題」であり、「人口増加を前提としたこれまでの諸制度を根本から見直し、人口減少という現実に対応したものに変革しなくてはならない」としている。

　しかし、個々の自治体としては、事態をもっと深刻に受け止める必要があろう。「基本方針2007」は、「人口減少下で何より重要なことは、1人当たり生産性の向上である。年齢や性別にかかわらず、働く意欲を持つ人々が働く機会を得て、より多くの価値を生み出せるような環境がつくられれば、人口減少を恐れることはない」とするが、この認識自体、楽観的すぎると思われるからである。政府自身も指摘するように（2003

年10月「平成15年度年次経済財政報告――改革なくして成長なしⅢ」）、高齢化・人口減少の下での経済成長の在り方を考えるにあたっては、財政・社会保障制度の持続可能性を維持する観点から「1人当たり生産性」だけでなく、マクロで見たGDP成長率を重視する必要がある。

　さらに、前述したように、個別の自治体によっては、極めて深刻な「ゴーストタウン」化の危機に直面しようとしているところもある。全国平均だけで論じるわけにはいかないということである。

　「ゴーストタウン」化の危機に対して地方自治体のとりうる道は、2つある。ひとつは、経済成長前提の考え方に立って、人口増を図るための地域再生・活性化策を実施していく路線である。もうひとつは、人口の減少等を時代の趨勢、客観的な情勢の変化であると素直に受け止め、予測される人口の減少と高齢化に応じてこれまでの公共インフラや行政サービスを抜本的に見直し、「まち全体の再改造」を実施していく「スマート・シュリンク」の道である。「スマート・シュリンク」の考え方の特徴は、後述するように、人口の減少・高齢化の見通しを前提とし、計画的な「都市の縮小」にまで踏み込むところにある。

　前者の路線がいかなる場合にも、常に誤りであるとはいえないかもしれない。また、選挙民たる住民も、そのような、威勢のよい「積極策」を望むことが多いであろう。しかし、地方自治体当局には奇跡を可能にする魔法の力が備わっているわけでは到底ない。むしろ、自治体の力の及ばないことのほうが多いのがグローバル経済の下での地域経済であるということを肝に銘じるべきである。それを充分認識し、自らできることとできないことを冷静に見極め、できることにはもちろん全力を尽くすが、できないことはこれを素直に受け入れ、たとえ選挙民の評判は悪くとも、人口減少と高齢化という厳しい現実について積極的に情報公開し、住民の合意形成を図り、「スマート・シュリンク」の道を選択する勇気が必要といえるのではなかろうか。

　甘い見通しの下に旧態依然たる発想の地域再生・活性化策をいたずら

に継続することは、公共インフラと行政サービスの抜本的な見直しを怠ることとなり、取り返しのつかない財政破綻をもたらすことにもなる。この点、同情すべき点も多々あるが、その反省のための最もよい材料となるのが、夕張市の財政破綻である。

●夕張市財政破綻と「スマート・シュリンク」

夕張市が財政破綻に立ち至った原因は、大局的にいえば、人口減少への対応が「スマート」でなかったということに尽きる。

北海道企画振興部の「夕張市の財政運営に関する調査」（2006年（平成18）年9月11日）は、夕張市が膨大な実質赤字を生じさせた最大の要因が不適正な財務処理手法にあったかのように結論付けている[11]が、それは本末転倒であろう。その真の原因は、同調査も指摘する、炭鉱閉山後の①市の財政の許容範囲を超えた財政支出、②収入の大幅な減少への対応の遅れにあったといわなければならない。

すなわち、以下の点が、夕張市が財政破綻した真の原因といえよう。

> ◎　夕張市は、昭和30年代以降平成2（1990）年までの間、炭鉱の閉山が相次ぎ、人口が激減する（1960年　国調人口（ピーク）107,972人、2005年　国調人口13,002人）中で、市財政の許容範囲を超えた観光の振興、住宅や教育、福祉対策に財政支出を行ってきた。
>
> ◎　人口の激減に対応すべき組織のスリム化が立ち後れ、総人件費の抑制が不十分であった上、社会基盤整備に伴う公債費負担が拡大し財政を圧迫してきた。こうした状況にもかかわらず、ホテルシューパロ（20億円）やMt.レースイ（ホテル、スキー場、26億円）の取得など観光関連施設等に多額の投資を続けてきた。
>
> ◎　人口の急激な減少に伴う税収入、普通交付税の大幅な減少

> に加え、産炭法失効（2001年）に伴う産炭地域振興臨時交付金の廃止により、歳入が減少したが、こうしたことへの的確な対応ができなかった。

　南北35キロ、東西25キロの広大な面積を有する夕張市にとって、炭鉱閉山による人口の急減という事態を迎え、最も重要であったことは、身の丈を超えた地域活性化策ではなく、人口の縮小という冷厳な事実を見据え、上述の「スマート・シュリンク」の考え方に基づき、「まち全体の再改造」を進めることであったといえよう。

● ドイツにおける「スマート・シュリンク」政策
　こうした日本の状況に対して、特に、旧東ドイツ地域での人口減少と高齢化が著しいドイツでは、すでに、数年前から、人口の減少と高齢化問題の深刻さが「シュリンキング・シティ」として認識され、これに対して「スマート」な対策が講じられている。ドイツにおいては、むしろ、「生活の質（Lebensqualität）」を改善していくための好機ととらえ、対策が講じられているのである。まず、連邦レベルにおいては、次の対策が進められている[12]。

① 「周辺農村地域支援対策」
　2002年、連邦交通・建設・住宅省により実施されたプロジェクトである。人口減少により、学校や商店、工場の閉鎖、交通機関廃止の危機に直面している次の3地域において、ニーズに合わせた効率的なインフラを整備するための構想が策定され、小学校の再配置、生徒や住民のための近隣交通の見直し、行政サービスのネットワーク化、上下水道等の確保のための中央・支所システムの開発、医療基礎サービスの改革が進められた。

> ◎「メクレンブルギッシェ・ゼーンプラッテ（Mecklenburgische Seenplatte）」地域

> ◎「ラウジッツ・シュプレーヴァルト（Lausitz-Spreewald）」地域
> ◎「東チューリンゲン（Ostthüringen）」地域

② 東西ドイツにおける都市再開発プログラム

連邦政府は、2002年から、旧東ドイツ地域における都市再開発プログラムの基本理念を人口変動と経済構造の変化を踏まえて従来の「成長」から「改造」へパラダイム変換を行い、各州と共同して、この新しい都市再開発プログラムによって都市建設および住宅政策に取り組む自治体に対し、助成することとした（2009年まで）。

2004年からは、旧西ドイツ地域に対しても、このような都市再開発戦略の改定に助成している。

③ ドイツ文化財団による、「シュリンキング・シティ・プロジェクト」

「都市の縮小」プロセスについて、デトロイト（アメリカ）、イヴァノヴォ（ロシア）、マンチェスター・リバプール（イギリス）、ハレ・ライプツィヒ（ドイツ）の4つの都市圏で国際的な調査を実施するとともに、東ドイツ地域におけるこの問題の処理のための戦略を開発した。

● ドイツのビッターフェルト・ヴォルフェン市における取り組み

次に、地方自治体における取り組みの1例として、筆者が2007（平成19）年9月に訪問、調査したドイツのビッターフェルト・ヴォルフェン（Bitterfeld-Wolfen）市の状況を紹介する。同市は、2007年7月に、2市3村が合併してできた新しい市であり、人口は、現在約5万人である。2020年には3万8,000人に減少するものと予測されているため、人口減少を前提に市の再改造を行うこととしている。

この2市3村は、すでに、合併前の2006年、次の項目を将来の都市建設計画の主目的とする「共同統合都市発展構想」を策定している。

> ◎ ヴォルフェン地区、ビッターフェルト地区等における3つ

> の市中心部の指定とその役割強化
> ◎ 企業立地および公共インフラと「生存配慮行政」(上下水道等)の市中心部への集中
> ◎ 同市の外部から内部に向かっての都市の改造、市中心部への集中、周辺部の住居立地の抑制または禁止

　例えば、「ヴォルフェン北区」では、2000年から2006年までの間にすでに4,235の住居が取り壊され、現在、770の住居がその準備段階にあり、今後、さらに860の住居の取り壊しが計画されている。合計5,865の住居の取り壊しが2010年までに予定されている。また、同区では、すでに、いくつかの学校、幼稚園等が閉鎖されたが、今後も、幼稚園の閉鎖、統合が予定されている。さらに、同区の文化的伝統的行事においては、市民の参加による運営が進められており、ドイツの他の都市のモデルになるような成功事例となっている[13]。

　市長によれば、同市は、今後も、企業の誘致等による地域活性化の努力も継続し、その成果にも期待しているが、10数年後の人口減少の予測を踏まえ、それに合わせた都市の改造を進めているとのことであった。

● 「コンパクト・シティ」構想等と「スマート・シュリンク」

　この「スマート・シュリンク」の考え方は、最近注目されている青森市等の「コンパクト・シティ」あるいは市町村による「集落再編」と共通する点もあるが、その基本的な考え方、姿勢において、それらとは大いに異なるものである。

　まず、「コンパクト・シティ」であるが、これは、青森市が1999（平成11）年6月に策定した「青森都市計画マスタープラン」の中で打ち上げた構想である。同構想は、これまでの都市づくりが自然環境などと対立しながら拡大・分散化する方向にあったとし、今後は、機能を集約化・集中化・質的な充実を図る方向に向け、自然環境に与える影響を最

小限にしながら、中心市街地を核とした、雪に強く効率的で、コンパクトな都市づくりを進めるものである。

その主な柱は、次の点とされている。

◎ 無秩序な市街地拡大の抑制
◎ より効率的で効果的なインフラ整備
◎ 既存ストックの有効活用
◎ 中心市街地の拠点性の向上（再活性化）
◎ 都市機能の集約化・複合化とアクセシビリティの向上
◎ 公共交通の有効活用
◎ 自然・農業環境との調和　等

そもそも、「コンパクトシティ」構想の発想は、「日本の都市の多くは都心部に高層建物と老朽した木造住宅が密集した地区が混在しており、環境や防災上の問題を抱えている一方で、利用されていない土地があちこちに散在するなど、無駄の多い姿になって」おり、また、「市街地の無秩序な拡大は、都市を取り巻く農地や緑地の消失を招いて」いるとの認識から、高層化なしに都心部を有効に活用することによって都市全体をコンパクトにしようとするものである（東北地方整備局「コンパクトシティHP」）。

確かに、この「コンパクトシティ」構想も、「それぞれの市町村が抱えている都市施設の配置や構造について問題点を分析・評価しながら、社会的、環境的、そして経済的に持続する都市を構築して」いく必要性を指摘するものではあるが、これまで述べてきたような人口の減少ないし高齢化の客観的見通しを前提とした計画的な「都市の縮小」にまでは踏み込んでいない。これに対し、筆者が提唱する「スマート・シュリンク」の考え方は、事態をもっと深刻にとらえ、市町村によっては「都市の縮小」を含む、さらに抜本的な「まち全体の再改造」を計画、実施す

■表3　今後の集落機能の維持・再編成予定の見通し

集落機能の維持・再編成の見通し	回答数	対回答団体(%)
1.集落の空間的移転を予定	7	4.0
2.集落の行政的再編を予定	97	55.4
3.中心・基幹集落の強化による集落機能の維持・再編成を予定	17	9.7
4.周辺の基礎集落間の相互補完による集落機能の維持・再編成を予定	59	33.7
5.新たな広域的組織づくりによる集落機能の維持・再編成を予定	56	32.0
6.民間やNPO等を活用した機能補完による集落機能の維持・再編を予定	19	10.9
合計	255	

（出典）国土交通省「平成18年度　国土形成計画策定のための集落の状況に関する現況把握調査（図表編）」2007年8月17日

べきであるとするものである。

　次に、従来の「集落再編」との違いについてであるが、これについても同様の点が指摘できよう。国土交通省の「平成18年度　国土形成計画策定のための集落の状況に関する現況把握調査」によれば、今後10年間での集落再編の見通しとして、何らかの集落機能の維持方策を予定している市町村は22.6%であり、その半数以上が行政的再編を予定している（表3）。しかし、同調査報告書の示す集落再編等の方策は、①行政区の見直しや変更などいわゆる「行政的再編」、②中心・基幹集落への機能の統合・再編や複数集落間の連携を強化することにより機能面での再編を図る「機能的再編」、③移転を伴う「空間的再編」等の手法を並列させるにとどまり、あくまで、現状の集落機能の維持に重点を置くものである。

　「スマート・シュリンク」は、これに対し、人口の減少等に対応して、移転を含む「空間的再編」に重点を置き、集落再編と行政サービス・インフラの見直しの必要性を強調する。

　もちろん、同調査報告書も述べるように、「集落住民にとっても、集落再編は歴史的な経緯をはじめ、日々の生活に直接関わる問題であることから、住民との十分な意思疎通は不可欠」であり、このために住民自

身が地域において合意形成を図っていく必要があることはいうまでもない。

　また、島根大学の作野広和准教授が指摘するように、住民が最後まで尊厳ある暮らしを営めるように、福祉的なケアだけでなく、住民の足跡や知恵を記録保存するなどし、集落の存在を後世に伝えていこうという「むらおさめ」の発想も必要である。

地方が主役の地域づくり

●「地方政府」としての自治体

　2007（平成19）年4月、第2期分権改革を目指して発足した前述の地方分権改革推進委員会は、5月30日にまとめた「基本的な考え方」の中で、今後の地方分権改革においては、「自己決定・自己責任・受益と負担の明確化により地方を主役に」を目指すべきであるとした。そして、「『地方が主役』とは、地方が総体として国から自立するとともに、各地域が相互に連帯しつつ個々に自立する姿である。条例制定権を拡大して、首長・議会を本来あるべき政策決定機関に変え、自主経営を貫き、地方が主役となる」と述べるとともに、「地方が主役の国づくりを実現するには、自治行政権、自治財政権、自治立法権を十分に具備した地方政府を確立する必要がある」[14]と結論付けた（傍点：筆者。以下同じ）。

　第2期分権改革の今後に大いに期待するところであるが、現状においても、地方自治体は、中央政府と並ぶれっきとした「政府」である。自治省（当時）の地方行政活性化長期戦略研究委員会の報告書（昭和62年3月）以来指摘されているように、「地方公共団体は、執行機関の長（知事、市町村長）と、議決機関としての議会がともに住民から直接選挙され、相互にチェック・アンド・バランスの体制をとって運営されている」ことから、「政治的緊張を常に伴って運営されているひとつの『政府』

である」(同報告書)。

　今後の地域づくり、まちづくりについても、国は、地方公共団体を「地方政府」として認識、信頼するとともに、地方公共団体の長、議会の議員、職員等をはじめ地方自治の関係者においても、「地方政府」の構成員等としての自信と自覚を持って、責任ある行財政の実施に努めていくことが必要である。

●「補完性の原理」と地域政策学の確立

　「補完性の原理」とは、本来キリスト教に由来する考え方であるが、「公共の決定は、家族、コミュニティ等個人により近いレベルで優先して行われるべきである」とする原理であり、わが国においても、地方自治の重要な原理のひとつとなっている。

　この「補完性の原理」からいっても、まちづくりをはじめ、その地域をいかにするかという問題は、中央政府よりも、まず「地方政府」としての地方自治体、とりわけ住民に近い市町村が取り組むべきものである。実際問題としても、前述の「地方の活性化とユビキタスネット社会に関する懇談会」報告書もいうように、課題は地域によって多種多様であり、従来の国主導による一律の政策展開は限界があることから、それぞれの地域の地方自治体がそれぞれの課題に対応した解決策を自ら考え、地域の実情に応じた政策展開を行い、持続的な発展の仕組みとしての地域づくり新戦略を策定、展開していくべきである。

　そして、そのためには、それぞれの自治体において、まず、地域の状況を科学的、客観的に把握し、これに対する政策を論理的に構築していく地域政策学の活用が必要不可欠となる。高崎経済大学の戸所隆教授によれば、「地域政策学（Regional Policy Science）」は「時代が変化する中で、時代の理念・哲学のもとに、地域が抱える問題点の急所をつかみ、課題を整理し、問題解決のためのシナリオづくりを行う」ものであり、「さまざまな科学の知識を実際の社会と福祉の発展のために使う、総合

的かつ合理性を求める応用科学である」とされる[15]。

　そして、このような地域政策学に対しては、地方分権や地方自治体による自立的地域政策を理論的にバックアップする役割が期待されている。地方自治体としても、このような地域政策学をはじめ大学等の研究機関と連携を図りつつ、人口の減少・高齢化の動向を含む地域の状況を科学的に掌握し、的確な将来予測と問題解決のための政策立案を早急に進める必要がある。

●「地域格差」と「尊厳なる個性差」

　1996（平成8）年当時、第1期地方分権改革に向かってその一歩を踏み出そうとしていた地方分権推進委員会は、中間報告の中で、「ナショナル・ミニマムにも達しない地域社会が残存するような地域間格差は国の責任において解消させなければならない」としながらも、「国の各省庁がそれぞれの行政分野においてナショナル・ミディアム又はナショナル・マキシマムというべき目標水準を立て、これをあたかもナショナル・ミニマムであるかのように扱い、全国画一にこの水準まで引き上げようとすることは慎むべきである」と批判した[16]。

　そして、ナショナル・ミニマムを超える行政サービスは、地域のニーズを反映した住民の自主的な選択に委ねるべきものであり、その結果として地域差が生ずるとしても、「それは解消されるべき地域間格差ではなく、尊厳なる個性差と認識すべきである」と断じた。

　ナショナル・ミニマムの具体的な内容についてはなお議論があり、わが国において完全な合意が形成されているとはいえないが、少なくとも、地方分権が進めば、ある程度、地方行政サービスの面で「地域格差」が生じてくることは避けられない。

　同様に、地方財政の面においても、地方分権改革推進の観点から地方税の充実がなされれば、それがそのまま地方の税収格差に直結することは、当然予想される。逆に言えば、そのような格差を内包する地方税で

あるからこそ、「受益と負担」の関係を明らかにし、地方自治の実現に資するものであるとの観点から、三位一体の改革において、国から地方への税源移譲を図ることとされたのである。

地方分権、地方自治の理念の下に、これまで分権改革、三位一体の改革を推進してきた地方自治体側が、一部の意見ではあろうが、ここに至って、「地域格差」ということのみをもって、これを単純に問題視し、あまつさえ、基準財政需要額の算定方法など、その制度上の問題点を指摘・論議することなく、理由も不明確なまま「地方交付税の復元」などと言い出すこと自体、その見識を疑わざるを得ない。

今から80年前の1927（昭和2）年、石橋湛山は、当時の民政党の教員俸給全額国庫負担案に対して、政友会の地租委譲案は、「成る程差当って地方の受くる金額上の利益は、義務教育教員俸給の全額国庫負担よりは小であるかも知れぬが」、「我各市町村民が、国家から只金を貰うことを喜ぶ乞食根性の者ばかりでない限り、恐らく政友会の主張は、彼等のの大多数の支持を受けよう」（傍点筆者）と論じた[17]。

そもそも、税収入の多い、少ないは、前述したように、地域の経済力によって左右されるものである。地方自治体は、「国家から只金を貰う」という姿勢のまま、国による地域格差の是正に甘い見通しを持つべきではない。厳しい格差時代の現実を認識、覚悟し、長期的な戦略を樹立して、自らの地域経済の活性化と税源の涵養に努めるべきである。

●本章のむすび

これまで述べてきたように、「2つの危機」に直面する地方自治体が今後も厳しい状況が続くと思われる「自治体格差時代」を生き抜けるかどうかは、結局、地方自治体が「地方政府」としての自覚と責任を持てるかどうかという一点にかかっているといえよう。

わが国の地方自治体は、今、グローバル時代の厳しい状況の中で、自

らの地域の現状と課題を科学的、客観的に掌握し、「地域づくり」のための長期的な戦略を住民の参加を得て自ら策定し、これを展開していくべき正念場に立っているのである。

注

1) 国立社会保障・人口問題研究所「日本の都道府県別将来推計人口（平成19年5月推計）」
2) 社会保障審議会・人口構造の変化に関する特別部会第1回資料3-2「少子化が社会経済に与える影響について」2006年11月
3) 国立社会保障・人口問題研究所「日本の市区町村別将来推計人口（平成19年12月推計）」
4) 総務省「地方の活性化とユビキタスネット社会に関する懇談会」報告書「ユビキタス・コミュニティの構築に向けて」2007年6月
5) 地方分権改革推進委員会「地方分権改革推進にあたっての基本的な考え方——地方が主役の国づくり」2007年5月
6) 東京都「都市と地方の共倒れを招く『法人二税の格差是正策』に反論する」2007年10月
7) 地域活性化統合本部「地方再生戦略」2007年11月
8) 経済財政諮問会議、増田臨時議員提出資料「地方の元気が日本の力（（第2）「地方と都市の共生」プログラム（地方税財政上の対応））」2007年11月
9) 自由民主党「平成20年度　税制改正大綱」2007年12月
10) 4）に同じ。
11) 夕張市財政破綻の原因については、異論もある。例えば、自治労は、夕張市の多大な負債は、「基本的には国のエネルギー政策の転換により本来国や道が担うべき責任を押しつけられたものである」等と主張している（2007年3月、全日本自治団体労働組合ホームページ「夕張市財政問題に係る自治労見解」）。
12) ドイツ連邦交通・建設・都市開発省ホームページ「人口動態変化：未来への挑戦のためのフィットネスDemografischer Wandel: Fit werden für die Herausforderungen der Zukunft」およびドイツ連邦文化財団Kultur Stiftungホームページ「テーマ ///シュリンキング・シティ——縮小する都市」による（2007年11月現在）。
13) 旧ヴォルフェン市「第3次ヴォルフェン北区都市建設基本構想（Städtebauliches Leitbild Wolfen-Nord 3. Fortschreibung）」2007年6月
14) 4）に同じ。
15) 戸所隆『地域政策学入門』古今書院、2000年、p.40
16) 「地方分権推進委員会中間報告——分権型社会の創造」1996年3月

17) 石山湛山「政友会は地方分権主義に徹底すべし」1927年9月、石山湛山全集編纂委員会『石山湛山全集　第五巻』1971年

◆参考文献

(1) 佐貫利雄『急成長する町　淘汰される町』大和書房、2007年
(2) 日本経済新聞社編『地方崩壊 再生の道はあるか』日本経済新聞社、2007年
(3) 鈴木浩『日本版コンパクトシティ』学陽書房、2007年
(4) 都市計画協会編『コンパクトなまちづくり』ぎょうせい、2007年
(5) 戸所隆『地域政策学入門』古今書院、2000年
(6) 国立社会保障・人口問題研究所「日本の都道府県別将来推計人口（2007年5月推計）」
(7) 同研究所「日本の市区町村別将来推計人口（2003年12月推計）」
(8) 首相官邸ホームページ「地域活性化統合本部」
(9) 旧自治省「地方行政活性化長期戦略研究委員会」『21世紀の地方自治』ぎょうせい、1987年
(10) 西尾勝『地方分権改革』東京大学出版会、2007年
(11) 山崎正『地方政府の構想』勁草書房、2006年
(12) 片木淳「政府再編論としての道州制」日本政治学会、2007年10月
(13) 片木淳「地方分権の潮流と地方交付税改革」『地方財政』2005年11月号
(14) 片木淳『新版　地方行政キーワード』ぎょうせい、2005年10月
(15) 片木淳「自治体政策と国・地方の関係」北川正恭・縣公一郎・NIRA編『政策研究のメソドロジー』法律文化社、2005年

第2章
まちの活性化と地域ブランド

ブランドの果たす役割

◎林 秀一

提言

　自治体は、高度成長期においては、個性を意識する必要はなかった。護送船団体制下にあり、ただ施策を遂行すればよかったからである。今やブランディングの対象は、自治体にまで広がっている。人材も資源もないと悩む自治体担当者が少なくないが、何も方策はないのだろうか。地域には、数多くの資源が眠っている。これを掘り起こし、外へ向かって発信していく必要がある。決して、恵まれた地域だけがブランディングに成功してきたわけではない。先行した自治体は、ブランドの芽を確実に育ててきた。これからの自治体の現場は、創意工夫の要求される先進性のある職場となるはずである。ブランドは一朝一夕には成り立たない。地域ブランドをつくり上げるために、マーケティングのノウハウが必要である。

第1節 地域におけるブランド

●地域ブランドの価値

　書店の店頭には、ブランド開連のテキストがあふれるほど並んでいる。90年代にマーケティング界では、「ブランドブーム」が沸き起こった。ブランドというと有名なファッションブランドであるグッチやフェラガモがまず思い浮かぶかもしれない。だが、ブランドはこれだけではない。製品やサービスはもちろん、企業自体にもブランドといえるものがある。米国マーケティング協会では、これを、「ある売り手の財やサービスを他の売り手のそれとは異なるものとして識別するための名前、用語、デザイン、シンボル、およびその他の特徴」と定義している（社団法人日本広告業協会『広告ビジネス入門（2008年版）』。

　地域においてもブランドが話題になる機会は増えている。商標法の一部改正により、地域の名称と商品またはサービスとの名称からなる商標（地名入り商標）が事業協同組合や農業協同組合等によって、商品やサービスに使用され、一定の周知性を獲得した場合に、「地域団体商標」として登録できるようになり（2006年4月1日施行）、報道される機会も増えている。

●自治体におけるアイデンティティとブランド

　確立されたブランドには識別機能がある。生活者の頭の中で、自社の製品・サービス（あるいは企業自体）が他とは違った特性を持つものとして見られることになる。他社と識別するためには、ブランド資産を洗い出し、自社のポジショニングを行わなければならない。それは、他社と比較した自社の位置づけを明確にすることであり、自己のアイデンティティを探ることである。アイデンティティは、「自己同一性」と訳されることが多いが、端的に言うと自分らしさであり、自己の存在価値と

も言い換えられる。

　ブランド構築は、自己の存在価値を考えることでもある。自社はなんのために存在しているのか、社会にどう貢献していけるのかを明らかにしなければならない。それがアイデンティティとなる。その過程で、コア・コンピタンスが明らかになってくる。

　民間企業といえども社会的存在である。外部に向かって、自社を一言で説明できるだろうか。企業理念の策定に力が入れられるのは、社会の中での存在価値を示したいからである。存在価値を示せなければ、M&Aが常態化する社会の中で、敵対的TOBをかけられた際に、企業防衛を図ろうとしても、経営サイドに賛同する株主が現れないことになる。

　その重要性は自治体もまた同じである。自治体は、高度成長期においては、個性化を意識する必要はなかった。必要とする税金が国から下りてくるのを待って、施策を遂行すればよかったからである。自治体は機関委任事務の執行機関として、職務をまっとうする時代が続いてきた。

　しかし、今は税金がありあまっている時代ではない。ほとんどの自治体が税源確保に苦しんでいる。市町村合併が各地で盛んに見られるのもその要因である。今はモータリゼーションの進展などで、従来の市町村域と住民の活動領域が一致しないケースが増えている。その意味では、市町村合併には合理性がある。ただ、合併したことによって、従来有していた町の知名度（さらには、それに基づいて築かれてきたイメージ）が失われることもありうる。合併した結果の未来像（ビジョン）を描く前に、強引に合併を推し進めてはならない。合併によって得られる便益を住民に十分に説明する必要がある。

　自治体は、所与の施策をやみくもに実行すればよいのではない。自治体にとっては顧客に当たる住民が何を欲しているかの把握を常に探るべきである。企業は様々なリサーチを実施して、顧客情報の把握に努めている。その必要性は、自治体も同様である。しかる後、自己の組織がステークホルダーに対して、何を約束できるかを考えてみてほしい。

市町村合併自体は目的ではない。浜松市は、12市町村が合併して政令指定都市となった。天竜川・浜名湖が共通イメージとして想起しやすく、それを都市ビジョンにも結びつけた。合併の際には、住民統合のシンボルの存在が望ましい。地元から眺める山の風景や、あるいは住民気質の共通性でも良い（土佐のいごっそう精神など）。合併前（あるいは、合併直後に）ワークショップなどを開催し、住民参画を図ることが重要である。
　自治体におけるブランド構築では、個性、すなわち自分の町らしさを考えなければならない。それは、護送船団時代には通用した無個性の町ではない。自分の町のよさを端的に（一言で）説明できることが望ましい。
　町のタグライン（キャッチフレーズ）として、埼玉県狭山市「お茶香るまち」、三重県熊野市「黒潮回廊と神々の故郷　熊野」などは、非常に優れている。その町を想起させる力がある。ブランドが確立している町では、その地を旅行したあとに、「どんな町だった？」と聞かれて、答えやすいのである。そこには、口コミが発生しやすい土壌がある。個性が確立している町ともいうことができる。町の魅力を聞かれて、「いろいろあります」という答えに、イメージ喚起力は乏しい（清水義範『国語入試問題必勝法』講談社文庫所収の同名短編参照）。「人と自然が……」、「元気な町」、「ふれあい」等は、個性が感じられず、印象に残らないフレーズとなってしまっている。自分の町は、いい町だという思い入れだけでは、伝わらない（生活者の心に響かない）のである。「ネットワーク」や「ハーモニー」、「創造」というフレーズもこれらに、その町ならではの味付けをしなければ、メッセージ性に乏しい[1]。

第2節　ブランド構築のために

● ブランド育成の秘訣――「してはならないこと」

　ブランドを育成するためには、具体的に何をすればよいのだろうか。

逆説的ではあるが、まず、「してはならないこと」を考えてみる。

第1は、短期的な方針変更である。外資系企業との比較で、国内企業が最も苦手とするのが、（長期的な）ブランド構築である。ネスレゴールドブレンドのサウンドロゴを聞けば誰もがコーヒーを思い浮かべたり、テレビのコント番組における喫茶店のシーンで、登場人物が「ダバダー」と言いながら登場するのも生活者の頭にしっかりと広告の記憶がインプットされているからである。まさに、ブランド構築の好例といえる。

国内企業では、長期間にわたって一貫した広告展開を図る例が少ない。2年以上に渡って展開すると長期キャンペーンと評されるほどである。広告においてマンネリを嫌う意識が強く、アイディアとして新しいものにこそ、価値があるという風土が根強い。

また、人的・組織的要因もある。日本では、幹部養成のための人事政策として、ジェネラリスト教育を行う。そのために数年おきに人事異動をさせることが多い。出世を考えるには、その期間内に実績を挙げなければならない。近年は実績評価主義が加味されるので、それを数字で示す必要がある。とくに、転任間近と予想される担当者にとっては切実である。すると短期的施策に頼るほうが楽である。おまけ付きや値引きキャンペーンは、短期で売り上げに結びつく。それで実績を挙げて、後任に引き継ごうとする。大変なのは、値引き後正価に戻った商品を売る後任者だが、自分には関係のないことであると（内心では）考える。この繰り返しに陥るとブランド価値は毀損する。

ブランド価値は、日常のマーケティング活動の蓄積である。前任の政策の否定が自己実現につながると考える風土の中では、政策の一貫性は担保しえない。外資系では、宣伝担当マネージャーは専門職として、長期に渡って同じ業務を担当する例が見られる。日本においても特定の業務において、専門職制を導入し、異動を経なくても昇進していける人事制度を考える必要がある。

第2は、横並び発想と無為な後追い施策である。市街地活性化策にして

も、観光や物産振興にしても成功事例が華々しく喧伝されると、その後追いをしてしまう。同じことを踏襲すれば、自分たちもまた成功するように思い込む。その自治体への視察団を組織し、群れをなして出張する。それで成功すれば、これほど楽なことはないが、現実はそう甘くない。

　成功した背景には、その町の伝統や風土、それを支えた人や地元メディアなど、多くの固有な要因が絡んでいる場合が多く、表面的なノウハウをまねてもうまくいくかどうかはわからない。

　第3は、「あれもこれも」戦略である。広報のための資金は限られている。限定されたスペース内で、広報しようとする場合、ついメッセージを詰め込みたくなる。白いスペースが無駄に思えてくるのである。

　しかし、メッセージを受ける立場で考えなければならない。生活者の記憶容量には限界がある。毎日、数多くの情報に接している現代社会において、特定のメッセージを記憶の底にとどめさせることは容易ではない。毎日大量のテレビCMを流す資金を有する大メーカーでさえ、宣伝戦略に失敗することがある。生活者の周囲には、毎日いくつもの刺激的な情報が飛び回っている。砂漠の中で立ち止まる相手にメッセージを読み上げているわけではないのである。

　最近接した新聞広告を思い浮かべてほしい。記憶に残るのは、文字をびっしりと埋め尽くした広告とは限らない。コピーがまったくない広告もある。全国紙の広告スペースは安いものではない。しかし、伝えたい内容を詰め込んで、記憶に残らない（まったく読んでもらえないメッセージもあることを忘れてはならない）ものよりも、読まれやすいデザインを考慮し、一言のキャッチフレーズを記憶に残す広告を制作するほうがはるかに有用である。

　ある町の産物紹介の文章として、「食品や伝統品だけではなく、お菓子、漬物、きのこ、みそ、果物など幅広い」と記されているとする。それらすべてが対外的に情報発信できれば、それに越したことはないが、実際には非常に困難である。そのそれぞれに競合となる自治体が存在す

る。町を観光して、この展示に接した人もせいぜい「いろいろある町」だったとしか記憶してくれないだろう。

　1997年に英国の首相となったトニー・ブレアが打ち出した国家ブランド戦略「クール・ブリタニア」は、ファッションやポップ・カルチャーなどに焦点を当て、失業率の高い衰退化しつつある老大国のイメージの変革をもたらしたとして評価される。しかし、その根幹は、あらゆる局面をリードしようとした大英帝国以来の「大国」イギリスの看板（プライド）をようやくおろし、クリエイティブ産業[2]に特化することで、雇用を創出し、観光誘致を図り、優秀な頭脳の呼び込みを狙っていることにあると評すべきである。人口減少時代に突入する日本も意識として残る大国路線を捨て、「ミドルパワー」として、自己の強みに（人的・物的）資源を集中するべき（議論をする）ときに来ているのではないか[3]。

　京都大学の中西寛教授は、人口、領土、経済規模などが劣る日本は、国際的に鍵になる役割をはたす「中軸国家」(pirotal state) を目指し、環境をその中心に据えるべきと提言している[4]。

　昭和30年代を舞台にして大ヒットした映画「ALWAYS」は、物質的に豊かになろうとする国民の目標が明瞭だった時代のストーリーである。今は、それが見出せていない時代といえる。

　宮崎産のマンゴーが2007（平成19）年に急速に知名度を増したことの要因は東国原知事のタレント性にのみあるのではない。産物のPRを一点に絞ってアピールしたマーケティング上の優れた戦略性にある。マンゴーは、日本人にとっては目新しい部類のフルーツに属する。香港やシンガポールを観光した際に味わい、ファンになる人が増えつつあるというファクトがあった。トロピカルフルーツとしての性格を帯びていたのである。その文脈の中で、従来は沖縄が先行していた。宮崎において南国のストーリー性という資産を生かすことができたわけである。

　「フルーツの町」と宣伝する自治体がよく見られるが、マーケティング的には効率が悪い。フルーツにはいろいろな種類がある。味覚も様々

である。夏に採れるものもあれば、冬に採れるものもある。生活者は、フルーツを漠然と頭に浮かべるだけでは行動を起こさない。みかんなり、さくらんぼなりを想起して初めて、通販で買おう、現地で食べようと考えるのである。生活者が欲求を起こすのは、フルーツ一般に対してではない。

　メッセージを伝達する際に、つい「あれも言おう。これも言いたい」となりがちである。各部署から広報の要望が多数挙がり、それに抗し切れなかったとよく聞く。だが、それを整理することは、広報担当者の役目である。伝えたいすべてのことをひとつのメディアで一度に言うことは難しい。マスメディアやポスターでは、認知に力を注ぎ、興味を持ってくれた層に対しては、ホームページへ誘導するなどのメディアミックス戦略を練らなければならない。

●地域資源の発掘

　地域には、数多くの資源が眠っている（ここでは、資源を物産品などのモノだけはなく、人材や伝統芸能、祭り、地域特有のノウハウなども含めて考える）。「自分の地域は恵まれた地域ではない。何も資源はない」という悩みを打ち明けられる場面が実に多い。だが、何もないということがあるだろうか。そこに歴史があり、人がいる以上、今までに生活の蓄積があるはずである。そこにある価値を見出し、磨き上げていくことは、担当者の責務である。

　ブランドは、そのもの自体の優位性を示すものではない。その差は、生活者のインサイト[5]によるものである。ブランド価値が低いとされるものでも、すぐれた製品・サービスは数多い。

　都内のあるイベントで、新潟市が全国一の生産量を誇るチューリップの球根を配った際に「チューリップの生産量ナンバーワンは富山だと思ってました」と口々に言われたとのことである。データと思い込みのずれは珍しい事例ではない。例えば、うなぎの産地としては、静岡が高名

であるが、現在の生産量は4位に過ぎない。

　地域ブランドをほとんどゼロからつくり上げた事例も存在する。ひとつは、今まで見向きもされてこなかった資源に光を当てた事例である。先駆けは北海道池田町のワインである。1956（昭和31）年に赤字再建団体の指定を受けた。1960年に新農村建設 5カ年計画に着手し、ブドウ栽培を開始、1966年に自治体で初めて酒類製造の本免許を取得した。国際コンクールで賞を受け、高度成長下の食の洋風化も味方して、人気商品となる。池田には、山にブドウが自生していたが、酸味が強く、生では食べられていなかった。このブドウがワインに適した品種であることを発見し、製品化に取り組んだのが当時の町長・丸谷金保氏であった。ただし、近年は輸入物を中心とする低価格ワインに押され、売り上げが低迷している。今一度「十勝ブランド」の活性化が必要である。

　四国上勝町では、それまで経済価値がほとんど認められていなかった葉や茎に注目し、和食に添える「つまもの」として出荷するビジネスを確立させた。町の多数を占めるお年寄りを動員し、福祉や生きがいづくりの面でも注目に値する。ネットを活用して「つまもの」の最新の需給状況を流して、採集者のモチベーションを喚起するシステムをつくり上げたのも巧みである。

　最近では、北海道白糠町がシソを活用した食品・飲料を売り出した。ジュースやラムネ、ノンアルコールシャンパン、ソフトクリームや、シソ風味のザンギ（鶏のから揚げ）、柳ダコなどである。町特産のシソを使った焼酎「鍛高譚（たんたかたん）」が全国的に有名となり、その知名度を生かし、多面展開を図っている。焼酎が有名になる前は、港町としてのイメージが強く、シソが意識されることはほとんどなかった。さわやかな飲み口や健康的なイメージも追い風になり、ヒットに結びつくことになる。ただし、焼酎のネーミング「鍛高譚」の印象が強すぎて、町名への結びつきが弱く、その周知が課題となっている。

　もう1つはデータを基にした掘り起こしの事例である、宇都宮の餃子

■写真1　白糠町産「鍛高シャンメリー」&「鍛高譚」

が有名である。いまや名物であるが、歴史は新しい。宇都宮の市職員グループが世帯あたりの消費量が全国一を記録していた餃子に目をつけ、商品化を図り、飲食店を巻き込み、マスコミを活用して盛り上げを図った。その基盤はあったのであるが、産物化はゼロに近い状態から始めたともいえる。重要なのは、データが成功の裏づけとしてあったということである。いくら斬新であっても思いつきの行動が成功する確率は高くはない。

　ブランド資源発掘の第一歩は、己を知ることから始まる。他の自治体と比較して、どのような特長があるかを知る必要がある（ポジショニングの設定）。客観化してみることは、意外に難しい。宇都宮のように、まず資料（基礎的なものとして、家計調査年報[6]がある）をあたる。広い知見の支援が望ましく、住民参加を仰いだフィールドワークの実施、外部の視点を交えたワークショップによるアイディア開発などが有効である。

　ブランドを対外的に周知していくためには、マーケティング手法によって、生活者のパーセプションチェンジに努めなければならない[7]。鰹の産地として、気仙沼はそのPRに努めているが、産地としての知名度が低い。漁獲量が多くはなくとも、初夏に獲れる高知のイメージが豪快

な一本釣りの情景ともあいまって圧倒的に強いのである。これは、江戸っ子が好むとされる初鰹のストーリーと重なり、報道量も多い。秋に獲れる戻り鰹は、より脂も載って美味とされるにもかかわらず、あまり周知されていない。「旬の鰹は秋」というファクトとその味覚の伝達をストーリーとして浸透させるマーケティング戦略の立案が求められる。

● 観光とブランド価値

　観光は、各自治体が非常に力を入れてきている分野である。政府も「ビジット・ジャパン」の掛け声の下、一定の成果を挙げつつあるといえる。

　かつて、旧運輸省の広報作業を行ったことがある。同省は、観光を所管しており、日本観光協会の広報担当として、全国市町村のポスターに数多く触れる機会を得た。その際、ほとんどの市町村の観光誘致ポスターに個性が欠けていることが気になった。「自然の豊かな」、「ゆったりとした」、「山（川、海）の味覚を」などのキャッチフレーズが林立し、市町村名を隠せば、どの自治体のポスターかまったくわからなくなってしまう。これを東京や大阪のターミナル駅に貼り出したとして、その町へ行きたいと思うだろうか。自然の豊かさを売り込みたい地域は、全国に数多くあることを忘れてはならない。

　いかに立派な言葉であっても、心に響かないものであっては意味がない。生活者のパーセプションチェンジに至らない。企業誘致の際に、「誠意」という言葉を使ったとしても、相手を納得させられるとは限らない。口当たりのいい平凡な言葉をつい使ってしまう。「おもてなし」も頻度の高い言葉だが、行動力を伴って初めて意味を持つといえる。長崎県を企画研修で訪れた際、同僚とどの店で長崎ちゃんぽんを食べるか歩きながら議論していると、いつの間にか、後ろに歩いている50代くらいの婦人が会話に加わっているのに驚いた（別に、おいしい店を尋ねたわけではない）。店を教えてもらったお礼をいって、再びちゃんぽん談

義をしていると、また会話に入ってくる。あたかも友人3人で話しているような状態である。例えば、東京の電車内で、隣に座っている乗客が友人と何らかの会話をしていて、求められずにそれに加わることは、（隣の乗客が誤った知識に基づく議論をしていることに気づいたとしても）まず考えられないだろう。大分県でも似た経験がある。都会に暮らすものとしてはとまどう面もあろうが、九州の人たちの親切心からの行動であり、おもてなしの心の原点のように感じた。

　観光振興で、意識すべき大切なポイントを挙げたい。まず第1に、自己の強みを考え、差別的優位性を意識しなければならない。あまりにも総花的な広報展開が多すぎる。担当者からは、予算の少なさを嘆く声をよく耳にしている。それは最初からわかりきった話である。多くの宣伝費を有する大企業とは条件が違う。そうであればなおさら、予算の効果的な使い道を考えなければならない。

　沖縄で自然の豊かさをアピールするポスターを見たことがある。少し離れて見ると、北海道の風景に思える。大自然イメージでは、北海道に大きなアドバンテージがある。そのイメージを謳（うた）う際には、差別化ができなければ、逆にトップイメージの団体に利する結果になることがある。大自然を味わいたいという欲求を刺激させることで、そのイメージの最上位に位置していた土地へ旅行してしまうことになる。かつて、キリンビールがシェア6割を超えていた時代、他社がおいしそうに見えるビールのCMを流すとキリンビールに消費が流れるといわれた。ビールを飲もうと店頭に行くと、扱われている銘柄の多くがキリン製品だったからである。

　トップの団体以外が総花的な需要喚起のメッセージを流すことは、むしろメリットにならない。この例は、実にしばしば見られる。自動車業界において、トップ以外の企業がドライブのすばらしさを情緒的に訴求して、そのメッセージに生活者が反応しても、実際に買うのはトップメーカーの車となることが多い。ディーラーの体制に大きな差があるから

である。2位以下の企業には、戦略上、トップとは違ったメッセージが求められる。

　東北であれば、自然に歴史的なメッセージや民話的なストーリー性を加味する。沖縄であれば、日本唯一の亜熱帯気候のイメージや島としての海のイメージ、豊かな産物のイメージを付加していくべきである。大自然一般のメッセージで、行動を誘発できるのは、限られた地域だけであろう。

　近年、フィルム・コミッションの誘致も競争が激しい。脚本の上で温泉地での撮影が想定されているとしても、競合となる土地がいくつもある。ストーリーとの整合性や、撮影をする際のメリットをプロデューサーや監督に納得してもらわなければならない。ただ、その映画がヒットすると場合によっては何十年も人の記憶に残ることになる[8]。

　世界遺産に指定された熊野古道を訪れたときのこと。大阪からバスに同乗してきた50代の男性が山の上にある熊野本宮大社だけを見て「世界遺産と言っても、バスにのれば一瞬で見終わってしまったな」と不満気につぶやいていった。熊野古道は、文化的景観を認められた世界遺産である。歴史を知り、その道を自分で歩いて感じとるものである。一足飛びに、大社を見て帰るだけでは、そのよさの一端しかわからない。自治体も歴史ガイドなどを組織し、その点の啓蒙普及に努めることが望ましい。石見銀山に関しても歴史や文化的意義の位置づけを重視して、短い観光ブームに終わらせない工夫が大切である。

　第2に、多様な視点からの見方を大切にすることである。観光に関する施策は、全国の自治体が知恵を絞っているのであるから、劇的な方策が転がっているわけではない。つい成功事例の後追いをしたくなるが、先行者利得が発生している部分も多く、同じ効果を得られるケースはまれである。

　自治体職員の研修では、全国各地で参加型の企画ワークショップを行ってきた。特に短時間での効果を挙げる際には、他業界のマーケティ

グ課題を扱うことを推奨している。自己の業界については、周囲の情報を収集し、日ごろから考えているので、詳しいことは確実である。ただし、業界みんなが同じ思考方法に固まりやすく、すぐには革新的な発想が出づらい傾向にある。家電製品メーカーの宣伝部員に対しては、インスタントラーメンの販促企画を課題にするなど、まったく違う業種を扱うほうが研修効率も上がる場合が多い。

多様な視点を養うための訓練として、他の自治体の街を見ること（タウン・ウオッチング）は、大変有効である。自分の町にどう導入するかを考えるとよい。テレビ番組では報道番組のほか、TBS「がっちりマンデー」も参考になる。企業トップの経営語録がわかりやすい。儲かる地方自治体特集は、経営ベースで自治体を眺めるヒントになる。ラジオでは、ナイターのオフシーズンに放送する文化放送「ラジオふるさと便」が地方の催事やイベントの情報が多く、企画の参考にもなる。他の土地を訪れたときに、ラジオの地元制作ワイド番組を聴くことも違った視点で、自分の土地を考える一助になる。ラジオCMには、地方色が出ておもしろい（一般に、地方の放送局では、テレビよりもラジオの地元製作比率がはるかに高い）。「旅先で新聞を読む際には郷土紙を購読するのも楽しい。旅先で開く地方紙ごとの広告表現には、その土地ローカル色がさまざまな形で色濃く残っている」[9]。

第3に、海外を見据えた視点を有するべきである。地方空港の利用促進を図る視点でも特にアジアを中心とする諸外国へのプロモーションが必要である。現在の成田空港は、混雑の度合いが激しい。福島空港や静岡空港は、東京圏へのアクセスの面で優位性があり、とくにアジア近隣諸国に対するプロモーションに力を入れるべきである。自治体の海外プロモーションでは、温泉や田舎の風景などを横並びで宣伝しがちだが、海外観光客の需要がどこにあるかを把握することが必要となる。歴史の視点では、世界遺産や古い町並みに目が行ってしまうが、自治体が抱えるストーリー性を展開するチャレンジもしてほしい。今後の観光客増加

が予想される中国では、日本の明治維新に興味を持つ人たちが少なからずいる。山口や鹿児島などは、この視点を国際的に広げることも可能なはずである。海外観光客は、英語圏だけではなく、アジア地域への対応が急務である。語学スタッフや案内表示をより整備しなければならない。海外の事例だが、台湾・小琉球諸島の観光協会が外国人に対する案内対応が非常に細やかで感心したことがある。

　第4には、人材育成が大切である。高度成長下では、通達を守り、ミスのないことが求められたので、法律を基幹科目とする公務員試験が選抜のための試験として機能してきた。マーケティングなど考えなくてもよかったのである。

　しかし、これからは違う。ばらまき型の行政は終わった。物産振興や観光啓発など、どう個性的なアイディアを出していくかが求められる。法規の参照と違って、先行事例をなぞればいいわけではない。基礎的なマーケティング・ノウハウを学ぶ必要がある。可能であれば、1、2年程度、民間企業の宣伝部で研修を受けるのが望ましい。2008年に設置される観光庁では、自治体の観光分野の人事交流にぜひ目を向けてほしい。自治体職員と交流するメリットを感じる会社も少なくないはずである。民間企業にとって、市場が有限であることはむしろ当然のことで、勝ち抜くために、日々がマーケティングの実践の場であるからだ。

●物産振興とブランド価値

　全国各地に様々な産物がある。国土が狭いとはいえ、日本は南北に長く、地方によって気候も違う。長い歴史の中で培われてきた商品もある。

　地元産物の知名度が上がると、観光にも結びつく。食材は、その地元で食べるのが一番美味しい。お酒のように保存がきくものでも地元風土の中で、地元の肴と共に食してこそ、その深みを味わえる。2002（平成14）年4月から6月に放送されたTBSドラマ「夢のカリフォルニア」で、生シラスを食べることだけを目的に主人公が房総に出かけるシーンがあ

る。世界の有名食材が集中する東京とはいえ、食べる機会に恵まれないものはある。生シラスがその一例だ。時間が経つと苦味が増してくるからである。静岡県沼津市の研修の際、地元の職員が「こんなものが珍しいんですか」と驚いていたことが印象に残っている。また、宮崎県知事の東国原氏を知事選挙出馬の前（学生時代）に招いた勉強会で、特産物の話をしていた際、氏は「宮崎名物として売り出すには、冷汁って地味過ぎないですかね」と心配されていた。地元では、ありふれたものでも他の土地で珍重されることがあることは少なくない。

　物産の振興に当たっては、マーケティングを重視しなければならない。たとえよいものではあっても、供給者からの押し付けでは広まっていかないからである。

　役所の物産担当者が地元産物を全国に広めようと大志を抱く場合、必ずといっていいほど、ラーメンと牛肉が登場してくる。ラーメンは日常、主食として食べるものであるし、牛肉は単価が高く、生産サイドとして魅力が大きい。物産担当者も、いざ自分を消費者側の立場に置いたとき、まずイメージに上がってくるものであることは理解できる。

　しかし、この分野は競争相手も非常に多いことを忘れてはならない。地場ラーメンは、全国どこの県にあるといってもよいほどである。それだけ、食べる機会の多い食品であり、参入チャンスが多いようにも思われる。

　ただ、ここで重要になるのは、消費者インサイトである。ラーメン産地の知名度としては、札幌と博多が飛びぬけており、喜多方がこれを追う。それに続く産地としては、旭川、函館、白河、和歌山、尾道、熊本、鹿児島などがある。生活者と接する機会の多い商品ではあっても、これだけ先行商品が多いと売り上げを増していくのは容易ではない。

　やきそばや肉じゃがに目をつけた自治体もある。これらは、ラーメンと比較すれば、そう毎日食べるものではないかもしれない。しかし、それほど地方の名産物として、林立しているわけではない。ライバルが少ないのである。上位にランクインするプロモーションは、ラーメンと比

べると、相対的に困難度は少ないといえる[10]。

　一見、それほどの目新しさは感じられなくても、工夫によって、名産化に成功しているものもある。名古屋名物のひつまぶしである。うなぎの産地イメージがもっとも強いのは、静岡県である（前述のように生産量はトップではなく、全国4位にしか過ぎないのだが）。誰しも、観光や出張で、他の町を訪れたときは、その地の名物を食べたいもの。従来であれば、名古屋でうなぎとは、なかなか思い浮かぶものではない。ある店舗が、うなぎの食べ方にこだわった。ご飯の1杯目は、うなぎをそのまま食べる。2杯目は、薬味を載せて食べる。3杯目は、出汁をかけ、茶漬けのように食べる。1回の食事で、3度楽しめるこのノウハウはユニークである。この手法は、うなぎ以外にも多くの店で模倣されている。産物に目新しさがなくとも、そのプロセスで、楽しませる手法は、様々なもの、サービスに応用が効く（例えば、日本コカ・コーラでは、2007年に発売したペットボトル入りプレミアム緑茶「綾鷹」に「よく振ってからお飲みください」との表示を付けている。急須で入れるお茶はにごりのある状態が普通であり、それに近づけるという説得性がある上に、飲む前にシェイクする行動が他の飲み物にないエンタテインメント性を与えてくれる）。

●コンベンションとブランド価値

　アメリカ東海岸の港町ポーツマス、黒海沿岸の保養地ヤルタ。ともに小さな町である。しかし、私たちにとって忘れることのできない地名である。小さな町がたったひとつの会議で世界的に有名になった[11]。今も、観光や社会見学でこの地を訪れる人々がいる。メディアの眼が集まるのはごく一瞬のようでありながら、そのイメージ資産は長期間にわたって持続しうる。

　2008（平成20）年、先進国首脳会議（サミット）が北海道洞爺湖を舞台に開催される。この時期はもちろん、今後もサミットが開催されるごと

■図1「北海道洞爺湖サミット道民会議2008」シンボルマーク

北海道洞爺湖サミット
道民会議2008

に、歴代開催地が各国の新聞紙上に記される。この広告効果は大きい。

　コンベンションは、その波及効果の点で、きわめて裾野の広い特性を有する。短期点な視点で判断すると、会議やイベントでごくわずかな期間、ある土地に滞在させるだけの意味しか持たないことのようでもある。もちろんそれだけの観点でもホテルでの滞在費や市内での移動交通費、飲食など地元に落ちるお金はある。しかし、より長期的、戦略的に考える必要がある。

　全国規模の大会や国際会議は、ニュースバリューがあり、報道によってその映像、写真が全国や海外にまで届けられることになる。広報予算が限られている自治体にとって、この広告効果は大きな意味を持つ。

　また、コンベンションによって、その土地を訪れた人に対しては、その自治体をじっくりと紹介する絶好の機会が与えられたことを意味する。主催者も参加者の満足感を高めるために、観光の時間を確保する傾向にあり、ファンを獲得する好機となる。参加者は、オピニオンリーダーとして、その魅力を広めてくれる有力な候補と言える。現在は、カジノ解禁の動きも注目されており、一部の商社や大手広告代理店もビジネス化の動きを探っている。アフターカジノの視点で、いかに楽しませるシーンを創造できるかに知恵を絞る必要がある。

　例えば、サミットやAPECなどの国際会議は、世界中が注目する。報道機関は、関連する話題を常に求めている。地元に絡めた様々な話題を伝達する絶好の機会なのである。メディアを通して何を伝えていくか、戦略的に判断していく必要がある。

　北海道洞爺湖サミットを契機に、コンベンションに対する注目がまた

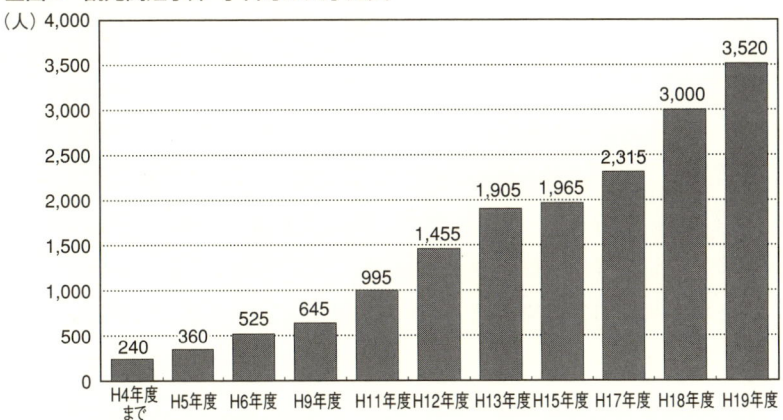

■図2　観光関連学部・学科等の入学定員

年度	入学定員（人）
H4年度まで	240
H5年度	360
H6年度	525
H9年度	645
H11年度	995
H12年度	1,455
H13年度	1,905
H15年度	1,965
H17年度	2,315
H18年度	3,000
H19年度	3,520

（出典）国土交通省総合政策局観光部門：観光立国推進戦略会議「観光立国実現に向けた取組みの進捗状況と具体例」2007年6月1日

増しつつあるが、以下の課題を考慮すべきである。

　第1に、その土地から発信したいメッセージを戦略的に発信することである。コンベンションを開催した事実は、年月が過ぎ去るにつれ、記憶が薄れていくが、発信されたメッセージは時に増幅しながら定着していく。近年、日本から、和食などの食文化、コミックやアニメーション、映画などサブ・カルチャーに関する話題が多く発信されているが、その分野は限られている。日本が世界をリードしていける分野に集中し、メッセージ項目を選択していく。そこにその土地独自のメッセージ（例えば自然の豊かさや独自の文化）を絡める。近年では、環境を考慮した活動が大きな潮流を形成している（ケニアのワンガリ・マータイ氏が提唱したMOTTAINAI運動など）。

　第2は、インナーコミュニケーションの重要性である。マスメディアや広報誌を活用し、密な情報提供を行い、地元市民を巻き込んでいく必要がある。大規模な会議でもインナーコミュニケーションが弱ければ、地元から遊離した空疎なものになりかねない。地元に対してはシリーズ形式で内容を伝えたり、公募などの参加型企画を実施したりするなど、

興味を惹く工夫を怠ってはならない。民間の広報担当を招くなど、広範囲からのソフト力を活用する方策も考えてよい。

　第3は、ホスピタリティ・マインドの醸成である。ホスピタリティとは、「おもてなし」と訳されることが多いが、総花的な注意事項として終わりがちである。具体的にどのような行動ができるかを考えなければならない。この点は、近年、ようやく国内でも設立が増えてきている大学の観光学部や専門学校との連携も図っていくことが必要である。

　各国語に対応可能な案内所やわかりやすいサインのデザイン開発も大切である。また、案内対応や語学ボランティアの募集と研修なども中期的な視点で実施しなければならない。

第3節　ブランド構築に向けて

●ブランド構築のためのリーダーシップ

　自治体には、マクロな戦略思考が不足している。予算が単年度主義であり、業務が縦割りで進行していくために、課題が短期的な施策の集合体と化してしまう。本来、マクロな視点を背景にしたビジョンを有するべきで、そこから短中期的な施策を派生させるべきなのである。ビジョンが存在しなければ、単に対症療法的な施策にとどまることとなり、本質的な解決につながらず、すぐ後に似た問題が再発しがちである。

　ビジョンは、時として抽象的になる。そうなってしまったときには、みなが同じ方向を向けるように、ブレークダウンすべきである。ビジョンは、行動を誘発するものでなければならない。安倍晋三政権の「美しい国づくり」は、そのフレーズ自体が悪いわけではない。そのベクトル（各人がイメージする方向性）を一致させきれず、イメージが拡散してしまったことがマイナスに作用した。リーダーは、その補助線となるサブ・キャッチフレーズを提示し、思い描いている内容を明らかにするこ

とが責務である。宮崎県の東国原知事が優れているのは、優先順位を明確に付け、行動の目標をはっきりさせている点である。

　小泉元首相の人気は、メディア報道による部分が多いことも確かである。いわゆる郵政解散の際に、当時首相の小泉氏が発した「ガリレオ・ガリレイは言いました。それでも地球は動くと……」との言葉は、政権党の総裁が言うセリフではなく、非公認の議員サイドが言うべき性格のレトリックであった。このように必ずしも論理的とはいえないセリフであってもそれが通ってしまうのは、小泉氏のメディア対応が巧みであったためである。これが「劇場型政治」として評される面もあったが、わかりやすい言葉で、国民に自らの考え方を伝えることに努力した結果であり、2008年の米国大統領選におけるオバマ候補にも指摘できる点である。

　さらに、雑誌やスポーツ新聞を重視した広報も注目に値する。新聞や自治体広報誌だけでは、接触しにくい層も存在するからである。リクルートが発行するフリーマガジン『R25』は、マスメディアへの接触が難しいとされていた20代後半から30代前半の男性を対象に発行された。彼らも社会の中で暮らし、情報に対する需要があるのだ。これらの層に対する広報施策も考慮していかなければならない。

　近年の国政選挙において、広報施策が重視されてきているように、政党や自治体など、従来、この視点をあまり重視してこなかった業界においても対応を図るべきである。

　自治体におけるリーダーである知事や市町村長が広報番組で、棒読みのセリフで施策を発表している場面をたまに見る。テレビ関連の費用は、広報予算の中で、少なくない比率を占める。これでは誰も見なくなる。テレビ局にも、視聴率の取れない自治体提供の広報番組を重視せず、あまり見られない時間帯に移動させ、ますます視聴率が低下する悪循環に陥っている。長崎県では、県提供の広報番組を地元製作のワイド番組内の1コーナーとし、住民に見てもらえる工夫をしている。

　ブランド化が順調に推移している自治体では、リーダー自身がその理

念を語り、周囲を納得させる能力を持っている。

● PR戦略におけるコンタクトポイント思考の有効性

　官公庁においても広報の重要性が浸透していることは間違いない（2001年に内閣府広報官が特別職と法律によって定められた）。

　広報に力を入れる自治体も多く、広報予算を有効活用し、観光や物産振興に結び付け、成果を挙げているケースも見られる。生活者が情報を入手する経路は、大きな予算が投じられるテレビCMや新聞・雑誌広告などのマスメディアだけではない。知人との会話やeメール、役所や銀行の窓口の説明など、様々なルートがある。これらのコンタクトポイント[12]を統合的に管理することで、情報伝達効果は掛け算式に増加していく。企業イメージを高めるためにセンスのよいテレビCMを流しても、同時期に派手な色使いの価格強調型のチラシが家庭に届けられる事態となっては、生活者の抱くイメージに混乱が生じる。マスメディアを管理するのが宣伝部で、チラシを扱うのが販売促進部や営業部であるなど、所管部署が異なるケースが多いが、各々の部署から人を出して、プロジェクトチームを組むなど、意思系統に整合性を持たせるシステムが必要である。

　観光立県を掲げるならば、広報部や観光担当部に限らず、他の職員もその理念をカバーできるように行動しなければならない。マスメディアや広報誌、ポスターだけにとどまらず、様々な面に、生活者とのコンタクトポイントが存在しているのである。

　青森県のある町を訪ねたときのこと。次の用事まで間があり、町内観光をするつもりで、タクシーに乗り、観光ガイドブックに載っている有名な観光地を挙げ、行ってもらいたい旨告げると、60代と思われる運転手が「あそこは行ってもつまらないと思いますよ」と言う。「では、1時間程度の範囲で、おもしろい場所があれば、そこへ行ってください」と頼むと、「いや、この町は、つまらない町で、どこにもおもしろい所なんて、ないんです」と申し訳なさそうに答える。すぐ横には、町の名

所案内の掲示があり、パンフレットも置かれている。運転手は、無駄なお金を使わせたくないと、好意で言ってくれたのだろうが、町の観光担当者にとってはなんとも切ない話である。東京の華やかな風景を毎日のようにテレビで見せられると、田舎の日常がつまらないものに見えてくるのだろうか。

　これは、マスメディア、特にテレビにおいて顕著な情報の東京一極集中現象が影響している（地方局の中には、自主製作率が全番組の中で、5％程度の局もある）。東京のキー局製作の町歩き番組の取り上げ方を見ると、驚くほど狭いエリアの内容を取り上げ、全国ネットをしている。隣町のグルメスポットは知らないが、（新宿や渋谷は言うまでもなく）自分の生活圏とは関係のない亀戸や玉川学園のスポットの方をよく知っているというケースも出てくるのではないだろうか。全国ネットのバラエティ番組において、首都圏でしか放送していないコマーシャルをネタにした話題がよく出るが、地方の視聴者にとっては意味が通じない場合もあろう。2011年の地上波デジタル化を地域におけるテレビ局の役割を見直す契機とすべきである。ネットの広告費扱い高が急増し、テレビ広告費の扱い高も横ばい傾向にあるが、地域情報を再生のひとつの鍵として捉え、自治体やNPOなども参画させ、新しい形のテレビ像を描きたい。今ほど、地方のテレビ局の寄与が強く求められている時代はないと言える。

● なぜ、あきらめるのか
　ブランド確立の必要性を説く際に、嘆くように言われるのが、「自分の町には何も資源がありません」ということである。北海道の大自然や沖縄の南国風のリゾート風土など、アドバンテージを有する自治体があるのは事実である。しかし、その不満を口にしても何も進まない。
　自治体をどのような方向に位置づけ（ポジショング）、どのような方向へ向かうかを自分たちで決めなければならない。受身の姿勢で、補助金がおりてきた時代とは違う。あきらめた瞬間に可能性はなくなる。自

治体職員は、安定した楽な商売ではなく、どの業種よりも創意工夫が要求され、国や他の諸機関と厳しい折衝を要求される時代になっていることを認識する必要がある。

●本章のむすび

　ブランドは、一朝一夕には成り立たない。一貫した施策の蓄積によって成り立っていくものである。「ブランド名が付与されたとしても、そのブランドが消費者の中で識別され、消費者の心の中で一定のポジションを確立していなければ、そのブランドは他のコモディティと変わらないのである」[13]。

　ブランド化作業が一定の成果を挙げ、観光客が増え、地元産品の売り上げが上昇基調にあっても、それで安心してはならない。ブランドを管理することもまた大変なのである。近年、食品メーカーで相次ぐ不祥事が発覚したように、一流メーカーであってもブランド力が崩壊するのは一瞬である。リスク管理責任者をトップと直結させ、日常から不測の事態を想定するシミュレーションを実施するなど、リスク管理体制を整備していかなければならない[14]。

注

1) 博報堂 地ブランドプロジェクト編著『地ブランド』弘文堂、2007年、巻末資料。
2) デザイン、音楽、建築、ファッション、映画、演劇、アート、工芸、ソフトウェア、コンピューターゲーム、テレビ・ラジオ、広告、出版の13分野（知的財産戦略本部・コンテンツ専門調査会　日本ブランドWG「日本ブランド戦略の推進に向けて」2004年11月）。
3) 添谷芳秀『日本の「ミドルパワー」外交』ちくま新書、2005年
4) 日本経済新聞、2008年1月9日付「経済教室」
5) インサイトとは、行動や態度に潜む本音である。それは、他人に対しては、なかなか表されず、時として意識さえされていないこともあり、通常のアンケートなどで、

浮かび上がらせることは困難である。その深層心理を探るために定性的な調査手法が工夫されている（日本広告業協会『広告ビジネス入門（2008年版）』p.60を参照）。
6) 総務省統計局が世帯の収入と支出を調査するために毎月実施する家計調査を年報の形でまとめたもの。
7) 生活者は既知の物やサービスに対して、すでにある印象（先入観）を持っている。それは、かつて見た広告や、商品に接した記憶、あるいは不愉快な思いをしたホテルでの窓口対応等々、なんらかの経験に基づくことが多い。また必ずしも事実に基づかない記憶が蓄積されていることもある。このような生活者のパーセプション（知覚）を変容していくためにマーケティングのノウハウを活用していく必要がある。
8) 林真理子の小説『アッコちゃんの時代』（新潮社、2005年）では、1966年製作のフランス映画「男と女」の舞台となったドーヴィル海岸が舞台として登場する。「五十嵐はタクシーの中で、『シャバダバダー』と主題歌を口ずさみ、『ご機嫌だね』と、運転手にからかわれていた」
9) 林周二『比較旅行学』中公新書、1989年
10) 例えば、福島県白河市では、地元の物産を活用したハンバーガーを2008年に売り出す。
11) アメリカ合衆国のポーツマスは日露戦争の講和条約が締結され、また旧ソビエト連邦（現ウクライナ）のヤルタでは、第二次大戦の戦後処理に関する会議が米英ソ3ヵ国首脳によって開かれた。
12) コンタクトポイントとは、ブランドが顧客と接触する場面を指す。マスメディアの他、インターネットや屋外看板、交通広告、店舗、製品、営業担当者、コールセンター、営業者、口コミ等が想定される。そのすべてを統合したマーケティング戦略の下でコミュニケーションしていくべきである。
13) 坪井明彦『地域政策研究』（高崎経済大学地域政策学会）第8巻第3号
14) 韓国ロッテワールド代表理事の鄭棋錫氏のコメントは、テーマパークで事故が起こった際の対応の厳しさを実体験を基に語っており、示唆するところが大きい（『日経ビジネス』2007年7月9日号）。

◆参考文献

●広告・マーケティングの基礎に関して
(1) 社団法人日本広告業協会『広告ビジネス入門（2008年版）』
(2) 山本直人『売れないのは誰のせい？』新潮新書、2007年
●ブランド論に関して
(3) アーカー, D著、陶山計介ほか訳『ブランド・エクイティ戦略』ダイヤモンド社、

1994年
(4) 青木幸弘・恩蔵直人編『製品・ブランド戦略』有斐閣アルマ、2004年
●地域ブランドに関して
(5) 電通プロジェクト・プロデュース局ソーシャルプロジェクト室『広報力が地域を変える！』日本地域社会研究所、2005年
(6) 博報堂地ブランドプロジェクト『地ブランド』弘文堂、2006年

※本章第2節の執筆にあたっては、北海道知事政策部北海道洞爺湖サミット推進局のご協力を得た。

第3章

メディアの地域貢献を
どう進めるか

新たな公共性と協働の追求を

◎森 治郎

提言

　新聞やテレビなどのメディアは地域の中でどのような存在なのか、地域にどのような貢献をすべきなのか。その存在と役割の大きさにかかわらず、これまで社会全体でもメディアの世界においても明確にされてこなかった。したがって地域においてメディアの機能と力を正当に生かしきれていないのが現状ではないか。それは地域にとって大きな損失だ。逆にメディアを地域づくりの輪の中に入れることができれば、そのプラスは計り知れない。そのためには地域の担い手たちがメディアを「自分たちの活動を大きく報道してもらう」だけの存在ではなく、共に地域をつくる協働者として位置づけることが大切だ。メディアの側も地域への貢献を報道・販売・広告・事業といったメディア全体の活動によって推進しなければならない。そのためにはあらためて「メディアの公共的役割とは何か」「それをどこまで担えるか」を問い、地域づくりへの参加の意思とルールの確立が必要だ。

第1節 「地域とメディア」の遠い距離

●このままではモッタイナイ

　地域におけるメディア、特に新聞やテレビメディアの機能としてまず挙げられるのは、地域にかかわる情報の入手・発掘と発信、住民の発言の場の提供、そのことによる地域の現状への共通意識の形成、行政や住民の活動についての公平・客観的な評価、地域が抱える問題の解決や新たな地域づくりへの提言、といった言論報道機能であろう。

　さらにスポーツ・文化イベント、祭などの主催、共催、後援や地域の活動への助成などの活動も挙げられる。地元の有力企業として雇用をはじめとした経済面で重要な位置を占めているケースも多い。そうした機能の発揮によってメディアは地域の人々に強く意識されている。

　しかし「地域づくり」という点から考えるとどうだろうか。地域住民、NPO・NGO、行政など地域の担い手たちはメディアを「自分たちの活動を紹介してくれる重宝な存在」というところまでは認めても、あるいは「お知恵拝借」「ご意見拝聴」の対象とは考えても、地域づくりのパートナーと考えることは少ないのではないか。例えば、各地の地域づくりや再生計画の中でメディアの存在はどうだろうか。筆者が知る限り、その影は薄い。

　前述の貢献も、地域住民たちからの積極的な期待や要請によるものというよりは、新聞やメディアがもともと持っている機能発揮の結果に過ぎなかったり、メディア側の"独自の活動"であったり、地域づくりの協働の輪とは別のところで行われていることが多いのではないだろうか。それではモッタイナイ。

　協働とは、最も端的には、複数の人や組織がある共通の目的に向かって力を合わせて活動することだ。その協力は同じ場で行われてもいいし、ある役割を分担して別々の場で行われてもいい。大切なことは、そこに

対等の関係と情報の共有、連帯感があるということである。

　地域についていえばメディアと地域住民、NPO・NGO、そして行政などが、報道する側とされる側、提言する側とされる側、といった一方通行的な関係ではなく、意見や情報を交換し、ともに地域づくりのパートナーとしての意識を持って問題の発見や打開に協力する関係である。

　もちろんメディアがこれまで地域への貢献に無関心であったというわけではない。主として言論報道活動を通じての貢献に意欲を持っていることは、ほぼ認められていいのではなかろうか。しかしそれはメディアが本来持っている力あるいは出すべき力に比して十分だろうか。

　地域の現実や住民の声から遊離した高みからの発言や「飽きっぽい」「言いっぱなし」といった、かつてしばしば指摘された体質の残存を指摘する声が今も聞かれる。その声の多さは「地域に貢献するメディア」を真剣に目指す人たちほど痛感することだろう[1]。そうした体質はメディアを協働の輪から遠ざける大きな原因になっているのである。

　言論報道以外の活動においてはどうだろうか。それらは明確な地域貢献意識とそれに基づいた方向性と継続性を持ったものというよりは、「サービス」あるいは「自社の宣伝のため」という意識がしばしば見える。「サービス」や「宣伝」である限り、一過的・散発的なものに終わりやすく、長期にわたる地道な地域づくりの活動に結びつきにくい。

　メディアが地域で今以上の貢献をするために、また協働の関係をつくり上げるにはどうすればよいのか。そのことを、メディアの側から追究してみたい。

　そのためには新聞、放送、インターネットなどメディア全体を視野に入れなければならないが、筆者の能力と紙幅の制約があり今は叶わない。そこで本章では筆者自身が長くその現場にいて多少の見聞とデータを持ち合わせている新聞メディアに絞って検討し提言する。毎日5,000万部を超える膨大な部数が全国各地で発行されている。その紙面と発行社の姿勢が少し変わるだけでも、地域づくりや再生が大きく前進するのである。

■図1　地域別人口と日刊紙の発行部数

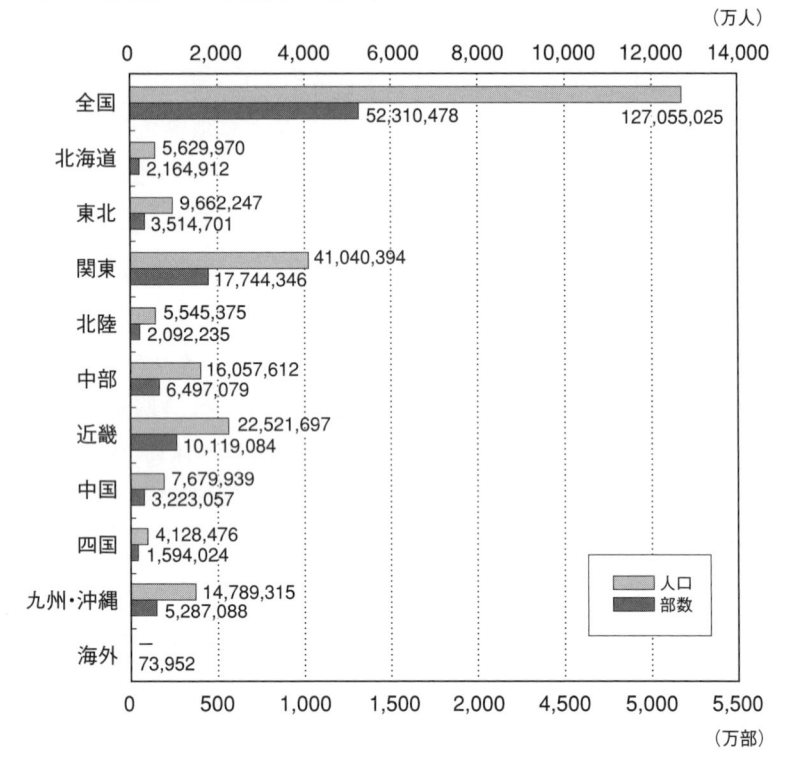

地域	人口	部数
全国	127,055,025	52,310,478
北海道	5,629,970	2,164,912
東北	9,662,247	3,514,701
関東	41,040,394	17,744,346
北陸	5,545,375	2,092,235
中部	16,057,612	6,497,079
近畿	22,521,697	10,119,084
中国	7,679,939	3,223,057
四国	4,128,476	1,594,024
九州・沖縄	14,789,315	5,287,088
海外	―	73,952

（注）人口は2006年3月31日現在の住民基本台帳による。日刊紙部数は朝夕刊セットを1部として算出した場合のセット紙、朝刊単独紙、夕刊単独紙を合わせた120紙の2006年10月度部数（出典：『日本新聞年間'07-'08』）

● メディアにとっての地域の位置

　メディアの側が地域貢献を考え、実行するためには、そのことが自身の中ではっきりと位置づけられていなければならない。新聞メディアはどうか。地域との付き合いは100年を超す。そうしたことは、とうの昔に明確になっているはずのものだが、実は多くの新聞社にとって曖昧なままなのである。
　そのことを、いわゆる地方紙[2]の社是や編集綱領で検証してみよう。社是や編集綱領は新聞社全体あるいは言論報道分野の日々の活動を支え

る根本的な志や理念を宣言したものであり、特に地方紙の場合は、そこに地域への思いが込められているはずなのである。

　日本新聞協会から毎年発行される『日本新聞年鑑』に加盟社の社是や編集綱領が掲載されている。その06〜07年版から全国紙やスポーツ紙、専門紙、業界紙などを除いた地方紙75紙について社是（信条や理念を含む）あるいは編集綱領において、地域貢献がどのように意識されているかを"採点"してみた[3]。評価の尺度は、意識の明確さと意欲である。

　まず社是あるいは編集綱領それぞれについて、「①地域貢献に非常に強い意識・意欲がうかがえる、②地域貢献にかなり強い意識・意欲がうかがえる、③触れてはいるがあまり強い意識・意欲がうかがえない、④言及がない、⑤社是・編集綱領とも不掲載」のいずれに該当するかを判定した。社是と編集綱領の両方とも掲載されている社は評点の高い方を採った。その結果、①6社、②21社、③24社、④10社、⑤14社、だった。

　③④で全体の45％となる。つまりそれだけの社が社是や編集綱領で、地域貢献についてはあまり強い意識・意欲がうかがえないか、まったく言及がないわけである。また「社是・編集綱領が不掲載であるということは、それらの存在がないことを意味する」と考えて、⑤を③④に足すと、その割合は64％となる。

　後述のように、地域貢献は言論報道といった編集部門だけでなく、全社的な態勢で行わなければならないものである。その点からすれば「地域貢献への姿勢は社是に触れられていなければならない」といえる。編集綱領を外して社是だけで見ると、①5社、②16社、③14社、④19社、⑤21社、だった。厳しい見方をすれば72％が地域貢献にはあまり強い意識・意欲を示していない、ということになる。

　筆者の判定に歪みがあることを恐れ、メディアに関心の深い早稲田大学大学院公共経営研究科の学生5人に社名を外した社是・編集綱領一覧を渡し、先の尺度を示して評価を依頼した。その結果は別表の通りだった。筆者の採点はほぼその中間値で、あまり偏りはなかったようだ。

■表1　日本新聞協会加盟75地方紙の社是・編集綱領に見る地域貢献意識・意欲
（『日本新聞年鑑』06〜07年版掲載分から判定。数字は紙数）

	森	A君	B君	C君	D君	E君
1.非常に強い意識・意欲がうかがえる	6	11	1	6	8	9
2.かなり強い意識・意欲がうかがえる	21	13	13	14	26	15
3.触れてはいるがあまり強い意識・意欲がうかがえない	24	24	33	30	16	24
4.どちらにも言及がない	10	13	14	11	11	13
5.社是も編集綱領も掲載がない	14	14	14	14	14	14

（注）A〜E君はいずれも早稲田大学大学院公共経営研究科学生

●欠いている具体的な指針や原則

　さらに問題なのは、社是や綱領の精神を、具体的に実現するための指針や原則を欠いているということである。

　筆者は2007（平成19）年8月、前述の地方紙75紙の発行社72社と全国紙5社に、「地域貢献あるいは地域との関わりについて具体的な指針や原則を定めたものがあるか」について聞いてみた。質問用紙は総務・広報部門に送り、適任者に回してもらったが、回答数は53社で回答率は69％だった。

　その結果、具体的な指針や原則が「ある」とした社は15社（回答社の28％、対象77社の19％）に過ぎず、残りは「ない」だった。また「ある」とした社の指針、原則も社是や編集綱領の繰り返し的なものが多く、厳しく見れば「ある」は5社にとどまった[4]。

　つまり全体として、社是や編集綱領で宣言された「地域への貢献」の方法や道筋が具体的裏付けを欠いているわけである。社是や編集綱領で、地域貢献に触れられていない場合は、自社にとっての地域貢献の位置づけが不明確なものとなり、全社的な熱意を欠くことにつながっていくだろう。また社是や編集綱領で「強い意欲」が示されていても、それが具体的な指針や原則で支えられていない場合は、地域の現状やニーズから

離れたやみくもな熱意の発散であったり、長期的大局的な見通しを欠いたりしたものになりやすい。また権力や行政との癒着など「してはならない」ことへのブレーキがかかりにくいのである。

第2節 新たな公共性の発見と追求

●メディア、ジャーナリズム、公共性の関係

　ここで原初的な問題に触れることにしたい。「新聞やテレビなどのメディアがなぜ地域貢献をしなければならないのか」「メディアは日々の紙面や番組で地域に貢献している。なぜそれでだけでは十分ではないのか」についてである。そのことを明らかにするために、まず「メディア」「ジャーナリズム」「公共性」とは何か、について簡単に触れておく。

　メディア（media）とは、もともとは「中間・中庸」「媒介するもの」を意味するラテン語からきている。英語的にはステーキ用語？の「ミディアム（medium）」の複数形である。国語辞書には「①手段。方法。媒体。特に、新聞・テレビ・ラジオなどの情報媒体、②情報を保存する外部記憶装置の媒体。磁気ディスク・光ディスクなど、③情報を頒布する手段」[5]とある。①から派生して新聞社やテレビ局などの企業体を指す言葉としてもつかわれる。本章では「メディア」をそうした情報媒体やそれに従事する企業などの組織体を指すものとして使用している。

　「ジャーナリズム」は、同じ辞書には「新聞・雑誌・テレビ・ラジオなど時事的な問題の報道・解説を行う組織や人の総体。また、それを通じて行われる活動」とある。しかしそれだけでは本質が浮かんでこない。「各種の多くの社会情報はたいてい、個別の功利的な目的の達成に深くかかわっている。これに対してジャーナリズムは、それら全体の公私にわたる働きを監視、それらが公共的な役割をよく果たすよう促す方向で社会的な機能を発揮することを、第一の目的とする」[6]という説明を加

えておく必要がある。

　蛇足的に言えば、journalismはjournalとismの合成語だが、journalの語源はラテン語で「日々の刊行物」を意味するdiurna。そこまでは「中立的」言葉だが、そこへ「主張、学説」を意味するismが付けられているのだからなんらかの主張や主観が入るものであるということになり、またそれが当然なのである。しかしそれは「恣意」とはまったく別物であることはいうまでもない。

　公共性については「『特定の階層・階級・組織といった個別利害を離れて、社会全体の利益に尽くすことだ』という辞書的説明はそれなりに国民の共通認識として定着している」[7]という説明がまさに「それなりに」わかりやすい。

　同時に、それに続く「日本社会の場合……公共イコールおおやけ（公）の等式が根強く残存しているため、公共的なるものの理解を複雑化し軋みを生じていることも否定できないだろう」という指摘にも注意しておく必要がある。附言すれば、公共＝公という意識に加え公＝官という意識もあり、そこから公共＝官という図式が長くあった。しかし公共とはけっして公あるいは官と同義語でなく、住民一人ひとりの共同体を意味するものである。

　ジャーナリズムを「言論報道部門やその活動あるいは機能」と理解するとすれば、ジャーナリズムの公共性は広く認められているといっていいだろう。例えば40年前、最高裁判所から「報道機関の報道は、民主主義において、国民が国政に関与するにつき、重要な判断の資料を提供し、国民の『知る権利』に奉仕するものである」との判断が示された[8]。「国民の『知る権利』への奉仕」とは公共性の発揮にほかならず、最高裁決定はほぼ国民の総意に沿ったものといえるだろう。

　最高裁決定には「言論」の語句はないが、文脈から「報道」はそれも含んだものを指していると理解できる。また国民は「国政に関する情報」以外にもっと幅広い情報提供を含めて「公共性」を認めていると考えて

いいだろう。メディア特に新聞はそうした社会的敬意に根ざした様々な「特権」を認められているのである[9]。

しかし、ここで認められているのは国民の「知る権利」に奉仕するものとしてのジャーナリズムあるいは言論報道機関の報道の公共性、公益性であり、そのまま自動的に新聞社やテレビ局などメディア企業全体の機能や存在の公共性、公益性を認めたものではないということである。

● 「ジャーナリズム」は万能の言葉か

かつてメディアの組織や活動のほぼすべては言論報道部門やその活動あるいは機能、つまりジャーナリズムに直接かかわっていた。しかし現在メディアには販売、広告、事業などそれとはかなり離れた機能や目的を持ち活動をしている分野があり、かつその部分の占める比重が強くなっている。

それらは地域に多くの貢献をしているが、むしろ自社に貢献する「営利性」の部分も抱えているのである。にもかかわらず、そのメディア分野の業界組織や企業はそれらの存在に触れずに、しばしば「ジャーナリズム機能やその遂行」をもってメディア全体の公共性を認知させようとしてきたのではないだろうか。そこに無理が生じ、社会的な反発・反感さえ受けることになっているといえる。

新聞やテレビメディアが公共的存在であることに誇りを持ち、そのような存在であることを主張しようとするのならば、ジャーナリズム機能以外の部分を含んだメディア全体としての公共性の証明をしなければならない。

それはどのようにしてか。報道が「国民の知る権利」に奉仕することによって公共性を認められるのであれば、こちらはそのメディアの全部門を挙げての「国民生活への貢献」だろう。その国民生活の基盤にあるものが地域なのである。

●広がっている地域貢献・協働の思想

　そうした公共性の追求の中で生まれてくるのが、冒頭に述べたメディアと地域の協働関係である。アメリカでは特に言論報道分野においてかなり広範に見られ、日本では1990年代から「シビック・ジャーナリズム」あるいは「パブリック・ジャーナリズム」として紹介されてきた。2003（平成15）年に全国12の有力地方紙[10]によって「日本地方紙ネットワーク」がつくられ、そうした関係を築くための努力が続けられている。

　特に同年9月の東京でのシンポジウム開催以降、毎年加盟各社回り持ちで「地域のために新聞はなにができるか」をテーマにフォーラムが開かれ、主として言論報道の分野から地域貢献に対してはっきりとした意識を持って追求されているのが注目される[11]。また第4節で紹介するように、地域の人たちと膝を交えて話し合い、問題の発見と打開を図る「移動支局・編集局」も広がっている。

　一方、言論報道分野だけでなく企業全体としての地域貢献活動がメディアの公共性実現に不可欠なものであるという意識も生まれてきている。2006（平成18）年10月の新聞大会でのパネルディスカッション「新聞の公共性・文化性を考える」で福井新聞社社長の吉田哲也氏は「新聞が、地域社会やそこに住む人たちの役に立ち、生活に寄与すること、それが新聞の公共性です。我々も、地域でこうした企業活動をしていきたいと思っています。そして新聞協会全体が各地域でこの動きを進めることが、メディアの公共性を形作っていくことにつながるのです」[12]と述べた。

　日本新聞協会は2007年に「地域貢献大賞」を創設した。これは、新聞販売店の地域社会に密着した活動を奨励することで、新聞販売店が地域社会の一員であることの自覚を高めることを目的にしたもの。賞の創設は全国で2万もある新聞販売店の地域貢献意識を高めるに違いない。

　そうした意識が新聞界全体にひろがったとき、地域に大きな貢献ができると同時に、新聞メディアが新しい存在の意味を獲得できるのではな

いだろうか。

第3節 フリーペーパーの大きな意味

●地域がフリーペーパーの立脚点

　吉田氏と同じ思いをフリーペーパー（無料紙誌）の発行社団体である日本生活情報紙協会会長の菊野善衞氏（サンケイリビング新聞社社長）からも聞いた。筆者のインタビューに答えて菊野氏は「地域がフリーペーパーの立脚点。そこが活性化されなければフリーペーパー業界も伸びない。それにフリーペーパーは紙をはじめかなりの資源を消費する。それを上回る社会的価値がないとやっていけない時代だ。その意味でもよりよい地域づくりに参画する、寄与するという発想が不可欠だ」という。

　日本生活情報紙協会の定義によると、フリーペーパーとは「特定の読者を狙い、無料で配布するか到達させる定期発行の地域生活情報紙誌で、イベント、タウン、ショップ、求人求職、住宅・不動産、グルメ・飲食店、ショッピング、演劇、エステ・美容、レジャー・旅行、各種教室など多岐にわたる生活情報を記事と広告で伝える」媒体。「特定の読者」のほぼ半数は主婦である。

　同協会の調査によるとフリーペーパーの発行は2006（平成18）年2月時点で1,200紙誌、2億9,375万部だった。発行頻度は月刊が46％、週刊16％、季刊10％、隔週刊6％などである[13]。フリーペーパーは小規模なものが多いためすべての発行社を把握しているとはいえず、実際の部数はこの数字をかなり上回るだろう、という。

●全国紙、地方紙も大発行会社

　フリーペーパーを発行しているのはフリーペーパー専門会社、全国紙・地方紙など既存のメディア企業、新聞販売店、NPO・NGO、商店

会、一般企業、大学のサークル、など多彩だ。

　中でもサンケイリビング新聞社を先頭にして合わせて900万部を発行している全国のリビング系新聞社、『ぱど』1300万部を発行する株式会社ぱど、600万部近い『HotPepper』などを出しているリクルートなどがよく知られている。

　一般にはフリーペーパー発行会社と見られていない全国紙、地方紙も実はフリーペーパーの大発行会社だ。2007（平成19）年2月から8月にかけての早稲田大学メディア文化研究所と日本生活情報紙協会の共同調査によると、朝日新聞社の3,200万部（系列販売店、販売店組合の発行分を含む）を筆頭に他の全国紙、地方紙などを合わせるとざっと1億部のフリーペーパーを発行している。地方紙はしばしばその県や地域最大のフリーペーパー発行会社だ。

　最近、東京など大都市で多くなっているのが、地下鉄などの駅構内の

■図2　フリーペーパー3億部の地域別発行割合と部数

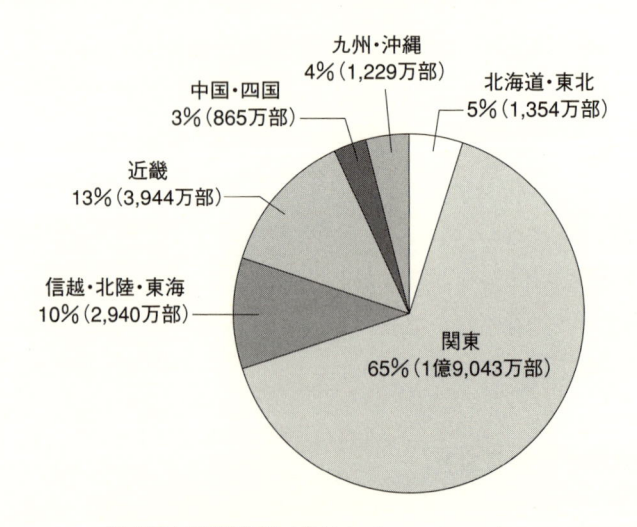

九州・沖縄　4%（1,229万部）
北海道・東北　5%（1,354万部）
中国・四国　3%（865万部）
近畿　13%（3,944万部）
信越・北陸・東海　10%（2,940万部）
関東　65%（1億9,043万部）

（出典）日本生活情報誌協会『日本のフリーペーパー2006』

ラックに入れられ通勤客にピックアップさせるものだ。リクルート発行の『R25』や産経新聞社の『metropolitana』、スターツ出版社の『metro mini』、日刊工業新聞社の『メトロガイド』などがよく知られている。いずれも東京の街情報にかなりのページ数を割き、その意味で地域活性化につながっているといえる。

　一般企業も宣伝用のパンフレットのほか、得意客向けに豪華な雑誌を配布するところが多くなっている。また美容室チェーンの会社などでお客が自由に見て持って帰れるようなマガジンタイプのフリーペーパーをつくっているケースもある。

　以上のように様々な種類の発行社から様々なタイプのフリーペーパーが大量に発行されているが、部数的に圧倒的に多いのは先の日本生活情報紙協会の定義にあるような地域生活情報紙誌だ。発行対象地域が限られている（限っている）分だけ、地域住民や行政とのコミュニケーションが密で協働の関係が生まれやすい。

　もうひとつの特徴はその地域での高い普及率である。フリーペーパーの配達は、家庭の主婦たちを組織して独自の配達網で行うものと全国紙や地方紙の販売店に依頼して配ってもらうものとに大別されるが、前者は対象地域にほぼ100％配達され、後者も複数の新聞系列販売店のルートに乗せるため、結果として個々の有料新聞より配達率が高くなる。

　こうしたフリーペーパーは、あまり目立たないがすでに地域の強力な情報インフラとなっている。そのメディアが現在以上に紙面や自社催事、さらには地域の催事などに「地域貢献推進」の姿勢を強め、また地域づくりの担い手の一員として計画づくりや実践活動に加わるようになれば、地域は再生へのエンジンをひとつ獲得することになるだろう。

●可能性を持つ大学生のフリーペーパー発行

　もうひとつ、地域活性化の媒体として大きな可能性を持つものを紹介しておきたい。学生によるフリーペーパーの発行である。

■写真1　百花繚乱の大学生発行フリーペーパー

　2006（平成18）年12月、東京で第1回の「Student Freepaper Forum」が開かれた。全国の大学生たちが集まり、自分たちが発行しているフリーペーパーを紹介したり、情報を交換したりするためのフォーラムだ。そこでフリーペーパー・コンテストがあり、46の応募作の中からグランプリに選ばれたのは、明治大学商学部小川智由教授（マーケティング論）のゼミ生たちが発行した雑誌タイプの『QooRan（クーラン）』だった。

　同誌は明治大学がある東京・千代田区の「地域活性化のためのプロジェクト」に応募して選ばれた企画。費用は区が3分の2程度出すが、残りは広告を集めてその収入でまかなうことが条件だった。その年の7月に企画を提案し10月に発行というあわただしいスケジュールだったが、3・4年のゼミ生約40人が夏休みを利用して取材や広告集めなどをし、9月半ばに合宿して最終チェック、10月発行にこぎつけた。広告は区内1000店に働きかけ97店からもらった。

　出来上がった冊子はA4判で46ページ。3万部発行し、区役所やその関

係機関、大学、店舗などに置かれた。最初の10ページは大きな地図付きで区内の代表的スポットの紹介、その後に広告を出してくれた店の情報記事を掲載している。店ごとに空欄のスペースがある。「読者がそこに評価や感想を書き入れて完成して欲しい」というのが学生たちのメッセージで、『QooRan』というタイトルはそこからきている。最終ページには「マネジメント局」、「編集局」、「マップデザイン局」、「渉外局」などに分かれた学生たちの言葉が載っており、学生たちの苦労と喜びと「地元を知ってよかった」という声が生き生きと伝わってくる。

コンテストに応募したフリーペーパーを開いてみると、地域に焦点を合わせた記事や企画が非常に多いことに気づく。3位入賞の『WASEDA LINKS』も地元早稲田と高田馬場探索が目玉コンテンツだった。

2007（平成19）年12月の第2回フォーラムでも同じことが言える。44の応募の中からグランプリに選ばれたのは、東京大学のサークルTNKが発行している『合格サプリ』だったが、同誌は「教育情報の地域間格差を埋めたい」という動機から発行されたものだ。3位に選ばれた立命館大学や同志社大学の学生を中心にしたKYO-YOU発行の『CREW』の誌面では京都の街や企業の情報が目につく。

東京や京都などの大都市圏以外では、さらに地域との密着度は強い。そうした地域から『静岡時代』や『are』などの応募があった。前者は静岡県内の5大学の学生が発行し、配布対象は同県内20の大学。後者は福井県内の4大学1短大の学生たちが協力して発行している。ともに「地域を元気にしたい」という願いが込められ、地域への愛着がにじみ出た誌面となっている。

そうした中から学生と自治体や商店会、企業との協働によるフリーペーパー発行が増えはじめている。千代田区の隣の文京区では、商店街連合会が区から助成を受けて2007年12月に「祭」と「街歩き」情報を集めたフリーペーパー『めぐるめ』（「巡る」と「グルメ」の"結合語"）を発行したが、その企画や取材を担当したのは文京学院大学の学生たちだ

った。『QooRan』に刺激を受けてのことだ。

　2006年4月、清酒「浦霞」の蔵元佐浦（本社・宮城県塩釜市）から『shizuku』という冊子が創刊された。同社が地元宮城大学の「ART STANDARD」という学生サークルに取材・編集を依頼してつくったフリーペーパーだ。内容は主として酒に関した記事や広告だが、塩釜市の街情報もふんだんに入っている。この冊子も年4回の発行で市内のCDショップやカフェなど約200個所に置かれている。同社の担当者は「内容にはいっさい口を出さない。おかげで若々しい冊子になっている。お酒の売れ行きも1割は増えた」と話している。

　こうした学生たちによる地域密着フリーペーパーの発行への関わりは非常に大きな意味を持っているのではないだろうか。学生たちが取材や広告集めでその地域を歩き回ることは、それだけでも地域の活性化につながることは明らかだ。学生たちが地域を知ることは、そこに愛着・愛情を持つことにつながる。地域での就職・求人の機会にもつながるだろう。これまで「学」との連携では「学」はともすれば「学者」を意味しがちだったが、新たに「学生」というパワーを加えることが可能なのである。

第4節　芽吹いている地域貢献──全国の実例から

　全国の新聞社、フリーペーパー発行社に目をこらすとあちこちで地域貢献の芽が吹いている。筆者が2007（平成19）年夏に実施した新聞社アンケートへの回答などから、いくつかの例を紹介したい。その中に、全国各地にそうした芽を増やし、さらに工夫を加えて大きく開花させるヒントがいくつもあるのではなかろうか。

●地域貢献組織の新設、再編

◎　読売新聞社は「顔の見える販売店づくり」「地域貢献」を目的に東京本社販売局の中に2006（平成18）年6月、地域貢献課を新設した。同社広報部によれば「全国約7,000店（従業員約10万人）の読売新聞販売店の機動力・情報発信力を生かし、地域社会の治安回復・環境保護・コミュニティ再生、福祉向上などに貢献していくことが目標」という。

◎　神戸新聞社では2001年に、文化事業局を母体に情報科学研究所、読者センター、郷土振興調査会、NIE推進協議会事務局などを統合して「地域活動局」を誕生させた。同局の活動のひとつに後述の子育て支援プロジェクト「すきっぷ21」がある。

◎　島根日日新聞社では10数年前から「ボランティア課」を設けている。民間ユネスコ活動の県内事務局となり、花いっぱい運動や石見銀山の世界遺産登録推進活動で縁の下の力持ち的役割を果たした。

●販売店による貢献

◎　各地の新聞販売店で読売新聞社広報部の話にあるような活動が活発になってきている。フリーペーパー（ミニコミ紙）の発行、防犯活動、空き缶回収などで得たお金の寄付など、全国の販売店のそうした活動は数知れない。前節で紹介した日本新聞協会の「地域貢献大賞」はそうした活動の広がりの反映であり、またそれを刺激するものだ。

　第1回の大賞は、高知新聞の販売店婦人部「なでしこ会」に与えられた。同会は長期にわたってバザーなどで得たお金を難病解決に取り組む団体や個人、難病と闘う患者への助成活動に寄付するなどの貢献をしてきた。また信濃毎日新聞社の販売店連合会が行っている長野県内の盲・ろう学校、養護学校児童・生徒へ障害保険を贈る活動など9件に奨励賞が与えられた。

● ボランティア組織の設立
- ◎ 河北新報社で2005年12月に同社108周年を機に「かほく108クラブ」がスタートした。同社とグループ社の従業員が自主的に社会貢献活動することを呼びかけたもので1口月額108円、最高10口の会費を資金に地域でのボランティア活動をしている。活動の内容は、プロ野球楽天イーグルスのホームゲームに仙台市内の児童養護施設の子どもたちを招待したり、「こども」をキーワードにした活動をしている団体に寄付をしたりする、といったもの。
- ◎ 釧路新聞社は2007年度から地域貢献社員サポート制度（あっぱれ基金）を開始した。「企業も社会の一員であり、地域と一体となって社会貢献活動に積極的に参加し、継続することは企業の社会的責任でもある。社是は『郷土ありて我あり』。地域社会と共に生きる会社としてこの趣旨を踏まえ、地域で積極的に地域貢献活動に努める社員を支援、その機運を醸成する」という趣旨で、①社会貢献活動に参加する社員に年間で総額50万円（1人20万円以内）を助成する、②社会貢献活動のために特別休暇を年間3日間以内で与える、などが主な内容。

● 地域づくり研究活動の推進
- ◎ 西日本新聞社では2006年2月に創刊130周年を記念して地域提言組織の都市未来委員会を設置した。メンバーは同社記者や地元大学の学者たち。調査活動→シンポジウム→提言→紙面化といった流れで運営する。2007年8月までに北九州市、苅田町、行橋市の3都市連携問題、久留米市周辺の課題「佐賀県地域との県境を越えた連携」、炭坑閉山後10年を迎えた大牟田地域の地域づくりについて提言を行っている。
- ◎ 島根日日新聞社では、10数年前から「まちづくりセミナー」を開講している。その受講生OBが「まちづくり」の担い手として育ち、

2005・2006年にかけて出雲市役所の郊外移転が計画された際に中心市街地を守るという立場から反対、市役所の向かいにあった県有地での立て替えへの変更に貢献したという。
◎　2007年4月にNPOの「大分研究所」が誕生した。大分合同新聞社が中心になって設立したもので、同社では「『大分学』を創造し、経済、文化面などで大分が元気になる道を探り、推進していくための組織。基金を集め、そうした研究を進めている組織や個人を助成したい」としている。

● ニューズルームを現場へ

編集分野では、「移動支局」や「移動編集局」の開設が多くなっている。当初はその地域で自社宣伝を兼ねてのイベント重視型だったが、現在では地域の現場に一定期間複数の記者が入り、住民と直接触れ合いながら問題を発掘し、ともに問題を解決する道を考えようという協働型に進化してきている。
◎　読売新聞社は「オール読売で読者と交流」というキャッチフレーズで1995年にスタートさせた。当該の総・支局を軸に編集局各部、販売局、事業局、宣伝部、地元販売店なども協力する総がかり体制で「移動支局」見学や青空市場、スポーツ大会、講演など多彩な催しを行っていた。しかし同社広報部によると各県を一巡したことから、ここ数年は臨時支局を開設せずに紙面で地域の話題を紹介する「紙面展開型」の移動支局に軸足を移しているという。
◎　毎日新聞社でも2002年11月から開始した。こちらの方は明確に「全国各地で地域再生のお手伝いをする」（同社HP）と位置づけている。2007年5月から「支局」開設場所を公募することになり、第1弾は遠賀川によって引き起こされる災害への防備と新たな環境づくりをテーマに福岡県飯塚市で実施された。第2弾は同年7月に岡山県倉敷市の阿智神社、以後9月に川崎市麻生区、10月に長崎県佐世

保市と秋田県大館市で実施するなどテンポを速めている。
◎　西日本新聞社では2003年10月に「地域と語ろう隊」を発足させた。地域が抱える問題について、記者たちが地域に入り住民と徹底的に話し合い、問題解決の道をともに考えるという試み。読者・地域住民と新聞社によるインタラクティブ（双方向）の紙面づくりを目指している。
◎　東奥日報社では2004年4月から毎月1回、青森県内の第1次産業の現場に移動支局を開設している。編集局幹部や現地の支局長が座談の輪に加わり、問題点を整理しながら将来的な方向性を探るというもの。
◎　徳島新聞社も創刊60周年を記念して2004年5月から移動編集局を始めた。具体的には2〜3カ月ほどかけて編集委員ら本社の記者が現地に通い、そこの歴史、文化、産業などを掘り起こしてテーマを決め、支局員とも協力して雑報、連載、特集、グラフなど様々な形で約1カ月間にわたって紙面展開している。併せて、その地域の特性に合ったテーマで、県民を元気づける事業（講演会、シンポジウム、展覧会など）を行っている。

●理科の先生たちと協力して「かがく心」育成

◎　静岡新聞社SBSグループは2006年10月から「静岡かがく特捜隊」を始めた。これは子供たちの「科学離れ」がいわれて久しい現状を踏まえ、「子供たちの？を！に」をキーワードに「かがく心」を育てるキャンペーン。まず、県教委の後援を得て、県内の小学生全員22万人に「科学手帳」を配布。県内各地の科学館の協力を得ながら、サイエンスショー「ふしぎかがく塾」や自然観察会を展開した。

　編集局は月2回「こどもかがく新聞」を発行。実験などの課題を出して、その結果を寄せてもらうなど双方向の新聞づくりを目指している。キャンペーン開始当初から静岡大学の理科教育の研究室に

アドバイスを依頼し、教授、大学院生から全面的な協力を得、中学理科の中心的な先生や女性科学サークルにも紙面執筆してもらうなど、多くの人たちの参加を得て、地域の理科教育を振興することにつながっている。この活動は2007年度の新聞協会賞（経営・業務部門）を受賞した。

●様々に子育て支援

◎ 徳島新聞社は2001年に「おぎゃっと21」を誕生させた。これは21世紀の始まりを機に子育てをしている人たちを応援するのが目的。5月3、4日に乳幼児と両親らを対象にフェスティバルを開き、同県内5つの大学の学生や県医師会の参加を得て乳幼児には遊びや診療の場を、両親には育児相談の場を提供、その模様は翌日の「こどもの日」に紙面で紹介されている。同社では「産官学民一体の地域貢献」と位置づけ、同社の拠出に加えて企業や県からも補助金を得ているという。

◎ 神戸新聞社でも前述の地域活動局が担当して2003年から子育て支援プロジェクに取り組んでいる。その中身として、育児の日運動、すきっぷサロン、ふるさとボールパーク、すきっぷポスト、などがある。

育児の日運動は、毎月12日を育（いく＝1）児（じ＝2）の日として地域全体で子育てを考える日にし、仕事を持っている両親が早く帰れるように企業や自治体に「ノー残業」を広げる運動。すきっぷサロンは育児の日におもちゃづくりや野遊び体験教室を県内の幼稚園や子育てサークルなどに"出前"するというもの。ボールパークは地元のプロ野球球団オリックス・バファローズや兵庫県立こどもの館などと連携し、親子のキャッチボール教室と父親向けの子育て講座をミックスして県内各地で実施している。すきっぷポストは、そうした子育て支援のための基金を募るものだ。

● 「郷土を世界遺産に」を推進

　現在各地で歴史的、文化的、景観的にすぐれた郷土の財産を世界遺産に登録しようという運動が広がっているが、メディア企業がその推進力になるというトレンドも生まれてきている。

◎　2004年7月、和歌山県の高野山・熊野古道が「紀伊山地の霊場と参詣道」として世界遺産に登録されたが、その原動力のひとつになったのが同県内の地域紙紀伊民報社とフリーペーパーの和歌山リビング新聞社だった。紙面での活発なキャンペーンだけでなく、地元行政や民間の推進組織と連携して登録を実現するためのアイデアを考え、イベント実施の実行役になった。

◎　同じようなことが2007年7月に登録された石見銀山についてもいえる。前述の島根日日新聞社のボラティア課が事務局になり県内の運動を盛り上げた。また群馬県では上毛新聞社が2005年から「21世紀のシルクカントリー群馬」キャンペーンを開始、県民運動による地域再生を提唱した。こうしたことの積み重ねで2007年1月、官営富岡製糸場をはじめとした同県内の絹産業遺跡群が世界遺産の暫定リスト入りとなった。

● 街の魅力再発見ウオーク

◎　「行徳新聞」など千葉県内で4つのフリーペーパーを発行している明光企画（本社千葉県市川市）は、1998年に「行徳街回遊展」を始めた。市や自治会、ボランティア団体、寺の住職らと協働で街を歩きながら地域の文化や歴史を知ろうというもの。各寺院に寺宝を公開してもらい、句会やお茶会などを実施、公園ではコンサートやフリーマーケットなど多彩な催しをしている。最初は同社の社員が主になっていたが、最近では自治会の役員、寺院の人たち、地元大学の学生たちが積極的に参加し、地域挙げての催しになっているという。

●**市民と水源林づくり**

　◎　神奈川県内でフリーペーパーを発行している湘南リビング新聞社（本社藤沢市）では1999年から水源林を守る県の取り組みに水源林パートナーとして参加している。水源林パートナーとは、水源林エリアの森林の整備に対し5年以上継続して定額を寄付することで、森林活動の場として特定の森林（パートナー林）を指定され、その森林を核として森林づくりの活動を行うもの。同社は同県松田町の鍋割山麓に受け持ちの森があり、読者に呼びかけて下草刈りや枝打ち、間伐などのボランティア作業をしてもらい森林づくりに協力している。

●**本章のむすび**

　以上、新たな公共性の見地から地域づくりや再生・活性化に対するメディアの関わりの現状と可能性について、新聞メディアに絞って考察と具体事例の紹介をした。

　もちろんメディアによる地域貢献や協働作業の推進の前には多くの問題がある。例えば行政との関係である。だれもが「行政とメディアが協力しあうことによって癒着の関係が生じ、行政を見るメディアの目が曇るのではないか」と懸念を抱く。そのことがメディアと行政が互いに近づくことへの躊躇を生んでいるのかも知れない。

　行政もメディアも安易に"協力"しあわないためにその躊躇は必要なことである。しかし、そうした懸念があるからといって協力あるいは協働全体を否定する必要はない。「するべき協力・協働はする。してはならないことはしない」に尽きる。それを明確にしておくためにも地域とメディアの関係がどうあるべきか、を追究し、原則やルールを確立することが必要なのである。そのためには、メディアと行政の協力・協働をタブー視せずに論じ合わなければならない。

いうまでもなくメディアは、その活動を持続的に行うための収入確保あるいは企業としての営利追求という側面を持っている。それを無視しての貢献が必要であると述べているわけではない。新聞、雑誌、放送、インターネット、フリーペーパーなどの分野によって、またその企業の理念によって、その公共性と営利性の度合いはかなり異なっている。まずはその枠内で「精一杯」の努力をすることが大切だ。そのことによってそれぞれの分野、組織の「公共性」の枠が少しずつ広がっていく。

　各メディアが今すぐやれることがある。自社の社是あるいは編集綱領を新たな目で検討し直し、そこから地域貢献の行動指針や原則を作成し、社内に徹底することである。その効果はまず紙面や番組に現れるだろう。地域の人々の中に分け入り、地域への愛着と情報を共有することで、記事や番組、情報がより実情を反映し、説得力を持ったものになるに違いない。それ以外の活動もその場の「にぎわい」演出に終わるのではなく、長期かつ"骨太"の地域づくりに大きく貢献するものになるだろう。

　一方、地域住民、NPO・NGO、行政、など地域の担い手たちは、メディアを協働の輪の中に迎え入れるために「自分たちはメディアに何を望むのか」を明確にすることが必要だ。そのことは同時に地域づくりの道筋を明確にすることにもつながっていくのではないだろうか。

注

1) 例えば西日本新聞社で地域提言を推進した中村精介編集委員（当時）は「『新聞は言いっぱなしで、どれだけ解決策（ソリューション）を提案してくれたのか』という声を何度聞いたことか。問題は提起しても、その解決策については当事者に任せるというのが、新聞のありようだったように思う」という自省の弁を述べている（「地域社会に提言する『都市未来プロジェクト』が始動」『新聞研究』2006年7月号p22）。

2) 地域限定的に発行されている新聞を指す。通常は数県にまたがるブロック紙、県全域が対象の県域紙（県紙）、県全域に至らない地域で発行されている地域紙（郷土紙）が範疇に入る。「地方紙」という呼称には筆者は強い違和感を持っている。「地域紙」とでも呼ぶのが妥当と思うが、その言葉はすでに郷土紙に対して使用されていること、新聞社自らも地方紙という言い方をしていること、などからとりあえず「地方

3) 東京新聞、日刊県民福井、富山新聞の各紙は社是・編集綱領不掲載だが、発行社の中日（前2紙）、北國新聞社のものが適用されるとした。
4) 筆者が「具体的である」と判断したのは以下の5社のものである（表現は回答の趣旨を損ねない範囲で筆者が要約した）。
   ・北海道新聞社「北海道新聞グループ連結経営の指針の中に『地域に役立つ事業を積極的に展開する』と定め、毎年策定している経営計画の中で、地域貢献等への具体的な取り組み方針を盛り込んでいる」
   ・河北新報社「社是で東北振興をうたい、その振興促進に関する事項を担当する組織として『東は未来』委員会が、常勤取締役会の直属として組織されている」
   ・北日本新聞社「これまで取り組んできた地域密着の姿勢を深化させるため、平成19年度の経営方針として『越中流で地域創造』を掲げている」
   ・静岡新聞社「静岡新聞SBSグループとして、『人、地域、情報、を結ぶポータルとしてローカル&グローバルな情報とエンタテイメントを提供することで、地域に活気・感動・発見を創出していくことを約束します』と宣言している」
   ・山陽新聞社「年初に社内向けに示す経営方針の中で具体的な指針を示している。2007年は『地域とともに128年の本紙としては、この地域が生き残り、発展していく道を模索し続けなければならない。エリアの地域力をいかにすれば高められるか。さまざまな分野で多角的に方策を探り、手がかりやヒントを提言、提示していく』としている」
5) 『大辞林』（第3版）、三省堂、2006年
6) 桂敬一『日本の情報化とジャーナリズム』日本評論社、1995年、p25
7) 岡田直之「新聞の公共性とは何か」『新聞研究』2006年6月号、p30
8) 最高裁判所大法廷決定（1969年11月26日）
9) かつてかなりあった「特権」は徐々に減っているが、現時点で残っている「特権」の代表的なものは、独占禁止法の例外規定として新聞社や出版社が販売店に対して価格を指定できるという再販売価格維持制度である。この制度のもとでは「値引き」は不正常な取引として原則的に禁止されている。また日刊新聞紙法によって、日刊新聞を発行する新聞社の株式に関して、特例的に当該株式会社の事業に関係する者に制限する旨定款上の規定をすることが認められている。いずれも公共的存在としての日刊新聞の発行を安定させるためのものである。
10) 参加紙は河北新報、新潟日報、信濃毎日新聞、静岡新聞、北國新聞、京都新聞、神戸新聞、山陽新聞、中國新聞、高知新聞、熊本日日新聞、南日本新聞
11) 寺島英弥『シビック・ジャーナリズムの挑戦』（日本評論社、2005年）に詳しく紹介

されている。
12) 『新聞研究』2006年12月号、p51
13) 日本生活情報紙協会『日本のフリーペーパー2006』2006年

◆参考文献

本文中あるいは注で挙げたもののほか下記のものが特に有用である。
●新聞と地域のかかわり、公共性について
(1) 齋藤純一『公共性』岩波書店、2000年
(2) 田村紀雄編『地域メディアを学ぶ人のために』世界思想社、2003年
(3) 花田達朗『公共圏という名の社会空間』木鐸社、1996年
(4) 林利隆『戦後ジャーナリズムの思想と行動』日本評論社、2006年
(5) 連載「地域紙はいま」『新聞研究』1998年～2001年の偶数月号
(6) 特集「変わるコミュニティと報道の視点」『新聞研究』2004年6月号
(7) 松井茂記「ジャーナリズムと公共性」(第58回新聞大会・研究座談会での基調講演)『新聞研究』2005年12月号
(8) 特集「地方紙の『自立』を問う」『都市問題』2005年12月号
(9) 特集「新聞の公共性を考える」『新聞研究』2006年4月～6月号
(10) 藤田博司「インターネット時代における新聞の公共性」(第59回新聞大会・研究座談会での基調講演)『新聞研究』2006年12月号
(11) 特集「郷土紙の進路」『新聞研究』2007年8月～10月号
●フリーペーパーについて
(12) 稲垣太郎『フリーペーパーの衝撃』集英社新書、2008年
(13) 山中茉莉『新・生活情報紙―フリーペーパーのすべて』電通、2001年
(14) 日本生活情報紙協会機関紙『JAFNA通信』各号
(15) 「地域密着メディアとしてのフリーペーパー」『宣伝会議』2005年4月号

第4章 地方自治体におけるICTとウェブアクセシビリティについて

コミュニティ活性化手法としての可能性

◎本間奈々

提言

　現在急激なインターネット等の情報通信技術の普及により、地方自治体においてもホームページや庁内LANの整備、全国的なネットワーク基盤であるLGWANや住民基本台帳ネットワーク、公的個人認証などが整備されるなど、情報通信インフラが整備されてきている。そうした中において、ハード面だけでなく、ICTを活用した住民参画の取り組み、中でも最近は新たな地域コミュニティ活性化の取り組みとして地域SNSを活用するなど、地方自治体におけるICTの活用も新たな展開を見せている。また、誰もが「利用でき」「使いやすい」という公共分野のHP等のアクセシビリティの確保がひとつの課題として注目を集めており、各地方自治体においても取り組んでいる。今後の地方自治体は、情報民主主義の時代を迎える中において、誰もがいつでも情報にアクセスできる環境を整えるとともに、住民自治を補完するものとして、地域SNSをはじめ、ICTの活用に積極的に取り組むべきである。

第1節 情報化の現状

●国および地方における情報化の推進

　わが国では、1990年代後半からインターネット等の情報通信技術が急速に普及し、携帯電話や電子メール、ウェブサイト[1]、電子商取引等が企業や個人の間で広く利用されるようになってきた。

　2000（平成12）年11月には、「高度情報通信ネットワーク社会形成基本法（IT基本法）」が成立し、2001年1月には、2005年までに世界最先端のIT国家となることを目標とした「e-Japan戦略」がIT戦略本部の下に取りまとめられた。当該戦略では、数値目標を掲げ、ブロードバンド等のIT基盤の整備拡充を政策の柱としていたが、早くも2003年の時点で当初の目標を大幅に上回ったことから、IT政策はその第1段階を終え、第2段階に入ったという認識の下、ITの利活用に重点を置き、「元気・安心・感動・便利」社会の実現を目標とした新たなIT国家戦略である「e-Japan戦略Ⅱ」が2003年7月に策定された。

　これらの取り組みの結果、わが国のインターネット利用人口は順調に増加し、2003年末には7,730万人、人口普及率も6割を超える状況に至った。特にブロードバンド環境については、安さや速さは世界一、加入数でも2004年6月末には1,619万世帯となり、インフラ環境においては、既に世界最先端のレベルに達しつつある。また、2003年12月には、東京・名古屋・大阪の3大都市圏で地上デジタル放送が開始され、家庭における情報のゲートウェイ（窓口）として、中核的な役割を担うことが期待されるデジタルテレビも急速に普及が進んでいる。

　そして、総務省では、第2期IT革命を推進し、2005年に世界最先端のIT国家となることを確実にするとともに、さらに2006年以降も引き続き世界最先端であり続けることが重要と認識し、2010年を目標年次とする次世代のネットワーク戦略を策定することとした。2004年3月に「ユビ

キタス[2])ネット社会の実現に向けた政策懇談会」を開催し、同年5月には経済財政諮問会議において、ユビキタスネット社会の実現を目標とした「u-Japan構想」の概要を発表した。

　また、経済財政諮問会議の「経済財政運営の構造改革に関する基本方針2004」においても、「経済活性化に向けた重点施策」として「ユビキタスネットワーク環境を整備し、高齢者・障害者が元気に参加できるIT社会を実現するため、『u-Japan構想』を具体化する」ことが盛り込まれ、閣議決定している。u-Japan構想では、電子タグ等を中心とするユビキタスネット技術の豊かな将来性を踏まえ、「いつでも、どこでも、何でも、誰でも」ネットワークに簡単につながる社会を2010年までに実現することを目標としている。

　そして、わが国では、インターネットや携帯電話等の情報通信技術を表す言葉として、「IT（Information Technology）」の語が広く普及しているが、これから実現を目指すユビキタスネット社会においては、情報通信といった技術上の観点よりも、「人と人」「人とモノ」「モノとモノ」といった、多様で自由かつ便利なコミュニケーションが実現することが最も重要な概念であることを踏まえ、情報通信におけるコミュニケーションの重要性をより一層明確化するために、u-Japan構想においては「ICT（Information & Communications Technology）」の語が使用されている。

　以上のような情報化に向けた戦略を受け、総務省において2001（平成13）年10月に「電子政府・電子自治体推進プログラム」が、2003年8月に「電子自治体推進指針」が策定され、電子自治体の基盤整備、行政サービスの向上、行政の効率化などの各種の施策が講じられてきた。

　その結果、各自治体では、ホームページや庁内LANを整備するとともに、全国的なネットワーク基盤であるLGWAN[3])や住民基本台帳ネットワーク[4])、公的個人認証[5])などが整備されてきた。また、現在では、多くの自治体で電子申請、電子入札などの行政サービスのオンライン化が

スタートするとともに、共同アウトソーシングによる業務・システムの効率化に向けた取り組みが全国的に展開されている。

● ウェブ2.0

　2000（平成12）年にITバブルが崩壊した時に、これまでウェブを過大評価してきた、という論調が強まってきたが、それに対し、オープンソース運動の推進者であったティム・オライリーは、ウェブは崩壊したどころか、新たな転換期に入ったのであり、これまでの一方的なコミュニケーションの状況からウェブの使い方が変化し、双方向のコミュニケーションが行われようになる「プラットホームとしてのウェブ」という概念を提唱した。

　つまり、これまでは情報の送り手と受け手が固定され、送り手から受け手への一方的な流れであった従来の状態が、送り手と受け手が流動化し、誰もがウェブを通して情報を発信できるようになるということである。そして、この変化を象徴する語として、それまでの従来の状態を「ウェブ1.0」、変化後の状態を「ウェブ2.0」と呼び、情報進化の新たな定義として注目されている。

　2004年以降広く使われるようになったこの新語の新たな定義を巡っては、様々な議論がなされているが、「明確な輪郭を持たず、その他のものを引きつけるコアとして存在するもの」（オライリー）と考えられており、いずれにしろ、ネット上の不特定多数のユーザーを受動的なサービス享受者ではなく能動的な主体として積極的に巻き込んでいくという考え方がその本質でないかと考えられる。

　これまで情報が一部の者に独占され、また一方的に選択され発信されていたものが、現在では、Googleに象徴されるように、個人が能動的に情報を検索し、アクセスする時代に入っている。

　筆者が旧自治省に入省した当時（1993年）には、各省が出す通知等を地方自治体の東京事務所の職員がいかに早く手に入れてFAXで流すか、

ということが非常に重要な仕事となっていたが、現在では、公文書については各行政機関がホームページで公表するのが一般化しており、情報を入手し、その伝達の速さを競うことの意義が低下してきている。それどころか、審議会における討議についても議事録としてすぐに掲載される時代となってきており、政策形成のプロセスについて知ることも可能となってきているのである。それまでは情報源との物理的な距離等により自治体間に厳に存在していた情報格差が狭まり、「情報を握っている」という情報の集中・独占の意義が低下しつつある。なぜなら、情報は瞬時に全国津々浦々に行き渡り、縁がある、知っている、ということとも関係なく、どこにおいてもアクセスすることが可能となってきているからである。

　確かに、まだ機関ごとに情報提供の内容や量に差があることは否めないが（検索のしやすさ、見やすさなどのアクセシビリティの差もある）、数年前と比べれば格段と進展していることは否定できないであろう。そして、今後も情報内容等が拡充していき、より一層この傾向の拍車がかかることは誰もが認めることだと考える。

　まさに、誰もが情報にアクセスすることができるという情報民主主義の時代が到来しつつあることが予見されるが、それがどんな社会を現出するかは、まだ想像の域を出ず、定かではない。ただ、これまでの延長ではない、大きなパラダイムシフトが起きつつあることは間違いない。

第2節 地方におけるICTによる住民参加の取り組み

　LGWANなどのネットワーク基盤の整備が整いつつある中において、地方においても情報化によるコミュニティの新たな取り組みが行われている。

●電子会議室[6]

　これまで、地方自治体では、ホームページで行政情報を提供するということだけでなく、住民参加のひとつのツールとしてインターネットの活用に取り組んできた。

　まず、初期の段階で出てきたのが、さまざまな人が身近な話題を議論することを目的として1990年代後半に相次いで開設された電子掲示板[7]である。代表例としては、1996（平成8）年にスタートした神奈川県藤沢市、大和市（1998年開設）、北海道札幌市（1999年開設）、三重県（2002年開設）などがある。

　慶応義塾大学SFC研究所とNTTデータシステム科学研究所が行った共同研究では、2002年に全国で733の地方自治体が電子掲示板を設けていた。そして、政策形成への住民参画というよりも、その多くは、インターネットの初心者が身近な話題でコミュニケーションが楽しめる場として、または、防犯、防災や地域づくり、子育てに関する情報を住民など様々な主体が交換する場として機能していた。

　今現在電子掲示板は、神奈川県藤沢市などの成功事例などのいくつかの事例を除くと、議論の活性度が著しく低下し、廃止や「開店休業」状態となっている。電子掲示板については、誹謗中傷などの会議室の荒しがあることや安心して使えるルールづくりやシステムが確立していないなどの運用面の点でいくつかの課題が取り沙汰されているが、一定の役割を果たしてきたことは評価すべきと考える。

　筆者が2002（平成12）年当時に札幌市の企画課長として赴任した時には、電子掲示板事業は終了していたが、その間は子育てや安心、安全に関する情報交換などが活発に行われるとともに、これにより、地域づくりに関して興味を持ちながら、それまでは隠れていた人材、住民の掘り起こしに繋がるなど、一定の成果を挙げている。特に、電子掲示板で、行政と住民とが議論を積み重ね、お互いに解決策を模索するという経験を積んだことの意義は大きい。そして、次の段階で、市民にとって身近

な情報の提供・発信を市民自らが発信する事業(「Webシティさっぽろ」「ようこそさっぽろ」)が展開されると、電子掲示板にかかわっていた関係者は、その担い手として活躍することとなっていくのである。

●市民がつくる地域サイト：札幌の事例
──「Webシティさっぽろ」「ようこそさっぽろ」

　札幌市では、2002(平成14)年に市民がつくる地域サイトをコンセプトとして、市民と行政の協働により「Webシティさっぽろ」(http://web.city.sapporo.jp)を設置している。市民、企業、行政の三者がこのサイトの運営、編集方針を議論、決定する「ウェブシティさっぽろ運営委員会」を構成し、サイトを構築していくのである。なお、それぞれ運営に関する役割分担として、サイト設置者として札幌市が、取材・編集・運営の主な主体としてNPO法人シビックメディアが、システム保守管理を担う者として、札幌総合情報センター株式会社が携わっている。

　「市民がつくる地域サイト」というコンセプトから、提供する情報は行政情報とは違う(札幌市は別に行政情報を提供するホームページを持っている)、市民にとって身近な地域イベント、子育て、安全、安心などに関する地域情報や人物紹介の情報等の記事が市民の目から書かれ発信されている。編集方針そのものは月1回の編集会議が行われ、大まかなことを決定していくが、それぞれのトピックの記事については、メーリングリストで流れ、運営委員会を構成するそれぞれのメンバーのチェックを受けた後に掲載されるという、開かれた仕組みをとっている。ホームページは更新が重要で、更新がほとんどされないサイトは魅力の薄いものとなるが、運営委員会を構成し、取材・編集・運営の要となっているNPO法人シビックメディアの主な構成メンバーの中に、技術的な専門家等が入っていることから、常に情報はこまめに更新され、アクティブなサイトとなっている。また、同様の方式で、市民の目から見た札幌の観光の魅力を発信する札幌観光サイトの「ようこそさっぽろ」が2006

■図1 「Webシティさっぽろ」サイトの目的

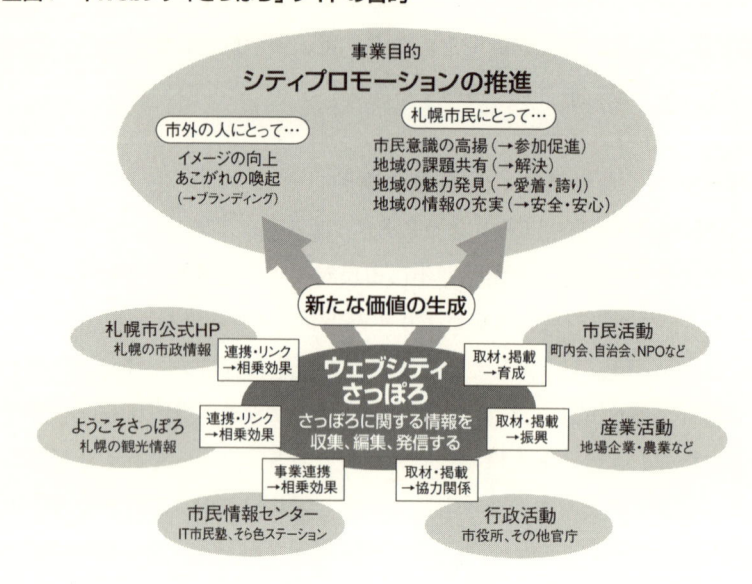

事業目的
シティプロモーションの推進

市外の人にとって…
イメージの向上
あこがれの喚起
（→ブランディング）

札幌市民にとって…
市民意識の高揚（→参加促進）
地域の課題共有（→解決）
地域の魅力発見（→愛着・誇り）
地域の情報の充実（→安全・安心）

新たな価値の生成

ウェブシティさっぽろ
さっぽろに関する情報を収集、編集、発信する

札幌市公式HP
札幌の市政情報
連携・リンク→相乗効果

ようこそさっぽろ
札幌の観光情報
連携・リンク→相乗効果

市民情報センター
IT市民塾、そら色ステーション
事業連携→相乗効果

市民活動
町内会、自治会、NPOなど
取材・掲載→育成

産業活動
地場企業・農業など
取材・掲載→振興

行政活動
市役所、その他官庁
取材・掲載→協力関係

年から設置されており、こちらも同様に「ようこそさっぽろ運営委員会」により、運営されており、トップページのアクセス数を見ると、1ヶ月当たり「Webシティさっぽろ」では10万ビューほど、「ようこそさっぽろ」で12,3万ビューほどある。

　筆者も、行政という立場だけでなく、実際にNPO法人シビックメディアに入り、一市民として記事を書いたことがあるが、行政が情報を発信する時にハードルとなる意思決定の慎重な手続きとは対照的な、オープンで民主的な編集方法に感心するとともに、行政の場合ともすれば「公平性」が重視され、平面的な取り扱いとなる記事も、書き手である市民の「思い」が反映され、より温かみのある内容となっており、これまでの行政側が提供する情報とは大きく異なった展開を見せることとなった。ただし、記事の編集に当たっては、「地域サイト」としてのサイトの目的が明らかにされるなど、公共性は担保されており、またそのルールを決めるに当たっては、行政・民間の協働によりその内容を練り上げ

ていったことから、双方にとって納得性の高いものとなっており、市民参画のルールづくりのひとつのかたちとして示唆するところが大きい。

　また、サイト運営が始まって数年を経ていることから、季節ごとのイベントを掲載する時期の頃合いやトピックの取り扱い、英語や中国語、韓国語等の外国語表記も手がけるなどホームページを作成する上でのノウハウが蓄積されてきており、市民からも愛されるホームページとして定着しつつある。

●地域SNSの展開

　現在SNS（Social Networking Service）と呼ばれるサービスが注目されるようになってきている。SNSは、会員となった参加者が、インターネット上で、趣味や出身などの共通の関心事について、プロフィールを明らかにし、日記（ブログ[8]）、それに対するコメント、メールといった機能を使って交流するサービスである。基本的に既に入会している登録ユーザーから招待を受けないと利用登録ができない、完全招待制を通じて加入する仕組みであるため、一般のブログに比べれば、匿名性は排除され、ユーザーそれぞれの素性が明らかとなり、健全で安心感のあるコミュニケーションの場として期待されている。

　日本でのサービスは2004（平成16）年頃から始まり、その後短期間に大多数のユーザーを獲得し、日本最大のユーザー数を誇るmixi（http://www.mixi.jp）は、2007年5月現在1,000万人以上ものユーザーが登録しているといわれている。また、最近は特定のトピック（音楽、映画）などに特化したSNSが登場したり、高校生を中心とした若年層に絶大な人気を誇る「モバゲータウン」（http://www.mbga.jp）といった携帯端末専用のゲームサイトと兼用となったSNSも出てきており、SNSのサービス内容も多様化してきている。

　しかしながら、顔の見えるネットワークということで個人情報が流出したり、マルチ商法まがいのトラブルが発生するなど、その安全性を脅

かすような事件も起きており、また、人間関係の信頼性に基づいたネットワークがユーザー数の増加により外部のインターネットとそれほど変わらない状況になりつつあるなど、大規模SNSがゆえの問題も起こってきている。

こうした状況において、巨大化する全国規模のSNSに対する新たな選択肢として、さらには地域の新しいコミュニケーションを求める流れとして、地域SNSが注目されてきており、地方自治体で、地域SNSを活用して住民の交流を図ったり、行政情報を発信したりする取り組みが広がってきている。

●「ごろっとやっちろ」(熊本県八代市)と総務省の実証実験

地方自治体による地域SNSへの取り組みは、熊本県八代市の「ごろっとやっちろ」(http://www.gorotto.com)が先駆けといわれている。八代市は九州西岸のほぼ中央、熊本県の県都の南に位置し、2005(平成17)年8月の八代市と郡内5町村が合併した人口14万ほどの市である。

「ごろっとやっちろ」は、2003年4月に当初は電子掲示板を主な機能として運用されていたが、次第に掲示板の発言数が減少し、住民のアクセス数が停滞してきたことから、mixiのSNSの特徴を参考にして、2004年12月にSNS機能を導入した。「ごろっとやっちろ」では、市民の日常的なネット上の居場所として利用してもらうため、通常のSNS機能のほかに地図やWiki(コンテンツ管理システム)、掲示板などの機能を独自に設けている。SNS機能の導入により、「ごろっとやっちろ」ではサークル活動や子育て、食べ歩きなどの情報交換が活発化し、アクティブユーザーも生まれ、当初の利用登録者数は600人ほどであったが、2006年12月時点で3,000人に増加し、アクセス数や書き込み数も飛躍的に延びてきている。

一方、総務省では、2005年5月に「ICTを活用した地域社会への住民参画のあり方に関する研究会」を立ち上げ、地方自治体による住民への

情報提供や、住民の意見表明におけるICTの活用、民意の形成についてのルールづくりなどを研究していたが、この八代市の「ごろっとやっちろ」の成功例に着目し、2005年12月から2006年2月にかけて実証実験を行った。対象となった地域は、東京都千代田区の「ちよっピー」（http://www.mm-chiyoda.or.jp）と新潟県長岡市の「おここなごーか」（http://www.soiga.com）である（両地域は実証実験後の現在も運営している）。

　実証実験はいずれも2か月という短いものであったが、多くの人々の関心を呼び、地域SNSの活用を他の自治体へと広める契機ともなった。この実証実験の成果を引き継ぎ、2006年度は地方自治情報センター（LASDEC）が主導し、全国の11団体（青森県八戸市、群馬県前橋市、埼玉県秩父市、岐阜県大垣市、静岡県掛川市、京都府宇治市、大阪府豊中市、福岡県大牟田市、長崎県五島市、大分市、鹿児島県奄美市）が参加して実証実験を行っている。

　そして、地域SNSは2006年1月末時点でウェブサイトは12カ所確認されていたのみであったが、1年後の2007年1月末時点では200カ所以上に増加し、まだまだ増加傾向が続いている。

●**地域SNS参加のきっかけ**

　都市化の進展などにより、自治会や町内会の加入率が低下し、隣に誰が住んでいるのか分からないような状況が現出するなど、地域のコミュニティ機能の低下がいわれて久しい。外部から転入してきたマンション住民と地元住民との温度差や、核家族化による紐帯の弱まりなど、人と人の繋がりが希薄化しているという社会的な状況下において、従前のネットワーク機能を補完することが求められている。

　そして、筆者は、従来型の地縁コミュニティを補完するものとして、ICTの可能性について非常に関心を持っていたが、総務省の上司に「地域の情報化、ICTによる地域コミュニティの活性化に興味がある」とい

う話をした時に、「研究したりするだけでなく、実際参加してみてはどうか」といわれ、2006（平成18）年10月から、「ちよっピー」と兵庫県を対象地域とした「ひょこむ」（http://hyocom.jp）に参加することになったのである。ちなみに両者とも筆者と地域的な関係はまったくないが、あえていうならば、総務省が千代田区に所在していることから、関係者が加入している可能性や飲食店の情報等で自身に若干の知識があるなど、「ちよっピー」の方が親和性が高いということが当初は予想された。なお、この両者に参加した当時、奇しくもそのほんの少し前から全国的なSNSであるmixiにも登録していたので、3つのSNSを実体験することができ、この1年で筆者なりのそれぞれの違いを実感した次第である。また、SNSとは別に2005年2月から書きはじめた個人ブログもあり、インターネット上に公開しているものとの違いも痛感した。

◎事例：「ちよっピー」（東京都千代田区）
　「ちよっピー」が対象地域としている東京都千代田区は、東京23区のほぼ中心に位置しており、永田町や霞ヶ関には、国会、最高裁判所、中央省庁等など国の首都機能が集中するとともに、丸の内や大手町には大企業の本社が集まる日本経済の中心でもある。昼間の人口は85万人以上といわれているが、夜間人口（区の人口）は約4万人であり、昼夜人口の差が極めて大きい自治体である。実際の居住人口よりも遙かに多い通勤・通学者が昼間は滞在しながらも、彼らは目的のために集まりいずれ居住地に戻っていく通過人口であり、大都市特有の地域コミュニティが弱体化した地域であるともいえる。また、このような状況からも、大都市災害やそれに伴う二次災害などの大都市型の大規模災害が懸念される地域でもある。
　「ちよっピー」は、2005（平成17）年12月から2006年2月にかけて実証実験が行われた時に、実験期間の終了時までに903人がユーザー登録し、125個のコミュニティが設置された。そうしたコミュニティの例として、

■図2　地域SNS利用状況

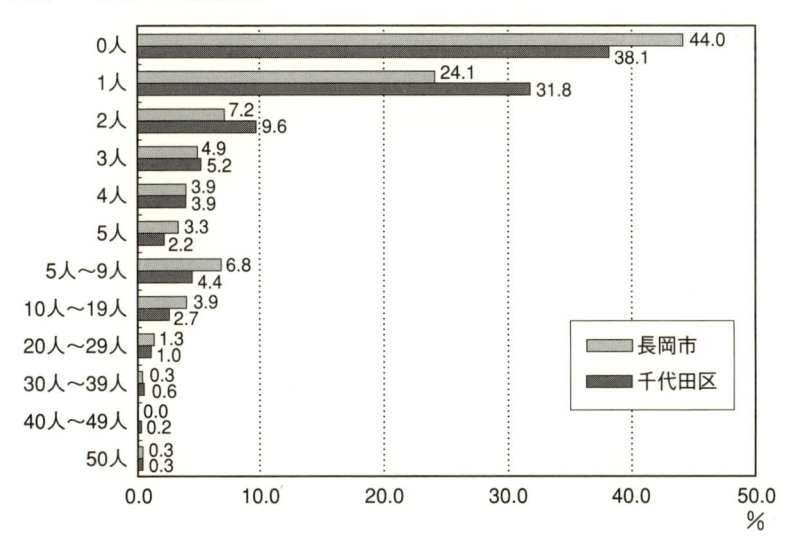

区分	長岡市	千代田区
0人	44.0	38.1
1人	24.1	31.8
2人	7.2	9.6
3人	4.9	5.2
4人	3.9	3.9
5人	3.3	2.2
5人〜9人	6.8	4.4
10人〜19人	3.9	2.7
20人〜29人	1.3	1.0
30人〜39人	0.3	0.6
40人〜49人	0.0	0.2
50人	0.3	0.3

（単位：％）

　桜の開花情報や観光スポットの情報、飲食店の情報、生活情報などの身近な生活情報を提供する「千代田day's」、子どもを持つ保護者のグループが子どもの通学路などの安全を守るために情報交換を行う「千代田区こども110番」などがある。

　なお、この実証実験については、同時期に行われた新潟県長岡市の「おここなごーか」とともに、アンケート調査が実施され、総務省の「参考データ　地域SNS利用状況」という資料で報告されている（図2）。その中の特徴として、SNSにとって重要な要素である各ユーザーの「ともだち」の数で見ると、ともだちが0人のままというユーザーが約4割、1人というユーザーも3割という状況であり、両者合わせると約7割に達していた（実証実験では招待制をとらなかったため、ユーザーは単独で利用登録できることとなっていた）。

　また、この資料では、3日に1度以上使用していると思われるユーザーを「アクティブユーザー」と定義しているが、登録者のうちの3分の1がアクティブユーザーであると推測できるとまとめている。

◎事例:「ひょこむ」(兵庫県)

　「ひょこむ」は兵庫県内を対象地域としている地域SNSであるが、兵庫県全域というよりは、核となる中心メンバーが居住している姫路市、たつの市等の都市部に加入数が集中しており、人口規模の大きさから神戸市の加入数も多いが、ブログの発信や情報提供等の様子を見ていると前者の都市が主力となっている観がある。

　「ひょこむ」の特徴としては、地域SNSの多くが自治体主導で構築されているのに対し、企画段階から県と民間企業、地域住民が参加し、現在の運営もインターネットプロバイダー会社の「インフォミーム」が担当しており、行政と民間とのコラボレーションがうまく機能していることである。また、「ひょこむ」のもうひとつの大きな特徴として登録の厳しさがあり、既に入会している登録ユーザーから招待を受けないと利用登録ができない、完全招待制をとるとともに、登録時に実名、住所などを入力させ、それを招待した会員に送付して再確認の手続きを取る、招待する側が責任を負うシステムとなっている。2007（平成19）年10月現在で約3,000人が登録し、平均年齢が42.7歳、男性と女性の割合が2対1で、平均年齢は高めで男性の加入率が高い。また、ポイント制を導入するなどの特別の機能も有している。

● SNSを体感して

　SNSの魅力は、知人関係を基本とした信頼性のあるコミュニケーションを行うことができることと、それを基盤として安心して自分自身の居場所を確保できる点にあると考える。ブログも個人的な日記を手軽にネット上に公開し、自分自身のホームを構築している点では共通性があるが、基本的に一方向の情報発信であり、誰に読まれているのかが不明である。トラックバックで相互にリンクしたり、コメントが書き込まれたりすることによってコミュニケーション機能が果たされることもあるが、SNSのようにコミュニケーションが行われることを基本としている

システムとはやはり異なっている。

　なぜならば、トラックバックでリンクされる相手側のブログの信頼性は書き込んでいる本人に依存しており、客観的な信頼性が担保されるものではないし、書き込まれるコメントも相手を特定できることもあるが、なりすましも可能であるからである。そして、一般的にアクセス数が1桁台のブログが圧倒数を占めるともいわれており、ブログは、理屈の上ではインターネット上で世界に向かって公開されているのに、その多くは点のような存在である。このため、ブログを書く動機、また、その内容は、SNSのような人との関係性で成り立っているものとはおのずと違ってくるものと考える。

　SNSの人と人とを繋ぐ機能として、「ともだち」機能がある。基本的には招待制であるため、少なくとも顔見知りが1人はいる勘定になるが、常に顔を合わせたりメールのやりとりをしなくとも、相手の行動や趣向を日記（ブログ）やコミュニティなどで知ることができ、自分の知らない交友関係や趣向などを知るなど、相手について広がりのある情報を知ることができる。この「ともだち」がどれだけいるのかは、SNS上のコミュニケーション関係として重要な要素でもあり、SNSを継続していく鍵ともなる。

　そして、「ともだち」を増やしていく方法はいろいろあるが、まずは「ともだち」の交友関係を通じて新しいネットワークを構築したり、検索機能を利用して、「出身校」や「趣味」といった自分の属性に関するカテゴリーなどを使って「ともだち」となることが考えられる。実際、筆者もこれにより大学卒業以来縁が切れていたゼミやサークルの仲間と繋がることができた。

● SNSの仕掛け――公開ブログとの違い

　また、SNSの醍醐味として、コミュニティや「足あと」をきっかけとして新たに交友関係が生まれることがある。これは、これまでの現実の

世界ではあり得なかった人間関係の構築方法で、特にSNSが人間関係の信頼性を基本としたネットワークであるため、知らない者同士の接触について抵抗感を少なくしていることが、重要なポイントであるといえよう。

　そして、公開されているブログと顕著に違う機能がこの「足あと」機能であり、これにより、誰が自分のホームを見たのかが分かるため、安心感に繋がるとともに、「見られている」という意識がインセンティブとなって、日記を書き続けたり、新たな交友関係に繋がったりとアクティブに動くきっかけづくりとなったりもする。いずれのSNSにおいても「足あと」に日時とアクセス数がカウントされていることからも、これがユーザーのインセンティブを引き起こすひとつの仕掛けとして考えられているのが分かるであろう。

　SNSには、「ともだち」や「コミュニティ」など、ネットワークの構築やコミュニケーションを活発化させる様々な仕組みがあるが、相互のコミュニケーションを図る仕組みとして、ブログの書き込みとそれに対するコメントも大きい。この応答が基本的に期待されているのが一方的な情報提供となっているブログと異なっているもうひとつの特徴であり、また、コメントをした相手の素性が明らかであることも大きく違っている。

　そして、これらの仕組みが組み合わさってそれぞれの相乗効果としてコミュニケーションの活性化に繋がっていくのであるが、逆にそれとは逆行する動きは、コミュニケーションの停滞や活動の休止に繋がる。つまり、「ともだち」の数や参加「コミュニティ」が少なく、ブログの書き込みやコメントの書き込みが少ないユーザーは、当人からの働きかけも相手側からの働きかけも少なく、そのうちログインやアクセスも途絶え、いつの間にか活動を休止してしまうのである。

　これはいずれのSNSにも共通することで、筆者が1年間全国的なSNSと地域SNSを継続して実感したことである。

●全国的なSNSについて

　そうした中において、全国的なSNSについて筆者なりの考えをまとめると、全国的なSNSは規模が大きいため、立ち上がりのネットワーク構築のスピードや定着は早いが、逆に深い人間関係を築くのは難しいという印象である。全国規模であるため、距離的に離れていてもネットワークができてしまうこともあるが、日記やコメントの書き込み内容も幅広く分散してトピックで取り上げられる事項、特に地域が限定される行事やその中の議論が遠くなってしまい、臨場感が乏しくなってしまうことが起こるのである。居住地や出身校等の属性からいろんなコミュニティに接近してみたが、中での関係性が薄いせいか、議論などもあまり活発にならず、特定の人間のみが発言することが多い。実際に現実世界でも所属しているネットワークでなければ、ネットの仮想だけの世界ではコミュニティや人間関係を補完する機能が全国規模のSNSでは乏しいという印象である。皮肉なことに、実際の現実世界の距離が最後のネックになるのである。

　筆者の「ともだち（マイミク）」は東京の人間が多いが、東京は思ったよりも内部での距離間があり、それぞれの勤務時間や移動距離等が長いことなどもあって、実際に顔を合わせる機会（オフサイトミーティング、オフ会）も少なく、また会っても続かないなど、実際の人間関係がネット以上に広がりにくいという印象である。筆者は、SNSを始めて半年後に愛知の春日井に転勤したため、中心メンバーとの距離がより遠く離れてしまったのだが、オフ会の機会はないものの、東京にいた時と基本的になんら変化はない。現在でも規模のメリットで、「ともだち（マイミク）」は着実に増えており、「ともだち」関係の中でブログの更新もコメントも定期的に行われるため、筆者も継続している。ちょうど1年でブログ数として筆者は260ほどの書き込みを行っているが、3日に2回ほどの頻度であり、株式会社ミクシィは、「最終ログインが3日以内（ログイン率）の割合」をだいたい7割としているので、その大多数の中に

入っているといえる。

　入りやすいが、深まりにくい、しかし続けやすい、それが、全国的なSNSに対する実感である。

●地域SNSの体験──「ちょっピー」「ひょこむ」

　筆者は、mixiとほぼ同時期に「ちょっピー」と「ひょこむ」という地域SNSに参加した。最初地理感のある「ちょっピー」の方が入りやすいと思っていたのだが、総務省関係の知り合い以外はなかなか「ともだち」が見つけにくく、ネットワークが広がらず、ブログを書いてもコメントもなければ「足あと」もほとんどない状況が続き、頑張って書き込みを続けていたが、結局半年ほどで断念してしまい、現在ほぼ休止状態である。この1年でつけたブログ数は24であった。なお、ブログについては、全国的なSNSについては他愛もない日常的な事項を書いていたが、地域SNSについては、基本的には地域の要素が強いことから、対象地域の話題と関係することや、これまで自分がかかわってきた地域（札幌などの）の観光や物産に関わる地域ネタを書き込むことを中心とするという色分けをしており、またできるだけ「ちょっピー」と「ひょこむ」の話題が重なり過ぎないように書き分けをしてきた。

　「ひょこむ」については基本的に地域属性の関連がないため、当初続くかどうか懸念をしていたが、筆者自身が総務省自治大学校の教授をしていたことから、対象地域内の元研修生が「ともだち」に入ることがあったこと、また、「ちょっピー」と同じく総務省関係者が入っているが、「ちょっピー」に比べると人数が多く、アクティブな活動を行っていたこと、さらには、管理運営者や「ひょこむ」設立にかかわってきた関係者が直接「ともだち」依頼をしてきたり、活発にコメントを書き込んだり、トピックやコミュニティを立てることが多く、立ち上げから相当気を遣って、コミュニケーションの活性化を図ってきたことから、予想外に、すんなりと入り込むことができた。元研修生や総務省関係者という

限定されたネットワークだけでなく、既に「ともだち」となっている者の口コミなどで繋がることも多く、非常に濃密なネットワークを築きやすいという印象である。

　筆者は残念ながら対象地域と離れているため参加機会を今までのところ逃しているが、活発にオフ会やイベントが行われているので、実際に対象地域にいる加入者たちの間では、濃密なネットワークが形成されているものと思われる。直接顔を合わせてなくても、アクティブ・ユーザーが相当数おり、一方全国的なSNSと違って、ほとんど知り得ない状況ではなく、「足あと」やコメント等である程度すれ違いが起こりうる規模であるため、「ともだち」として直接繋がらなくとも、親近感が湧きやすい空間をつくり上げている。もちろん、一方で、「関係が濃密すぎる」、「近すぎる」ということで離れていくユーザーや近いがゆえのトラブルなども、筆者が傍らで見るだけでも起こっていたのだが、地域のプラットフォームとして非常に活発な活動を行っており、これにつられて、筆者がこの1年で書き込んだブログ数は104件であった。

　この「ひょこむ」と「ちよっピー」の大きな違いは何であろうか。もちろん、形式的なこととしては、トピック数やコミュニティの活動、ブログやコメントの書き込みを行うアクティブ・ユーザーの存在等の活動量の違いが明暗を分けたとはいえるが、その根底には地域特性が非常に大きく影響しているものと考える。

　つまり前述したとおり、千代田区は、昼夜人口の差が非常に大きく、千代田区民よりも外部からの流入者が圧倒的に大きい、コミュニティが極めて弱小化した自治体である。そうした中において、区民が求める地域情報のニーズや地域活動と外部からの通勤者・通学者のそれとの間に温度差があり、共有し合える部分が極めて限定されることや、そもそもコミュニティを補完する機能として期待される地域SNSと、現実のコミュニティそのものが弱いという千代田区の有する都市特性が合致しにくいということが考えられる。実際に「ちよっピー」に参加してみて、千

代田区の行政側の情報提供や、外部のアクティブ・ユーザーの姿は見えたのだが、地元民や地域密着の地域づくり情報を捕らえることが難しく、生活感が薄い印象であった。

●**地域SNS活性化のポイント**

　地域SNSの場合、対象地域の人口規模が議論のひとつとなるが、そもそも住民が圧倒的に少ない千代田区のような都市においては、ユーザー数の確保、また、その構成等について十分に検討し、どこを対象とするのかを明確にし、管理運営者等核となる関係者が丁寧なコミュニケーションを心がけ、アクティブに記事の掲載、コミュニティの立ち上げがなされるよう、仕掛けを工夫する必要があると考える。

　一方「ひょこむ」においては、県内全域を対象としつつも、薄く広がっているわけではなく、たつの市や姫路市など核となっている地域がいくつか見受けられ、またその中において、アクティブ・ユーザーが積極的に動き、頻繁にオフ会が催されている。核となる地域ごとに、飲食店の情報やイベント情報などの生活に密着した情報が取り交わされ、実際にイベントに出席したり、オフ会をするなどにより、ネット上のコミュニケーションと合わさって重層なコミュニケーション、ネットワークの構築がなされている。この現実の生活とネット上の情報およびネットワークが重なりあっていること、これが「ちよっピー」と大きく異なるところである。「ひょこむ」に参加して、現実の生活とネットの世界がいかに近接しているか、これが地域SNS活性化のひとつのポイントではないかと考える。

　一般のSNSよりも「ひょこむ」は年齢構成も高いため、コミュニケーションの内容も人と人との関係の重み、ゆとりを感じるところであるが、若い世代を含め人材が適度に出入りし、発言者が固定化しすぎないよう、大規模化してネットワークが見えなくなることがないよう、適度に離合集散が行われることが今後の継続の鍵となるものと思われる。

第3節 ウェブアクセシビリティ

　インターネットと携帯電話の普及に代表されるICTの発展は、わずか10年余りの間に国民生活のスタイルを大きく変える社会基盤を形成し、公共分野においても、政府機関をはじめ、ほとんどの地方自治体がインターネット上にホームページを公開しており、ICTを活用して各種の行政サービスを提供する電子政府・電子自治体の推進が図られている。

　その一方で、インターネットの社会基盤としての重要性が高まり、ICTを活用して提供される公共サービスが充実すればするほど、それらのサービスが利用できない場合の不利益が問題視されるようになり、障がい者や高齢者も含めたあらゆる人々がそれらのサービスを利用できること、すなわち、ウェブアクセシビリティの確保が強く求められるようになった。

　ウェブアクセシビリティとは、ホームページ等のウェブサイトの利用になんらかの制約があったり、利用に不慣れな人を含めて、誰もがホームページ等で提供される情報や機能を支障なく利用できることを意味し、その中には操作の使いやすさや表示の見やすさなどが含まれる。例えば、色覚障がい者にとっては、色分けのみで示されている図表は見えにくいが、これに文字などの他の情報識別手段を加えることによって、識別可能になることなどがあげられる。

　なお、実際には、障がい者や高齢者がICTを活用するには、ウェブアクセシビリティだけでなく、まったく経験のない障がい者や高齢者のICTリテラシーの向上を含めた障がい者・高齢者のICT利活用を支援する人材の育成や体制の整備も求められてくるところであるが、本稿ではウェブアクセシビリティについて取り上げることとする。

●ウェブアクセシビリティに関する取り組みの経緯

　わが国では、1980年代から高齢化の進展が重要な政策課題として認識されていたことから、高齢者・障がい者の情報通信の利用促進に関する取り組みは、1990年頃から継続的に行われてきた。1999（平成11）年5月には、当時の郵政省と厚生省が開催した「高齢者、障がい者の情報通信利用に対する支援のあり方に関する研究会」が、「インターネットにおけるアクセシブルなウェブコンテンツの作成方法に関する指針」を発表しているが、日本語表記や発音の問題等の課題が十分に反映されていなかったことから、わが国独自のウェブアクセシビリティ指針の必要性が求められてきた。

●JIS X8341-3の制定

　2000（平成12）年9月に、日本規格協会情報技術標準化センター（INSTAC）に「情報バリアフリー実現に資する標準化調査研究委員会」が設置され、情報バリアフリーのJIS化の検討が開始されたが、翌年に政府からの委託を受け、「情報技術分野共通及びソフトウェア製品のアクセシビリティの向上に関する標準化調査委員会」が組織され、3年間の検討を経て、2004年6月に、日本工業規格として、「JIS X8341 高齢者・障がい者等配慮設計指針──情報通信機器・ソフトウェア・サービス：第3部ウェブコンテンツ」が制定された。これは、ウェブコンテンツを高齢者や障がい者を含めた多様な人々が利用できるように、提供者や開発者が配慮すべきアクセシビリティの原則が示された規格である。

●地方自治体における取り組み

　2005（平成17）年12月に総務省がまとめた「公共分野におけるアクセシビリティの確保に関する研究会──誰もが使える地方公共団体ホームページの実現に向けて」（http://www.soumu.go.jp/s-news/2005/051215_1_zen.html）の報告書によると、2005年2月から3月の間にアンケートを実施し

ており、その中では、「既に十分に取り組んでいる」と認識している地方公共団体は全体の2.6%であり、「不十分であり、今後取組を進める」と「今後取組を進めていく予定」がともに4割弱となっている。しかしながら、2004年にJIS規格が示されて以降、地方自治体においても徐々にではあるが、ウェブアクセシビリティに取り組みはじめており、ガイドラインを整備し、既存サイトをアクセシビリティ対応にリニューアルしたり、職員への研修を行うなどして、対応を図ってきている。

●春日井市における取り組み

　春日井市は1997（平成9）年6月1日にホームページ（以下「市ホームページ」という）を開設した。1997年当初にはアクセス数が月平均1万8,000件であったのが、インターネットの普及に伴い、2005年には約70万件に達するなど年々増加傾向にある。

　市ホームページは、2003年6月1日に見直しを行ったが、その後も市民等から市ホームページは使いにくく見づらい、自分の必要とする情報がどこにあるのかが分かりにくく検索できないなどのクレームや、新しい情報がなかなか掲載されないとの意見が寄せられ、多様化する利用者の個々の需要に応えられなくなっている状況が明らかになった。

　このため、ウェブコンテンツJISに沿って、アクセシビリティに配慮し、誰もが市ホームページの内容を、探しやすく、見やすく、利用しやすいものとするために、ホームページ検討会議を立ち上げ、現状の課題とその対応策を検討し（表1）、2007年9月1日に市ホームページをリニューアルした。

　春日井市では、ホームページのリニューアルに伴い、モバイルサイトも設置することとし、ウェブアクセシビリティに関しては、アシスタントツール「ZoomSight（ズームサイト）」をサイト内に置き、画面のサイズ・色の変更や、音声読み上げなどがボタンひとつで操作できるようにしている。

■表1　春日井市ホームページリニューアルに伴う課題と対応策

現　状（市民の視点）	課　題	対応策
・トップページが文字中心のため、該当する項目の場所が見つけにくい。 ・現在の検索システムでは、入力したキーワードにより検索がうまくできない。 ・あいまい検索機能がない。 ・情報掲載におけるカテゴリー構成が分かりにくい。 ・サイトマップがない。	・必要な情報になかなかたどり着けない。	・トップページ全体を文字主体から、ユーザビリティに配慮した<u>アイコン等を配置し、視覚的にも見やすくする。</u> ・カテゴリー構成については、ライフスタイルや、くらし、健康・福祉、環境などの複数のジャンルを用意し、目的とするページを検索しやすくするように<u>見直しを検討する。</u>
・トップページへなるべく多くの情報を掲載するために、文字中心になっている。 ・アイコンに生活感がなく、硬いイメージになっている。 ・市民生活ガイドの項目数が多く、分かりにくくなっている。	・文字が多すぎて見づらい。	・検索システムは無料のソフトを利用しているが、日本語の検索に難がある上、あいまい検索もできないために、ヒット率の低下を招いていると推測されるため、<u>検索エンジンを変更する必要がある。</u>
・読み上げソフトへの対応が十分でない。 ・障がい者のための補助ツールは、文字拡大機能しかなく、全盲の方への対応が十分でない。 ・リンクに画像をボタンとして利用しているが、手が震える方が利用するときには、ボタンが小さいため、クリックしにくい場合がある。 ・ウェブアクセシビリティに対応しているか、機械的にチェックする方法がない。	・ウェブアクセシビリティへの対応に問題がある。	・ウェブアクセシビリティへの対応に関しては、専用の補助ソフトを導入することが望ましい。 ・<u>全盲の人向けに音声読み上げソフトに対応するようテキストベースのページを用意することが望ましい。</u>
・子ども向けページは、消防のページのみで一般行政に関する情報が掲載されていない。	・子ども向け情報を掲載しようとする組織上の意識があまりない。	・子ども向け（小・中学生）のホームページを作成する。 ・子ども向けページに対する職員意識の改革。
・携帯向けサイトがない。	・イベント情報や施設案内など、携帯向けサイトへの要望は多くあるが、実現できていない。	・今後の需要に備え、携帯サイトを容易に構築できる手法を導入し、携帯向けサイトを設ける。

●本章のむすび

　地方自治体における情報化は基盤整備の段階から、ICTを活用した住民参画の取り組み、中でも最近は新たな地域コミュニティ活性化の取り組みとして地域SNSを活用するなど、地方自治体におけるICTの活用も新たな展開を見せていることを実際の事例をあたりながら俯瞰してきた。

　今回、それぞれの取り組みに実際参加しながら、自分なりの考えを整理したが、翻って現在勤務している春日井市の状況を見ていると考えることも多い。春日井市においても、情報政策の様々な取り組みが行われているが、現在、市民向けの情報発信については、まだまだ発展途上の段階であり、課題が残されている。今後地域のネットワークを構築するに当たり、自分自身がこれまでの経験等を活かし、政策を実践していくことが求められている。

注

1) website。インターネット上のホームページ（最初のページ）や、その他のページ全体のこと。
2) ユビキタスとはラテン語が語源で、いたるところに存在する（遍在）という意味。ユビキタスネット社会とは、総務省が2004年5月に打ち出した「u-Japan構想」から広まった用語で、社会のいたる場所にある、あらゆるモノにコンピュータを埋め込み、それらが自律的な通信を行うことによって生活や経済が円滑に進む社会を指す。
3) 地方自治体のコンピュータネットワークを相互接続した広域ネットワーク。都道府県、市区町村の庁内ネットワークが接続されており、中央省庁の相互接続ネットワークである霞が関WANにも接続されている。
4) 住民基本台帳ネットワークは、地方自治体共同のシステムとして、居住関係を公証する住民基本台帳のネットワーク化を図り、4情報（氏名、生年月日、性別、住所）と住民票コード等により、全国共通の本人確認を可能とするシステムであり、電子政府、電子自治体の基盤となるものである（総務省ホームページ）。
5) 行政手続のオンライン化に必要な、ネット社会の課題（成りすまし、改ざん、送信否認など）を解決するために、構築された本人確認のシステム。窓口に出向かなくても、

家庭や職場などのインターネットから、行政手続を行うことができる（総務省ホームページ）。
6) 電子掲示板などを用いて、あるテーマに基づいて参加者が情報や意見の交換を行うこと、あるいはその場所。
7) インターネット上のウェブサイトに、誰でも自由に、あるいは登録した人のみがコメントなどを書き込める機能またはサービスのこと。
8) blog-weblog（ウェブログ）の略。個人や企業などが簡単にインターネット上で日記を作成、公開できるサービス。他人のブログに対するコメントを先方に自動送信する"トラックバック機能"を持つ場合が多い。この機能を利用すると、どちらのウェブサイトからでも相互のブログのコメントが参照できるため、単独のブログよりも幅広い意見交換が期待される。

◆参考文献
(1) 庄司昌彦、三浦伸也、須子善彦、和崎宏『地域SNS（ソーシャル・ネットワーキング・サービス）』アスキー、2007年
(2) 高度情報通信ネットワーク社会推進戦略本部「e-Japan戦略」「e-Japan戦略Ⅱ」
(3) 総務省「u-Japan構想」
(4) 総務省「ICTを活用した地域社会への住民参画のあり方に関する研究会」

第5章

「中心市街地活性化」の
パラダイムシフト

街のメタボリズム(新陳代謝)促進を

◎黒澤武邦

提言

　中心市街地活性化の取り組みは、1990年代の後半から国を挙げて全国各地で進められてきたが、成果が挙がっていないのが現状だ。最近では、「中心市街地(商店街)はなくてもよいのでは」といった活性化策への疑問の声もある。なぜ活性化するのか、そしてどう活性化するのか、今まさに発想の転換が求められている。そのポイントは商店街振興を中心とした考えからの脱却と、中心市街地が持つ拠点性や既存のインフラや施設などを利用して都市空間の「新陳代謝」を促すことである。そのためのキーワードは「LIVE」である。ひとつはライブコンサートやおしゃれなレストランでの食事など思い出に残る付加価値の高い「生」の体験(ライブ)を生み出すことであり、もうひとつはSOHOなどを活用して中心市街地居住(リブ)を促進することである。そのためにも中心市街地のライフスタイルの提案や地域ビジネス創出のための環境整備にもっと力を注ぐべきである。

第1節 中心市街地の「非中心」化

●郷愁の中心市街地

　中心市街地の成り立ちは、歴史や地勢によってそれぞれ異なる。もともと城下町として発展した街や、街道沿いの宿場町、沿岸の港町、鉱業で栄えた街など様々である。共通点は、地域の中心として人々が暮らし、物資が行き交う拠点だったことである。

　戦後の高度経済成長期以降は、交通インフラが整備され、鉄道網の発達とともに、人々の移動の拠点である駅前と市庁舎などを結ぶ通りを中心に市街地が形成されてきた。そこには、金融機関をはじめとした民間企業の事業所も集積した。人々が集まることにより、様々な小売業やサービス業も生まれた。衣料品店や飲食店、書店、レコード店などの店舗。さらには映画館やボーリング場、ゲームセンターなどの娯楽施設も集中した。駅前には、噴水やオブジェが飾られた広場やバスターミナルが整備され、歩道はきれいに舗装され、雨の日でも傘をささずに買い物ができるように商店街にはアーケードが設置された。ある程度の規模の街になれば、駅ビルや百貨店などの大型商業施設も立地した。バーやスナック、風俗店が集積した夜の繁華街も賑わった。

　商業施設だけではない。総合病院や市民会館など公共施設もあり、地域の主要な高校もあった。以前は、中心市街地に行けば何でもことが済んだ。

　筆者が中高生時代を過ごした（茨城県北部）1980年代までは、中心市街地はまさに「地域の中心」だった。憧れと親しみを込めて「街」と呼んでいた。「銀座通り」と称した商店街をブラブラしたり、映画を観にいったり、洋服やレコードを買ったり、喫茶店でお茶したりと、常に若者情報の中心だった。

　つまり、中心市街地は人々にとって「ハレの場」であった。お祭りや

イベントごとの場所はいつも中心市街地だった。非日常的なこと、特別なことは中心市街地が舞台だったのである。

　ハレの場として、中心市街地で楽しんだ経験を持っている人は、現在の廃れてしまった状況に対し一抹の寂しさを感じずには得ないだろう。特に地方都市では、中高生の多感な時期を過ごした我々が、中心市街地で遊んだ最後の世代かもしれない。

　ただ、そのような世代であっても、中心市街地は、「なつかしさ」という昔の思い出の中心であっても、「今の生活」の中心ではないというギャップが、人々の心が中心市街地活性化へいまひとつ向かない原因なのではないかと思われる。その一方で、中心市街地で遊んだ経験があまりないような、例えば平成生まれの若者は、筆者のようなノスタルジーや寂しさも感じないのかも知れない。バブル経済崩壊後の「シャッター通り」のイメージしか持たない若者ならば、中心市街地は暗くて危険な場所ぐらいにしか思わないだろう。

　中心市街地に対するイメージは、そこで過ごした思い出とともに世代間でも異なってくると考える。つまり中心市街地の持つコンテクストが、その盛衰とともに徐々に変化していく。中心市街地活性化の担い手確保の点からも、世代間ギャップが徐々に顕著化するのではないかとの懸念すらある。

● ハレの場が郊外に

　主な交通手段が電車やバスなど公共交通から、個人の自由が利く自動車へシフトすることにより、街に対する消費者のニーズが確実に変化してきた。特に地方では家族一人ひとりが自分用の自動車を持つことも珍しくない。バイパス沿いには、スーパーマーケットやコンビニエンスストア、ファミリーレストランやファーストフード店などの飲食店、衣料・家電量販店、ホームセンター、ドラックストアなどが立地し、日常生活に必要なモノのほとんどは郊外で、しかも安価で手に入るようになった。

パチンコ店やゲームセンター、さらには居酒屋まで郊外に進出している。それらは規模が大きく、品数が充実しており、駐車場が完備されているなどの商業的優位性をもち、中心市街地の既存店を圧倒していった。
　人々の日用品の買い物をする場が、いわゆる郊外型店舗のロードサイドショップにシフトしていった。ロードサイドショップは、商店街を一店一店歩きながら買い物をしていたのを、自動車で回るという買い物行動様式に変えた。
　商店街の運命に大きな影響を与えたのは、滞在型の施設であるショッピングモールの誕生であった。ショッピングモールはその規模が注目されるが、それにもまして人々に「新しいライフスタイル」を提案したことが画期的だった。ショッピングモールには、映画館やリラクゼーション施設、医療施設なども充実し、通路には店舗が並び、まるで本物の街並のようである。お父さんも、お母さんも、子供も、さらにはおじいちゃんも、おばあちゃんも、家族全員が一日楽しめる場を提供している。つまり、昭和の時代に中心市街地でも見られた光景が、郊外のショッピングモールで再現されている。長らくハレの場として、まさに地域の中心として役割を果たしてきた中心市街地は、その座を郊外のショッピングモールに明け渡すことになった。その結果、全国各地で「シャッター通り」と揶揄されるほど営業している店舗の方が少ない商店街も見られる状況にまでなってしまった。

●中心市街地はもはや商業の中心ではない

　近年の中心市街地の衰退と郊外化の加速は、東京圏や大阪圏、政令指定都市などを除く地方で顕著である。経済産業省の「平成16年商業統計表　立地環境特性別統計編」[1]のデータをもとに、中心対郊外の売場面積を比較する。ここでは、立地環境特性区分の「駅周辺型商業集積地区」と「市街地型商業集積地区」を中心、「ロードサイド型商業集積地区」と「工業地区」を郊外として捉える。地方15県（宮城、山形、群馬、新

潟、富山、石川、福井、長野、岐阜、三重、鳥取、岡山、香川、佐賀、熊本)において、県全体の売場面積に占める割合で、すでに郊外(ロードサイド、工業地区)が中心(駅周辺、市街地)と同等または逆転している。さらに6県(秋田、静岡、愛知、徳島、愛媛、沖縄)で、郊外が中心に3%差以内に迫っている。宮城県は政令指定都市で、中心が郊外を上回る仙台市があり、愛知県には名古屋市があるにもかかわらず、県全体では郊外化が進んでいると考えられる。

また、国土交通省社会資本整備審議会「新しい時代の都市計画はいかにあるべきか」の第一次答申の補足説明資料(2006年2月1日)[2]によると、三大都市圏以外の地域における人口20万人以上の都市の市全体に対する中心部における小売販売額および売場面積のシェアは年々減少傾向で、人口規模に比例してシェアも小さくなる傾向である。20〜30万都市は、1980年代はじめに5割以上占めていた小売販売額が2002年で3割強に、売場面積は4割を切った。50万人以上の都市では、4割以上占めていた小売販売額が3割を切り、売場面積も3割に落ち込んでいる。

これらのデータからも、地域商業における中心市街地の相対的地位の低下が見てとれる。今後もこの傾向は収まる気配はなく、中心市街地が商業の中心である時代は終わりつつあるのではないだろうか。

中心市街地の衰退をもたらした背景には、中心対郊外という対立軸に加えて、都市間競争というもうひとつの対立軸がある。新幹線や高速バスなどの高速交通網の発達による利便性の向上と価格競争により、より魅力があるところへの集中が起こった。いわゆるストロー現象である。魅力を引力に例えるとわかりやすい。つまり、ある2つの都市間が新たな交通手段で結ばれた場合、より魅力がある方、引力が強い方に引っ張られる。地元を活性化するために、より大きな市場を求めて、より大きな都市との交通網を整備しようとするが、多くの場合は期待外れに終わってしまうのはこのためだ。地元への流入よりも流出の方が大きく、その結果地元の商店街はダメージを受ける。利便性が良くなっても魅力が

無ければ人は来ない。逆に外への利便性がよくなったことで、人はどんどん出て行く。

　特に地方ではこの傾向が顕著である。例えば、九州では福岡市の一人勝ちだ。福岡市を中心に県内および近隣の県との高速公共交通網が整備されることにより、福岡市の中心性が高まった。高速バスと特急列車の割引合戦による低価格競争により、利用者にとってはますます利用しやすくなった。しかし、利用者のほとんどは、福岡市への仕事や遊びに来る人たちで、その逆は少ない。

　女性や若者の消費行動は顕著だ。たとえ同じものであっても、地元の商店街で買うよりも、天神（福岡市を代表するショッピングエリア）まで行く。その方が選択肢も広がるし、同時に他の魅力的なショップも見られる。なにより「おしゃれな」感じがする。「天神ブランド」という付加価値が、買い物を「ケ」から「ハレ」へとステイタスを上げてくれる。その究極が地方出身者の憧れの地「東京」であろう。

　商業的なステイタスの序列は、地元⇒地方中核都市（県庁所在地クラス）⇒地方中枢都市（政令指定都市クラス）⇒東京という付加価値によって支配される。実はこの矢印を逆方向にしたのが、東京をハブとした高速交通網の整備方針であることがわかる。高速交通網の整備の結果、実距離ではなく時間距離によって支配される都市圏の再構築が進むことになるのだ。交通網の発達の裏で、相対的に魅力が低い中心市街地の淘汰が進んでいく。加えて、TVやインターネットによる通販など新しい、場所を選ばない商品販売・消費行動も現れてきた。中心市街地のライバルが増え続けているのだ。

●衰退の外的要因

　中心市街地の衰退の外的な要因として、全国的あるいは世界的な社会的・経済的環境の変化とそれに伴う都市構造の変化がある。このような傾向は、特に欧米先進諸国でも観察できる世界的な潮流でもある。

ひとつはモータリゼーションの進展である。鉄道やバスなどの公共交通の利便性が高くない地方では自動車依存が進んだ。地域によってはひとり1台という世帯もある。自動車保有台数が増えることにより、公共交通利用者が減り、運行本数を減らさざるを得ない。結果、さらなる自動車への需要が高まり、ますます公共交通利用者の減少を招く。近年、地方圏を中心に、公共交通事業者の経営が悪化しており、全国的に見てもローカル鉄道路線が廃止され、バス系統数も減少し続けている。

　次に都市の郊外化がある。戦後の経済成長と人口増加や核家族化などを背景に、地方都市でも宅地需要が高まり、山を切り崩してニュータウン建設が盛んに行われた。さらに、比較的安価で広い土地が確保できる郊外に工業団地が建設され、企業を誘致することにより、地域の安定した雇用確保を行った。庁舎や総合病院、文化施設などの公共施設も、手狭になった中心市街地から郊外へと移転していった。バイパスなど主要な道路沿いには自動車による来店を前提とした郊外店が進出した。さらに近年では大型ショッピングモールの立地が目立っている。自動車の普及により、地方都市では職・住・遊を含む自動車を中心とするライフスタイルが定着していった。

　さらに1980年代になると、経済のグローバル化や産業の世界的分業化が進み、急激な円高を背景に、わが国の製造業の生産拠点は用地取得や人件費で競争力の高いアジア各地へ移転していった。国内の地方同士の工業団地への企業誘致合戦は、海外を相手するグローバル競争に身を置かざるを得なくなった。競争力の低い地方都市では、工業団地が埋まらないばかりか、既存の企業や工場の国内外への転出により、地域産業の空洞化が目立つようになった。雇用が減り、人口も減っていった。戦後日本の経済発展を牽引してきた工業都市でも著しく衰退した。地方を農業から工業へ、第1次産業から第2次産業へのシフトによる戦後日本の地方開発モデルが終焉を迎えた。

　1990年代に入りバブル経済が崩壊し、失われた10年といわれる景気低

迷が長引くことにより、地域経済にも大きな影響を与えた。特に企業の吸収合併などの合理化により、大手企業の地方都市の支店や営業所などの出先機関が統廃合により減少した。地元の企業間の営業活動が縮小することにより、中心市街地の繁華街の灯は消え、お遣い物の定番であった地元百貨店も閉店に追い込まれた。こうして、まちの顔として栄えてきた中心市街地は、地域経済産業の衰退や都市構造の変化の影響を受けてきた。このままでは、後背地域の人口減少や地域内移転を中心とした郊外化が進み、事態は深刻さを増すだろう。

　加えて、中心市街地の高齢化が大きな課題として浮上してくる。中山間地域で問題となっている「限界集落」化が中心市街地でも散見される。「限界集落」とは大野晃長野大学教授が提唱した、過疎化などで65歳以上の高齢者が人口の半分以上を占め、冠婚葬祭など社会的共同生活の維持が困難となっている集落を示す。下野新聞（2007年1月17日）[3]によると、宇都宮市などの中心市街地でも「限界集落」化が見られ、神戸新聞（2007年1月28日）[4]の記事では神戸市内では古くからの住宅地など131カ所にも上ると伝えられている。このような傾向をネガティブに捉えるのではなく、中心市街地の再生にどう役立てていくのかという視点も必要になる。

第2節 中心市街地活性化の取り組み

● まちづくり3法

　近年の衰退著しい地方都市の中心市街地に対し、政府も重点政策のひとつとして本腰を入れて活性化支援に取り組むことになった。1998（平成10）年に、中心市街地のまちづくりの運営・管理を担うTMO（Town Management Organization）構想を謳った「中心市街地における市街地の整備改善及び商業等の活性化の一体的推進に関する法律」（中心市街

地活性化法）と、大型店の立地に際して「周辺の生活環境の保持」の観点からの配慮を求める「大規模小売店舗立地法」（大店立地法）を制定した。これにより1974年から続いた地元中小小売業の事業確保を求めた「大規模小売店舗における小売業の事業の調整に関する法律」（大店法）は廃止された。これらに1968年制定の「都市計画法」を加えたのが、いわゆる「まちづくり3法」である。以後、まちづくり3法に基づいて中心市街地活性化政策が進められてきた。政府内では、中心市街地の活性化のために8府省庁（経済産業省、国土交通省、総務省、農林水産省、警察庁、文部科学省、厚生労働省、内閣府）からなる関係省庁連絡会議において、地方自治体等に対する効果的な支援のあり方などについて意見交換や連携を図っている。

かつては地元商店街の脅威は、中心市街地に出店してくる大型専門店やスーパーマーケットなどであり、その出店の規制をしたのが大店法であった。その前提として中心市街地が商売を行う「最適な場所」であるという共通認識があった。しかし、都市の郊外化が進むにつれ、大型店は規制の多い中心市街地よりも郊外への出店が盛んになった。大型店の地域社会との適合を図る目的に加え、経済のグローバル化を求めた日米構造協議の規制緩和要求もあり、大店法の廃止と大店立地法の成立に至った。大店立地法による規制緩和や地方中心都市の隣接自治体の誘致活動もあり、郊外に大型店が立地したため、地元商店街の核として集客力がある既存スーパーマーケットなども閉店に追い込まれ、法律の意図とは別の現象が起きてしまった。

中心市街地の地価は下落し続けているのに土地購入希望者もテナントも集まらない。人口や事業所、商業施設が減少し、空店舗が増加するなど衰退傾向が続いている。他方、地域内での郊外への住宅、ロードサイドショップ、大型商業施設などの需要は収まらず、中心部の空洞化に拍車をかけている。

活性化のための支援策は、土地区画整理事業や市街地再開発事業など

大型プロジェクトから歩道整備や駐車場建設などハード中心であるが、期待された効果が出ていない。ソフト面では、新規に商売を始めたい人に区画割りした空店舗を格安で賃貸する「チャレンジショップ」などの空店舗対策を行っているが、店舗増加につながらない。ソフト戦略は非常に難しく、地方ではアイディアも専門知識もマンパワーも不足している。

このように、その後も中心市街地の衰退に歯止めがかからなかったことなどから、2006（平成18）年8月に3法のうちの中心市街地活性化法および都市計画法が改正された。今回の見直しは、郊外への拡散を抑制して、まちの機能を中心市街地に集中させる「コンパクトシティ」を念頭に行われた。

都市計画法の改正では、延べ床面積1万m²超の大型店の郊外出店を原則禁止とし、必要ならば市町村が都市計画を変更し誘致できる仕組みとした。また、市町村による都市計画の決定・変更において、都道府県知事がその周辺市町村から意見を聞き、周辺地域への影響を考慮するようにした。

中心市街地活性化法の改正では、内閣総理大臣を本部長とする中心市街地活性化本部を設置して、内閣総理大臣が意欲的な自治体を認定する制度を導入した。国から認定を受けた自治体は手厚い支援を受けられる。2007年2月に青森市と富山市が最初の認定を受けた。5月に久慈市、金沢市、岐阜市、府中市（広島）、山口市、高松市、熊本市、八代市、豊後高田市、長野市、宮崎市の11市、8月に帯広市、砂川市、千葉市、浜松市、和歌山市の5市、11月に三沢市、高岡市、福井市、越前市、鳥取市の5市、12月に鹿児島市と2007年は計24市が認定を受けた。また、TMOに代わり、地域住民などが参加する「中心市街地活性化協議会」の設立（2008年2月末現在全国97地区）により、住民などの意見をまちづくりに反映できる体制を整えた。

今回の改正により、地方自治体が積極的に主体性を持って将来を見据えたまちづくりができるようになる一方、自己責任も求められる。さら

に地方分権や道州制、地方財政再建などを考慮した都市経営的な発想での創意工夫も必要とされる。

●TMO（Town Management Organization）の功罪

　中心市街地活性化法の目玉として、中心市街地全体を対象としたまちづくり組織として「TMO」が導入された。NPOなど行政以外の公益セクターの社会進出が遅れている日本において、TMOが組織体として法整備が行われたことは評価に値する。地方自治体や商工会議所、商工会、第3セクターなどを中心に設立でき、大都市から人口数万人の地方自治体まで全国的に広まった。2006（平成18）年8月末の累計（法改正前の実績）では、全国1,843市町村中、日本の総人口の約6割を占める627市町村690地区において中心市街地活性化の基本計画が提出され、413のTMO構想を市町村が認定し、233のTMO計画を経済産業大臣（旧通商産業大臣）[5]が認定した。

　TMOは、日本に先んじて、モータリゼーションの進展や都市の郊外化により、ダウンタウンの衰退が問題となったアメリカにおいて、ダウンタウンの活性化を目的につくられた組織BID（Business Improvement District）などを参考にしている。個々の利益を越えて、街全体を対象に総合的なまちづくりを行う発想そのものは良いのだが、結局、TMOは日本の得意とする和魂洋才になりきれなかった。アメリカで機能したBIDが日本ではできなかった理由に、資金調達と人材確保の大きな2つの課題が上げられるだろう。

　アメリカのBIDは、各州法に従って地権者ら関係者の賛同を得て、管轄地区が決定される。その地区内の関係者らは事業種類により設定された財産税（Property Tax）の一部を徴収され、それがBIDの主な運営資金となる。BIDの事業は、清掃活動や治安維持のための街中の巡回から、PR活動のための地区の調査研究、まちづくりの提案など多岐にわたる。スタッフ数はBIDの予算規模により異なるが、基本的には専任のスタッ

フがおり、中には都市計画やマーケティングなどの専門教育を受けている人もいる。BIDのスタッフはポジションにより相応の給料や待遇が与えられ、民間企業同様、就職先のひとつとなっている。

　他方、日本のTMOは、法律的には認められた組織であったが、資金調達は各自に委ねられた。多くは地方自治体が大株主となり、商工会議所や商工会、地方銀行などの地元関係者が出資して、株式会社として設立された。立ち上げの資本金は確保できたが、毎年継続した支援を約束されているわけではないので、TMO自らの事業で稼がなくてはならない。TMOは商業地区内の施設管理や駐車場管理などの事業を請け負うが、十分な専門スタッフを確保できるわけでもなく、手弁当的な活動しか行うことができず、なかなか利益に結びつかない。まちづくりという本来の目的から、現行の事業に注力せざるを得なくなるが、それでも成果が上がらず、地元関係者間の連携や信頼関係も悪くなるという悪循環が起こる。

　街全体を考えれば、都心居住の推進や新しい事業者の誘致などの活性化策に取り組むべきであったが、地元商店街の維持に重きを置いた事業ばかりであった。財政難の地方自治体にとっても、成果が見えないTMOに対し、補助金などの支援を見直さざるを得なくなり、TMOを取り巻く環境はさらに悪化するという現象が各地で見られた。TMOに関しても、脆弱な財政基盤と人材不足という、地方を象徴する問題に直面した。

　TMOは、はじめは活性化の救世主として脚光を浴びるが、当初の目論見とは違い、機能しているとは言い難い状態になった。結果として、2006年8月の新しい中心市街地活性化法ではTMOは廃止され、その代わりとして地権者や住民、企業などより幅広い主体を巻き込んだ「中心市街地活性化協議会」を設置することができるようになった。しかしながら、これまでの取り組みの失敗で疲労感に満ちている中心市街地で、しかも実際かかわるメンバーが以前と代わり映えしない状況では、劇的に改善するとは考えにくい。TMOが残した教訓を活かした大きな発想の

■図1　中心市街地の衰退要因

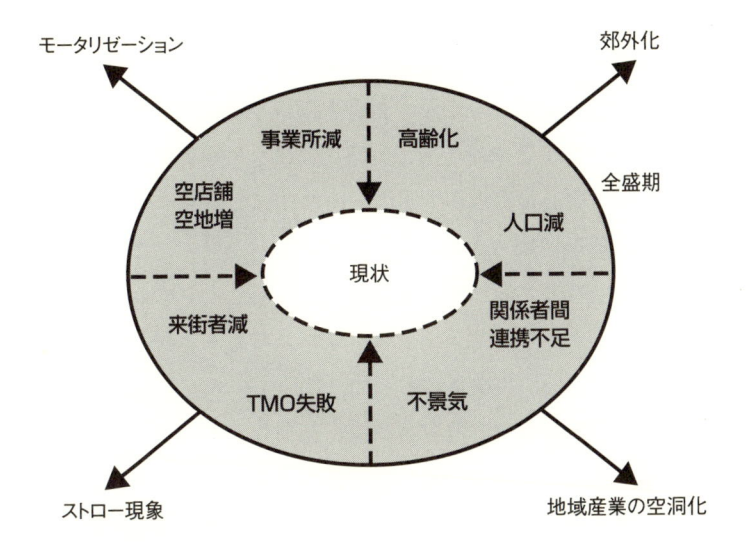

```
      モータリゼーション                    郊外化
              ↖                        ↗
                    事業所減  高齢化
              空店舗                        全盛期
              空地増         人口減
                    →    現状   ←
              来街者減        関係者間
                                連携不足
                    TMO失敗  不景気
              ↙                        ↘
         ストロー現象                 地域産業の空洞化
```

転換が求められる。

　中心市街地活性化には、中心市街地全体を俯瞰し、住民や事業者らの内からの目と、そこに来たい人やそこで新規に事業を始めたい人など、外からの目をどのように確保していくのかが課題である。商店街などの地元関係者以外の人々がかかわれる環境整備も必要である。

●衰退の内的要因

　中心市街地の衰退の要因として、モータリゼーションによる郊外化などがクローズアップされるが、中心市街地の関係者たち自身の問題や商店街などの組織の構造的な問題もある。

　以前は店舗兼住宅が多かったが、テナントビルに変わり、ビル所有者らは中心市街地には住まなくなった。店舗は中心市街地、住居は郊外という商店主も珍しくない。また商売の拠点を郊外のショッピングモールに移す店も出てきた。このような傾向は、中心市街地の居住人口を減少

させたばかりでなく、人気がないことによる治安悪化を招くなど、中心市街地にとって大きなマイナスである。さらに、空店舗や空地が増加しても、地権者が再び地価が上がることを期待したり、費用的な問題でそのまま放置したりしているため、落書きばかりが目立つシャッター通りになっている。地権者や商店街、行政、住民など関係者間の意識の相違や連携不足が、中心市街地の衰退の一因になっている。

　また、組織的な問題もある。新しく商売をしたい人にとって、商店街は敷居が高かったり、時には排他的な組織に感じたりすることもあるだろう。既存店にとって新規参入者はライバルでもあるが、後継者不足に悩む店舗も多く、商店街全体にとっては歓迎すべき点も多いはずだ。ビジネスの専門家からは、経営者自身、価値観が多様化している消費者ニーズを捉えきれていない、という指摘もよく耳にする。商業地区として商店街しかなかった時代は、特別な経営努力がなくても、飛ぶようにモノが売れたこともあった。しかし、時代は変わっており、ターゲットを明確にし、マーケティングを考えなければ商売は成り立たなくなっている。近年、地方でも台頭しているコンビニエンスストアをはじめとするチェーン店はマーケティング戦略で成功した。商店街でも、実際確固とした考えを持って努力をしている店は、今でも人気で繁盛している。

●活性化の前提条件

　これまでの中心市街地における活性化策の失敗を踏まえ、今後の活性化への前提条件を整理してみよう。活性化策について信じられている、いわゆる「常套手段」があるが、実際にはあまり効果がなかった。その問題点とうまくいかなかった理由を表1に列記する。

　これらの施策が悪いと言っているわけではない。多くの施策は必要条件であっても、それだけでは十分ではなかったということだ。ハードとソフトをどのように組み合わせて魅力を演出したり、仕掛けたりするかが重要なポイントである。市民は心情的には中心市街地が必要だと思う

■表1　中心市街地活性化策の問題点とその理由

問題点	理　由
「郊外化を止めても中心市街地が賑わいを取り戻さない」	都市構造は不可逆的であり、時代ともに変化する
「歩道をきれいに舗装しても人が歩かない」	魅力的な店舗など歩くための目的（地）がなければ誰も歩かない
「駐車場を整備しても中心市街地に人が来ない」	郊外は無料であり、虫食い状につくられた駐車場により街並の連続性が失われ景観的な魅力も失った
「土地区画整理事業や市街地再開発事業をしても購入希望者やテナントが集まらない」	整備後の資産価値の上昇という前提は地価下落の現状では限界
「イベントを行っても活性化につながらない」	一時的な盛り上がりはあってもその効果は一過性である
「TMOなどまちづくり組織をつくっても機能しない」	財政基盤が不安定であり、専門性を持ってフルタイムで働ける人材もいない
「土地建物を黙って持っていても資産価値は上がらない」	土地神話はすでに過去のもの、シャッター通りが増えるだけ

かもしれないが、現実には住まいも買い物も郊外が中心となっている。彼らの目を向けさせるためにも、中心市街地活性化は「商店街」の活性化だけではなく、地域全体を考える必要がある。活性化の目標は、中心市街地に、住みたい人、働きたい人、興味を持つ人、来たい人を増やすことである。まずは、関係者自身が、危機感を持って、既存のモノをフル活用して、身の丈にあったまちづくりを考えることが大切だ。実際、何でもすべてできるわけではない。自分の地域のことは自分で考える。何をやるかより何をやらないか、消去法で活性化を考えるのも一案である。

第3節　再生のためのパラダイムシフト

●街のメタボリズム（新陳代謝）の必要性

本章で中心市街地の活性化を取り上げておいて一見矛盾するかもしれ

ないが、中心市街地の活性化は中心市街地ありき、商店街ありきではままならない。地域全体、都市全体を見据えた上で、中心市街地の政策的位置づけを明確にして、中心市街地をどのように利用したいのかを決めなければならない。あくまでも中心市街地は地域の一部、都市の一部であり、必ずしも未来永劫なくてはならないものでもない。

　重要なことは、空店舗や空地になったとしても、絶えずそこに新しい店舗が入ってきたり、新しい開発が行われたりすることである。極論すれば、健全に土地建物利用が行われているのであれば、中心が住居地区で郊外が商業地区でも構わないだろう。つまり、都市空間の新陳代謝、「街のメタボリズム」が必要なのだ。今の中心市街地は、高空店舗率、高齢化、荒廃の「3コウ」のメタボリックシンドローム状態である。例えば、土地利用だけでなく、地域ニーズに合った建物利用を促すなど三次元の土地建物利用規制を考えるべきである。アメリカのダウンタウンでは、1階を店舗、2階以上を住居にしたり、オフィス用の空ビルをホテルやマンションに修繕再利用したり、柔軟に土地建物利用規制を変更している。日本でも地方都市の駅前で高層マンション建設ラッシュが起きているところもあり、これら民間の動きを、計画性を持って中心市街地の再生につなげられるかがカギである。

● コンパクトシティとスマート・シュリンク

　近年提唱されているコンパクトシティという考え方は、無秩序な郊外化の抑制と中心市街地の再生を両立できる都市政策として注目されている。行政サービスの効率化と改善を図るために、中心市街地の密度を高くして、中身を濃くする。中心部と郊外とのつながりを促進するためのLRT（次世代型路面電車）は、富山市で導入され、他の市でも検討されている。また公共施設の再建には、より民間の資金やノウハウを活用した海外のPPP（Public Private Partnership）などの手法が有効であろう。

　その一方で、選択と集中の中でフェードアウトを進めなければならな

い地域もある。例えば、自然災害の危険性が高い中山間地域や限界集落から中心市街地への移住を促進させ、中心市街地の高齢者のコミュニティーと統合させることにより、高齢者への公共サービスを効率的に行えることができるのではないだろうか。また、高齢者がまとまって住むことにより、高齢者相手の民間サービスも増え、新たなビジネスや雇用を生むかもしれない。交通弱者の高齢者にとって、車を使わずに歩きやバスで移動できる中心市街地は、住む場所として優位性を持っている。人口減少社会においては、「スマート・グロース（賢く成長）」に代わって「スマート・シュリンク（賢く縮小）」という考え方も必要になってくる。

文字通り、「中心市街地活性化」とは、「地域の中心である市街地を活性化する」ということであるが、実は「中心市街地」という定義がとても曖昧だ。中心市街地と郊外について論じる際に、どこまでが中心市街地で、どこからが郊外といった明確な線引きがない。漠然としたイメージやあいまいな感覚で捉えられている。中心市街地に関する全国共通の定義もない。100万都市から人口数万人の自治体まで中心市街地活性化と謳って、政策に取り組んでいる。

しかし、中心市街地を単一自治体の中心ではなく、生活圏ベースの都市圏の中心として捉える方がメリハリの利いた政策ができるのではないか。つまり、歴史的におおよそ同じ習慣や文化を共有する地域で、複数の自治体にまたがる都市圏として捉え、都市機能的にその中心として市街地を形成している地域を中心市街地と仮定すれば、実際に中心市街地と呼べるのは最低でも人口20万都市圏ぐらいだろう。

さらに市町村合併が進むにつれ、合併前の複数の中心市街地が、合併後は中心都市の中心市街地に都市機能が集中することになるだろう。今後、市町村合併と生活圏拡大による中心の再定義が必要になってくる。それと同時に、人の獲得、地域産業の振興、地域ブランド戦略などで、国内のみならず世界的な都市間競争、地域間競争が激しくなることが予想されるので、都市圏としてその中心市街地のあり方が重要になってくる。

●キーワードは「LIVE」

　中心市街地の魅力づくりのためにはどうするか。そのキーワードは「LIVE」である。ひとつはLIVE（ライブ）。「生」でなければ得られない「体験」である。モノやサービスの値段は、原材料にはじまり、加工、サービスと付加価値を創出することによって上がっていく。最も高い付加価値は「思い出」や「心に残る体験」である。つまり、非日常的でライブなことを体験できる場がハレの場である。衣料品など腐らないモノは郊外店や通信販売、インターネット・ショッピングで安く手に入れることができる。他方、足を運ばないと食べられないレストランや、生でしか聴けないライブコンサートなどは、拠点性がありインフラが整っている中心市街地に優位性があるといえるだろう。実際に体験しなければ得られないところがポイントである。

　筆者は、1990年代後半にアメリカのフィラデルフィア市の中心市街地において小売店舗の調査を行った。衣料品店や靴店が減少したのに対し、飲食店が増加した。テーマレストランなどおしゃれで個性的なレストランが増えた。それも業種転換や空店舗を埋める効果があった。レストランのクラスター（集積）ができることにより、コンベンションセンター、ホテル、劇場、コンサートホールなど、他のホスピタリティ・インダストリー（もてなし産業）とも相乗効果をもたらしていた。もちろん、すべての店舗が高級になる必要はない。中心市街地にホスピタリィのクラスターがある程度できれば、活性化の核として、個店から市街地へ、点から面へと中心市街地の新陳代謝を促進することができるだろう。

　もうひとつはLIVE（リブ）。中心市街地の「居住」の推進である。魅力的な街とは、住んだり、訪れたり、働いたりする際に魅力的なライフスタイルを提供してくれる。魅力的な品揃えやおしゃれな店舗づくりも重要であるが、中心市街地を挙げて新しいライフスタイルづくりという観点から取り組まないと、郊外のショッピングモールや周辺都市とは競争していけない。そこに住むことへの期待値、つまり地域のライフスタ

イルをどのように提案できるかが勝負である。例えば、中心市街地に住めば、仕事帰りにコンサートに行ったり、その後流行(はやり)のレストランでお酒を飲んだりしても、徒歩やタクシーで帰ることができる。職・住・遊すべてがそろっている。例えば、フィラデルフィア市のBIDは、「中心市街地のFrenchはフランス料理で、郊外のFrenchはフレンチフライ（ファーストフードのフライドポテト）」、「中心市街地のSwingはダンスで、郊外のSwingはブランコ」などと、郊外との比較広告をして、中心市街地での生活がいかに洗練されて楽しいかを宣伝した。日本でも東京メトロの「ちか旅。」は地下鉄一日乗車券の特典を利用した都心の楽しみ方を提案している。

　地方都市の中心市街地でも地域のライフスタイルのコンセプトづくりが重要になってくる。地域イメージの向上や地域のブランド化にもつながる。店舗が先か、人が先かを論じても、ニワトリとタマゴの関係同様に結論がでない。まずは、住みたい人、働きたい人、知りたい人、来たい人の視点での仕掛けづくりから街のホスピタリティを高めることである。そして、これらのソフト戦略を活かすために、景観やインフラなどのハード整備を合わせた地域戦略を考えることが、中心市街地活性化組織の本来の役割であると考える。

●地域ビジネスの拠点に

　乱暴な言い方をすれば、市場原理的に需要供給が成り立っている場所はわざわざ「活性化」とはいわない。中心市街地の問題は、空店舗や空地など供給に対して需要が少ないことだ。銀座や六本木で「活性化」ということは聞かないだろう。歴史や文化的に中心市街地は大事だという、精神論だけでは中心市街地の再生は限界がある。社会的必需性と市場原理のバランスが重要である。

　そこで、中心市街地でビジネスを始めたい人を発掘、育成する。商店街だけでなく、中心市街地でビジネスをしたいと思わせる環境づくりが

重要であり、それを官民協働で行うことが必要である。本来ならばTMOがその役割を行わなければならなかったはずであるが。

　もし自分が地元でビジネスをするとしたら、どのような周辺環境なら郊外ではなく中心市街地に事務所や店舗を構えたいと思うだろうか。もし自分が投資家だとしたら、どのような条件なら郊外ではなく中心市街地でのプロジェクトに出資したいと思うだろうか。少なくとも中心市街地で得られるメリットが、郊外のそれを上回らなければならないだろう。

　そこで、中心市街地を地域ビジネスの拠点として再生することをすすめたい。やり方次第では、地域ビジネスを中心市街地で起業して、東京、世界を相手に稼ぐことだって可能だ。都市部と地方の格差が話題となっているが、地方には格差をマイナスに捉えず、逆手にとって儲けるという発想が必要だ。地元ではなじみのモノが、東京や海外では高値で売れることは珍しくない。所変われば新しい価値を生み出す。外で稼いで、地元で使い、納税されれば地域は潤う。このような循環が地域経済の基本ではないか。これまでも地方は農産物や工業製品を大消費地である都市部に出荷し、カネを稼いできた。青森のリンゴのように日本の農産物が海外で高値で取引されたり、北海道のスキー場がオーストラリア人で賑わったりと、世界を相手に地方の高付加価値を売りとした21世紀型のビジネスモデルをつくる必要がある。また既存の異業種を連携させて地域ビジネスを創出することも考えられる。例えば、「地元のケーキ屋」＋「ネットが得意な若者」＝「お取り寄せスイーツ」などである。ターゲット（地元、近隣都市、東京、世界）を明確にしたマーケティングを行なうことにより、地域のブランド化にもつながる。小さくなる地域ほど生き残るためにブランド戦略が重要になる。

　地域ビジネスによる中心市街地を活性化するにはITの活用は必要不可欠である。地方こそ距離的ハンデを負わないITを活用すべきである。交通インフラより情報インフラの時代だ。日本はこれまで高速交通網を積極的に整備してきたおかげで、どんな地方でも移動手段と物流システム

は世界的に見てもかなりの水準で確保されている。この資産と距離に依存せず広告宣伝や取引などを容易にするITを組み合わせることにより、様々な地域ビジネスができるのではないか。そして比較的インフラが整った中心市街地がその中心になるべきである。行政も中心市街地にSOHOなどの地域ビジネスのクラスターをつくるような支援を積極的に行うような発想が必要だ。全国最高水準の情報インフラを売りにする中心市街地が出てきてもおかしくない。中心市街地がその地域特性を活かし、地域ビジネスを起業する場としてポテンシャルをアピールすることは一考に値する。

●まちづくりの役者と組織づくり

　中心市街地の活性化は人がいなければできない。誰が携わるのか、誰が責任を持つのか、ということを考えれば人という資源の重要性は明らかだ。

　中心市街地の活性化が比較的うまく行っているところは、地元に強力なリーダーシップを発揮する人がいる。もちろん、カリスマ的な人物がいれば問題ないだろうが、ほとんどの地域はそのような人材はなかなかいないし、現れるのを待っている余裕もない。広い視野を持って地域全体を見渡し、中心市街地の存在意義を見出し、関係者らとうまく折り合っていけるような人材育成が急務である。必要な専門知識やノウハウ、人的ネットワークを提供できる、例えば、都市計画や建築、経済、法律などの総合的なカリキュラムがあるアメリカのプランニング・スクールのような専門職大学院が必要であると考える。

　次に、中心市街地活性化には首長のリーダーシップが不可欠だ。1990年代、アメリカの多くの都市のダウンタウンが再興した背景には、BIDなど民間組織の活躍に加え、市長の強力なリーダーシップがあった。劇的に治安が改善したニューヨークのジュリアーニ市長（当時）はその代表格だ。首長がダウンタウンの再生に力を入れていくという、明確なメ

ッセージを送ることにより、民間投資を促す効果がある。市場原理が機能不全に陥っている状況で、行政側の態度がはっきりしなければ、民間はついて来ないだろう。まさに選択と集中の都市経営が必要なのだ。

　実務を担当する地方自治体職員の専門性も問われてくる。アメリカでは地方自治体の都市計画関係部署のスタッフは都市計画の専門教育を受けている。求人は部署ごとに行われ、新卒や中途などの区別もなく、必要なレベルの人材を必要な数だけ、相応の待遇で募集する。そうすることによって、採用者は都市計画関係の業務に専念でき、専門以外の部署に異動することはない。むしろ、専門性を活かして、A市からB市へ、自分の意思で転職してキャリアを積んでいく。このような専門性の高い人材の流動性が確保されることによって、新しい情報やノウハウが社会全体として共有できる仕組みだ。日本でも、都市計画やまちづくりの分野だけでも、都会にある自治体で先進事例を経験した人が、生まれ故郷の自治体で活躍できるようになるだけで、かなりのインパクトがあるだろう。地方分権では権限や財源に加え、マンパワーの中央から地方への配置転換も課題であるので、国家公務員も含めた、専門性の高い人材の流動性の高いマーケットの確立が求められるのではないか。

　また、地方分権の推進、道州制の導入、ローカルマニフェストの普及など、地方議会を取り巻く環境も大きく変わっている。そもそも地方議員は選挙を通して、地元の代表者として地域のルールづくりを担う立場にある。しかし実際は、議員提案の条例は数えるほどしかなく、市町村合併に伴い各地で起こった議員定数削減の声は、有権者が現在の地方議員の仕事ぶりに満足していないことの表れではないだろうか。参加型のまちづくりや条例制定には、地域エゴの対立を超えて判断できる地方議会の役割がますます重要になってくる。地方議員にとって、商店街や地元産業界は以前から大事な票田であり、地方議員がより積極的に中心市街地の政策にかかわることは当然であり、今後も期待したい。

　最後に、中心市街地活性化やそれを担う組織づくりについて、いくつ

か留意点を指摘したい。中心市街地の活性化には様々な人々の協力が必要である。そこで、市民参加で建設的に進めることができれば良いが、組織や人によってその責任度合や役割が違うことを認識することが重要だ。つまり、利害関係がある人とそうでない人では、決定権などの権限において平等ではないということだ。地権者、テナント、商業団体、住民などは当事者であり、首長（行政）、地方議会は自治の監督責任者であり、大学、NPO、来街者などはアドバイザーである。これらのことを踏まえた上で、「中心市街地の経営」を進めて行く必要があるだろう。

参考までに、中心市街地の経営に有効であると思われる考え方を紹介する。ひとつはシンクタンク研究で知られる鈴木崇弘氏が提唱するV-MAP（ブイ・マップ）である。このコンセプトを解釈すれば、Vision（街の将来像）を設定して、Mission（中期的目標：交流人口増など）を具体化して、Action（今できる行動）を決め、Passion（関係者のやる気）を持って取り組むことである。Victory（勝利）をつかむためのMap（地図）である。

もうひとつは行政でも広く活用されているPDCAサイクルである。Plan（計画）、Do（実施）、Check（評価）、Action（改善）の一連のサイクルを繰り返し行うことにより、業務を改善する手法である。
V-MAPで目標と仕事の役割を明確にした上で、PDCAサイクルで進捗具合を把握する。このようにV-MAPとPDCAを組み合わせることにより、組織運営が効率的かつ効果的に行うことができるのではないだろうか。ぜひ、活用していただきたい。

●本章のむすび

本章では、中心市街地の歴史から今後の課題に至るまで考察し、中心市街地活性化の考え方の方向性の一例を提示した。中心市街地活性化には、すべての地域に効く万能薬はない。地域ごとの処方箋を考える必要

がある。政府や国会ではそれを支援するためのツールづくりをすることしかできない。あくまでも地域が自主的に動かなくてはならない。つまり、戦略の考え方や組織づくりなどの枠組みは、政策立案や新法制定、法律改正、規制強化・緩和、予算措置などで可能であるが、運用や実行に関しては地元関係者らが本気で生き抜く術を考えなくてはならない。そして、少しでもよいツールを開発するためには、様々な人々がかかわり、修正していかなくてはならない。それが民主主義である。

　現在の地域間格差の象徴である地方の中心市街地の疲弊は、近年の構造改革の負の影響であるというよりはむしろ、地域の実情に合った構造改革が十分に行われなかったからではないだろうか。つまり本章でも取り上げている、土地建物利用規制の改革や地域ビジネスの振興、それらをサポートするための人材や組織などを、地域の視点に立って改革する必要があるのではないだろうか。また地方は、その声を今まで具体的に中央に届けてこなかったことも否めない。「地域の活性化＝公共事業」

■表2　中心市街地活性化のパラダイムシフト

関連項目	これまで	これから
都市構造	無秩序な郊外化	コンパクトシティ、スマート・シュリンク
中心性	商業の中心	LIVE、ホスピタリティ
街並	空店舗、空地、シャッター通り	計画的なメタボリズム（新陳代謝）の促進
土地利用規制	全国一律	地域ごとの三次元の土地建物利用
商売	既存店舗の保護	地域ビジネスの創出
まちづくり人材	人材不足	大学での専門教育
まちづくり組織	商店街ありき、内向的な視点　場当たり的対応	外部からの視点、外部への発信　V-MAP、PDCAサイクル
関係者	全員平等の市民参加	権限、役割分担の明確化
首長	調整型	リーダーシップ型
自治体スタッフ	数年ごとの異動	専門性の高い人材の流動
地方議会（議員）	御用聞き	地域政策立案者
政策の方向性	商店街振興、ハード重視	ライフスタイル、ビジネス環境の提案
政策選択	他地域追随の全方位型	何をあきらめるか選択と集中

という方程式の成立はますます難しくなっている。必要な公共事業は実施すべきであるが、全国的な緊縮財政の中、中心市街地への公的資金の投資には限界がある。最近の地価の動向から、需要があるところと無いところの土地の選別が顕著になっており、民間投資をどう促すかも課題である。中心市街地を再生させるためには、中心市街地活性化に対する抜本的な発想の転換、パラダイムシフトが求められる（表2）。

注
1) 立地環境特性区分は、「商業集積地区」、「オフィス街地区」、「住宅地区」、「工業地区」、「その他地区」の5区分。さらに「商業集積地区」には「駅周辺型」、「市街地型」、「住宅地背景型」、「ロードサイド型」、「その他」の5タイプ。
2) p21「中心部の売上高、売り場面積のシェア低下」を参照。三大都市圏（東京都、埼玉県、千葉県、神奈川県、愛知県、京都府、大阪府、兵庫県、奈良県）以外の地域における人口20万人以上の都市（政令指定都市を除く）を対象として商業統計調査を集計し、作成された資料。
3) 下野新聞社の調査。「限界集落」は1995年の6カ所から2005年の19カ所に増加し、特に山間部や中心市街地で人口構成が急激に変化したと指摘している。
4) 兵庫県立大学経済学部の木村良夫教授（人口学）研究室と神戸新聞社の共同調査。神戸市内では2001年に比べて、高齢化率50％以上は12カ所、40％台は47カ所から105カ所に急増しており、都市部でも「限界集落予備軍」が増えていると指摘している。
5) TMO構想は商業活性化事業の総合的な推進を図る者（商工会、商工会議所等）が定める事業構想を、TMO計画は事業を実施しようとする商店街振興組合等が作成する個別事業計画を示す。

◆参考文献
(1) 黒澤武邦「中心市街地におけるレストランの経済的、物理的効果に関する研究——米国フィラデルフィアの事例」『都市計画237』日本都市計画学会、2002年
(2) 黒澤武邦「アメリカのまちづくり組織——フィラデルフィアの事例」『低平地研究No.11』佐賀大学低平地研究センター、2002年
(3) 経済産業省「平成16年商業統計表　立地環境特性別統計編」
(4) 経済産業省「平成18年度事後評価書（まちづくりの推進）」

(5) 公職研「特集:中心市街地活性化とまちづくりビジョン」『月刊地方自治職員研修』2006年6月号
(6) 神戸新聞「限界集落200カ所」2007年1月28日
(7) 国土交通省社会資本整備審議会「新しい時代の都市計画はいかにあるべきか。(第一次答申)」補足説明資料、2006年2月
(8) 自治研修協会「特集:中心市街地の活性化を考える」『月刊自治フォーラム』、2007年5月号
(9) 下野新聞「『限界集落』県内19カ所」2007年1月17日
(10) 鈴木崇弘『日本に「民主主義」を起業する──自伝的シンクタンク論』第一書林、2007年
(11) 横内律子「まちづくり三法の見直し──中心市街地の活性化に向けて」『ISSUE BRIEF NUMBER 513』国立国会図書館、2006年
(12) 渡邉浩司「中心市街地活性化法の改正について」『都市計画261』日本都市計画学会、2006年
(13) Takekuni Kurosawa, "Restaurants and Urban Revitalization: The Case of Center City Philadelphia", Ph.D. Dissertation, University of Pennsylvania, 2001

第6章

高速道路と地域のかかわり

積極的な関係構築を目指して

◎松田弘行

提言

　日本の再生に向けた構造的・一体的な解決策構築のプロセスには、地域から積み上がる活性化の論理が不可欠である。本章においては、地域の活性化につながる発想およびその展開について、高速道路と地域との積極的なかかわり方の中で提案を行う。この場合、高速道路は、沿線各地域がその活性化活動を通じて形成する様々な魅力と有機的に絡み合う関係を構築・具体化する必要がある。具体的には、まず、地域を束ねる都道府県に働きかけ、関係者間の共通認識を構築し、その取り組みの推進に向けて連携を進め、関係者が互いに所有する「人・モノ（場所）・ノウハウ」等あらゆる資源を、地域の活性化に向けて有効に活用しあう方向性を打ち出す必要がある。その枠組みに沿って、高速道路を積極的に活用することにより、地域の魅力を重層的・広域的につなげ、地域来訪者を多方面から引き寄せ、地域の自立的な活性化につながる軌道を形成していかなければならない。

第1節 地域と高速道路を取り巻く情勢

　高速道路が日本社会に登場してからほぼ半世紀が経とうとしている。1963（昭和38）年の名神高速道路栗東―尼崎間の開通から始まった高速道路ネットワークは、2007（平成19）年12月1日現在、7,488kmのスケールを持つ。

　その間、人・モノの移動距離・交流スピードはそれまでに比べ桁違いに早まり、労働力の形成、高度成長の好循環など他の条件が追い風となって働いたこともあり日本社会は急速でダイナミックな発展を遂げた。

　主に首都圏の需要を中心として、日本各地では広域的に、物流をはじめとする好循環経済が成立し、地域の雇用も安定的に確保されていった。

　ところが、ネットワークとして全国的に展開される高速道路の延伸によって、地域ビジネスは、次々と、同様なビジネス群との新たな競争の中に放り込まれ、結果として「選別・淘汰」を受けたり「劣位」に置かれる状況を迎えた。これは高速道路がネットワークとして広がることにより、それまで遠隔地にあった所に輸送時間の短縮効果が発生し、それに伴い商品の品質がそれまでより良好に保たれた状態で輸送できるなどの輸送環境の面における競争が広がったことにもよる。

　併せて、地域産業はグローバル化の波にさらされ、内外に競争相手が急速に出現しはじめ、日本各地の地域産業が置かれる環境は厳しいものとなっている。

● 地域を取り巻く情勢

　今地域社会は、地域同士の競争の他にも内発的要因を抱えている。

　それは、今後避け難く見舞われる人口構造と就労状況の変化によりもたらされるもので、地域がサービスを受けるために用意しなければならない負担力（原資形成力）とサービスを提供するために必要となる費用

との間に生じるアンバランスとして、地域社会にボディーブローのように影響を与えはじめている。

　まず、人口構造に関してであるが、地域社会が「高齢化」することによって、その収支のバランスは崩れる。それは、一般的に、現役時代を過ぎると、それまでに比べ賃金が低くなる環境があるからであり、高齢層の割合が高くなると地域の「収入の部」の観点からはマイナスに働くことになる。一方、サービスを提供するための「支出の部」という観点からは、今後一層高まる介護および高齢者医療の需要などの影響で費用増の方向に働く。つまり「高齢化」は「収入の部」「支出の部」と二重の意味で影響を与える。

　また、労働状況の変化について考えてみると、ここ数年顕著な形で就労構造に変調が見られ、それは就労機会の低下および非正規雇用の拡大としてマスコミで報道されるところであるが、これらは明らかに「収入の部」においてマイナスに働き、収支のバランスを崩す要因になっている。

　また、昨今の地域経済における情勢の変化を長期的に考慮する必要がある。日本は、今後急激な人口減少社会を迎える。その時、消費に関する前提が従前と変わらないと仮定するならば、人口の減少に伴う消費規模全体の縮小は、企業にとっては投資効率の低下となる。そして企業は効率の悪いところから消えてゆく。首都圏を除く地域では、その影響が早々に現れ、民生面で雇用の縮小が収入の減少という形になって、税収面において縮小方向に働き、連鎖的に、行政サービス面においても地域のサービス提供に要する行政運営原資の縮小を余儀なくされる。

●地域活性化活動の類型とその特徴

　このように、地域サービスの運営収支が整わなくなり、その運営規模が縮小せざるを得ない状況に対し、地域運営のあり方としてどう受け止め、次の展開に向けるのかについて検討をする必要がある。

地域の運営規模が縮小する状況にあって、地域を持続的に維持運営していくために、地域で生活を営む生活者をはじめ、地域のくらしを支える商店街の人たちや企業などの地域活性化活動を、「①行政が行っていた分野に生じる不足分を補う活動」、「②地域の公共の分野を中心とした活動」、「③ビジネス色の強い活動」の３つに類型化して、それぞれの活動類型について、期待される役割・機能を簡単に述べてみたい。

　まず、「①行政が行っていた分野に生じる不足分を補う活動」に関しては、前述の通り行政の運営スケールが縮小すると、例えば積雪寒冷地における除雪サービスの低下など従来行政で扱ってきた領域に生じる不足分を補う活動が必要となってくる。そのような部分について、今後一層具体的な形での地域市民の参加・協同を通して、効率的な運営が必要となってくる。

　次に、「②地域の公共の分野を中心とした活動」については、これまでにも、地域を花でいっぱいに飾る運動や里山の維持活動、沿道清掃活動等、様々な地域活動が実践に移されてきている。それらの取り組みの一つひとつは、一人でも、グループでも、地域全体でも、地域を越えても、どんな単位でも常に広がりの可能性を持って成立することに特徴がある。

　３つ目の「③ビジネス色の強い活動」に関しては、これまで各行政が産業団地の分譲・企業誘致などの形で進めてきたところで、今後の地域の持続的なあり方を大きく左右する重要な領域である。それは、その地域における個々人の生活やビジネスなど市民生活が成り立つことが基本にあって、それを前提として、地域の公共の分野も成り立つものでなければならないからである。今後、より一層地域の個性つまり地域資源を基礎とした活性化展開が待たれる。

●高速道路を取り巻く情勢

　2005（平成17）年10月1日、幾多の討議・決定を経て、道路関係4公

団が民営化され、日本道路公団は、東・中・西の3つの高速道路株式会社（以下、「ネクスコ（NEXCO：Nippon Expresway Corporation）」という）となった。

道路関係4公団民営化関連法の具体化に際し、十分に取り組むべき方向として示された参議院の附帯決議[1]には、ネクスコ各社の果たすべき使命として、地域との良好で積極的な関係構築が求められている。

●高速道路の通行料金等についての取り組み

民営化に先立って、一般道の渋滞緩和の観点からETC利用車両に対して時間割引制度が実施された。2004（平成16）年11月から深夜割引として対象時間帯の利用について3割引、2005年1月から早朝夜間割引（大都市近郊区間の渋滞緩和）および通勤割引（大都市近郊区間以外に適用）としてそれぞれの対象時間帯の利用について5割引の導入が行われた。これは高速道路利用料全体の平均1割を超える引き下げをねらったものである。また、ETC利用車両の利用累積・利用頻度に対する割引として、2005年4月から、「マイレージ割引」「大口・多頻度割引」が実施されている。

さらに、弾力的な料金設定として企画割引等の実施が行われており、地域とのタイアップにより、決められた区間と期間を、ETC走行で自由に何回でも利用できる割引企画も実施されている。地域の参加施設としては、温泉施設や各種ガーデン、観光施設、地域民芸館等地域の魅力の組み合わせは様々である（表1）。

●サービスエリア・パーキングエリアについての取り組み

高速道路の事業と合わせ、収益事業として営むサービスエリア・パーキングエリアの事業について、ネクスコ各社各様のコンセプトに基づいた経営計画により事業が実施に移されつつある。ネクスコ東日本に例をとれば、すべてのエリアでのサービスレベルの向上を目指す「礎づくり」と、立地の特性に応じて個性的なサービスを展開する「華づくり」を同時

■表1　ネクスコ東日本の取り組み事例

1. 弾力的な料金設定としての企画割引

①北海道ETC夏トクふりーぱす

◆企画概要

　北海道内の高速道路が、夏場（2007年度は、6月1日〜10月1日まで）の週末（土・日）の両日を含む最大3日間の利用について、ETC利用者限定で、普通車7,000円、軽自動車5,500円で乗り放題の割引商品。

　6月上旬の「よさこいソーラン祭」や富良野市周辺のラベンダーの開花期など各期各地における催事に合わせて、目的地や経過地を選択でき、自由度の高い観光ドライブに適している。

　また、商品展開としては、旅行会社（JTB）およびレンタカー会社と、割引プランや申し込みなどの連携を図って、首都圏からの積極的な誘致を行っている。

②えちごトキめきフリーパス

◆企画概要

　首都圏方面（発着エリア）から新潟方面（周遊エリア）への往復に加え、新潟県内が乗り放題となる2日周遊タイプの商品。ETC利用者限定で、普通車9,000円、軽自動車7,000円の企画商品。利用期間は2007年10月5日〜11月30日までの連続する2日間。

　新潟県中越沖地震によって風評被害を受けた新潟県の観光を地域と連携して支援するため、新潟県旅館組合とタイアップして、新潟県全域に宿泊する人に向けて発売された商品。

③安比高原スキー場ETC遊遊割引

◆企画概要

　安比高原スキー場とタイアップして、盛岡市近郊の高速道路をETCで往復利用し、安比高原スキー場でリフト券（5時間券）を購入すると高速道路の通行料金が半額となり、食事券等の特典が付く。対象期間は、2007年度では、2月3日〜3月11日までの休日（13日間）。料金については、例えば、盛岡南ICからの高速料金1,100円のところ550円。リフト料金については、大人で通常7,000円のところ割引価格で4,200円となっている。併せて食事券やドリンク券、温泉入浴券がセットとなっている。

2. 地域キャンペーンとのタイアップ展開

④十勝スカイロード　湯〜遊〜キャンペーン

◆企画概要

　キャンペーン期間を2007年7月1日〜同10月31日とし、十勝スカイロードのレシート持参の人について、十勝・釧路地区の61ヵ所の温泉施設および観光施設で利用料金が割引になるもの。また、高速道路の利用レシート2枚とキャンペーン参加施設のスタンプ2個を内容とする応募はがきで、毎月温泉宿泊券や各種景品が当たる。

■写真1　E－NEXCO野菜市場 (道央道・輪厚パーキングエリア)

に追求し具体化する展開が図られている。

　地域との関係でとらえると、まず、サービスエリアでは、地域の取れたて野菜や地域色豊かな土産品が積極的に販売されている。さらに、地域の特産物や工芸品等を販売する地域特産市場（「E－NEXCO野菜市場」）も展開されはじめた。これは、地域との連携を生かしたサービスの拡大と開かれたエリアづくりの取り組みとして、今後ネクスコ東日本で積極的な展開が図られるものと考えられる（写真1）。

　また、ネクスコ東日本の道央自動車道・輪厚パーキングエリアでは、パーキングエリアを高速域外からも利用できるように駐車スペースを用意するなどして高速道路直近の住民との交流も進められている。

　以上、紙幅の関係で、一部事例の紹介となったが、ネクスコ各社各様に、地域と連携した企画、地域の特色に合わせた商品展開など地域の魅力と共存した事業展開が積極的に進められており、今後大きな展開の可能性を持っているものと考えられる。

第2節 地域の魅力をつなぐ高速道路の役割

　本節においては、高速道路において傾向的に現れる利用特性を眺めながら、地域の活性化に向けて、「高速道路」利用者が、「地域」にとっての来訪者となるようにするために、それぞれの場において必要となる要素を考えてみたい。

●「地域」につながる高速道路の利用特性

　高速道路の利用特性について、1都6県を例にとって眺めてみる。

　はじめに、中央自動車道や東名高速道路に特徴的に見られる週末行動が挙げられる。「ウィークエンド・ゲットアウェイ行動」といわれるもので、週末には都心を離れてどこかへ行きたいと考える人たちが、日帰りまたは1泊2日のドライブを楽しむ行動をいう。中央道の小仏トンネルや東名綾瀬バス停の渋滞がそれを物語る。中央自動車道には河口湖方面や長野方面の観光ゾーンが控えており、東名には箱根・湘南・伊豆の魅力的なシーサイド観光ゾーンがある。関越自動車道も軽井沢や長野がその行動のモチベーションとなっている。これらは、都心から目的地までの距離および到着時間としては、それぞれ100キロから200キロ位の距離帯、1時間から2時間という時間帯の場所にあたる。日帰り客を想定するなら、旅行時間は、片道2時間を往復で約4時間。高速道路の休憩施設に立ち寄りながら現地を2〜3ヶ所まわって約4時間。食事や買い物に約1時間位など大まかな行動が想定できる。

　次に、特に東北自動車道において、盆・暮れ・ゴールデンウィークの3大ロングバケーションに顕著に現れる帰省行動(「ロン・バケ行動」)がある。故郷で子供と遊ぶ。田舎の里山にひたって癒される等ふるさととしての地域にしかない魅力を求める行動といえる。都心からは、週末行動の標準的な行動範囲をはるかに超えたロングトリップが発生する。滞

在前後1日ずつの移動時間と滞在期間2〜3日が標準設定と考えられる。

　地域としては、関係がしっかり形成されている「ふるさと仲間」に対して、地域離れをさせない、世代にわたってしっかりつながることができる仕掛けづくりが必要となる。

　さらに、東関東自動車道や京葉道路、東京湾横断道路には、海のシーズンに特徴を持つ利用行動がある。房総地区の海水浴場にあっては、海のシーズンは日帰りのほうが多い。今のところ来訪者のモチベーションは、海そのものの魅力によっている状況で、それを超える地域の魅力づくりが望まれる。この場合、内房と外房それぞれの海の魅力と、その中間に位置する久留里地区などの里山の魅力が結びつくことによって、来訪者は海でも山でもそれぞれの楽しみ方を様々なスタイルで楽しむことができることとなり、地域への来訪も倍加するものと考えられる。さらには、首都圏からのウイークエンド・ゲットアウェイ行動を引っ張り込む絶好の距離帯に位置するということも次の展開に向けた大きな強みと考えられる。

　最後に、常磐自動車道や関越自動車道に特性が見られる新しい利用スタイルとして、高速道路の沿線地域での週末農業と都内アーバンスタイルの双方を楽しむ2ウェイライフともいえるライフスタイルを持つ人たちの利用が見られる。これらの人たちは、首都圏近郊で魅力的に展開する「道の駅」などを広域に巡り歩くなど、地域の魅力に反応しやすい心情を有しており、ターゲットとして接近しやすいものと考えられる。

●ビジネス視点で見る高速道路利用行動

　首都圏を中心とした高速道路の代表的な利用特性を見てきたが、ここでは、より地域との連携を念頭において、ビジネスの視点から、さらに考えてみたい。

　まず、高速道路のドライブを楽しみながら、「地域の魅力」に志向性を持つ層は、首都圏を中心に相当数に上る。そして、その人びとが向か

う目的地については、「日帰り」を例にとれば、200キロを超えない距離帯を想定することとなる。

さらに、これらの高速道路の利用特性を前提に、ビジネスの視点から年間の見込みを大きくとらえてみる。

週末行動およびロン・バケ行動により賑わいを見せるのは、1年365日のうち、（週末2日×52週）と（ＧＷ5日＋盆5日＋暮れ5日）の約120日で、1年の3分の1程度ということになる。ビジネス的に見れば、「その他の3分の2」の確保（底上げ）をいかにするかというのが大きな課題となる。つまり高速道路からの地域来訪者を当て込んで活性化を図ろうとする場合、1年のうちの賑わいを見せる3分の1とそうでない3分の2について、両睨みのスタンスが必要で、特に「そうでない3分の2」については、大仕掛けではなく、地域の日常の中で、その地域資源の特性・強みを活かす取り組みが必要になるとともに、地域に近接する地方中核都市との間での展開を考える必要がある。これらの取り組みの範囲は、地域の魅力を広域的に展開しようとする場合の単位と重なるものと考えられ、関係する地域構成員にその連携的な取り組みが明示的に了解された中で進められることがポイントととなる。

● **高速道路に期待される要素**

以下では具体的に、高速道路と連携して「地域来訪者」を増やすために、高速道路に備わっている、または高速道路に求められる要素を考えてみたい。

まず、地域の魅力に関する情報が高速道路に備わっていることが必要である。地域に来てほしい人たちに、「そこに行ってみたい」と思うきっかけとなる情報の存在がすべての始まりとなる。

地域の魅力のひとつとしての観光情報の提供に関して、例えばネクスコ東日本では、宮城県と連携し、双方の資源を活用しその効果を最大限に発揮させることに共同で取り組む「包括的提携協定」に基づいて、自

■写真2　地域情報の提供①
(道央自動車道・輪厚パーキングエリア)

■写真3　地域情報の提供②
(東北自動車道・菅生パーキングエリア)

治体と高速道路の相互の効用を図ることとしている。具体的には、高速道路の休憩施設(サービスエリア・パーキングエリア)において、宮城県の観光情報ツールを配置する等の取り組みを行っている。このように、地域の観光資源を、高速道路のネットワークを活用しながら、全国各地からの「地域来訪者」予備軍に対してアピールするためには、地域をさらに束ねる都道府県との大きな枠組みの中で展開を図ることが成果を得るための早道と考えられる。

　次に、高速道路利用料金の負担感を和らげる(お得感の)工夫について考えてみたい。遠くからの「地域来訪者」を地域に招き入れるには、予定する旅行日程や一定の広がりを持った地域を巡る場合の自由度の関

係からは、高速道路の利用が優位となってくる。この場合、足代として過分な出費となる高速道路料金の負担分について、別途お得感を用意する必要がある。これについては、既に紹介した通り、地域の観光戦略とタイアップした様々な組み合わせによる料金パッケージの提案、地域キャンペーンと一体となった誘客展開など顧客が求める魅力を追求した継続的な展開を図ることにより着実な集客につなげることができる。

　さらに、集客ポイントとしてのサービスエリア・パーキングエリアとの連携については、サービスエリア周辺の生産物（旬の農産物を中心とした地場産品、地域限定生産品）を高速道路でビジネス展開するスキームは、ネクスコ各社各様に整っている。その場合、年間を通して地域の商品が魅力的に提案され続けることが、「地域来訪者」予備軍に対して、安定的・継続的に地域の魅力を刷り込むことになり、地域産品の認知、ひいては購買意欲を生み出し、地域の活性化へとつながることとなる。

　また、通販・ネット販売の展開も、地域ビジネス展開の可能性のひとつとして考えられる。例えば、ネクスコ東日本のショッピングサイト「E－NEXCOドライブプラザ」への積極的な参加というのもひとつの方法として位置づけられる。

　以上の高速道路を活用した取り組みに際しては、「地域来訪者」予備軍を地域まで導くための役割分担として、高速道路が地域への誘導機能を果たし、地域は来訪モチベーションとなる地域の魅力の構築、地域内および近隣地域との連携ルートのつくり込み等の役割を、継続的に、そして着実に果たすことが必要になる。これらのコラボレーションにより、「地域来訪者」予備軍への確実な動機付けとなるものと考える。

●地域の魅力の発現

　次に、「地域来訪者」が動機づけされる「地域の魅力」ということについて考察する。

　見知らぬ土地に遠出したとき、ドライバーの関心は、最終目的地まで

の道々の風景であったり、遠い山並みがつくり出すスカイラインなどの自然要素の他、その土地その土地の人びとの営みに向かう。その人びとの営みとは、町並みであったり、築地塀であったり、地域の人びとが月日を重ねてつくってきた地域の暮らしぶりや習慣で、それまでの自分の経験と照らし合わせながら、その違いや変化などに地域の個性を感じ取る。各地域では、「通りすがり」の人やその土地にかかわりの希薄な人でも、「地域」とのかかわりを保てる仕掛けや場所（地域の個性）を形成してきている。例えば、道の駅や「道端ショップ」では、地域の取れたての野菜や、地元産品が並び、地域の人が地域の言葉で応対し、そこは地域の人たちご自慢の周遊コースともなっている。

　また、これら地域の豊かな食材や美しい景観など様々な地域資源を生かして持続的な地域の取り組みとするシーニック・バイウエイ[2]の取り組みが、地域の連携を前提としたモデルとして、魅力的に展開されはじめている。

　さらに、都市と農村の交流としてのグリーンツーリズム[3]の取り組みとして、農家民宿、農家レストラン、農畜産物加工施設、農村体験施設、市民農園などの地域の個性を活かした取り組みがすでに存在し、それを地域の人たち自身が楽しんでいる。

　今後の地域の活性化および活性化トライアルは、決して「0からの出発」ではなく、今あるものの使い方・見せ方・組み合わせの工夫に鍵があり、努力すれば手の届く範囲にあるものであるということを強調したい。そして、その発展型が地域版「ロマンティック街道」[4]として、地域の人にも、来訪観光客にも楽しんでもらえるルートに育つのである。

　地域の魅力を考える際、発信する側には、地域が来訪者に対して魅力的に見える表現としての「見え方」と来訪者の感動・関心につながるような地域固有の「物語性」の両方に注意を払う必要がある。そして、それが受け手の側に通じて初めて共感を呼び、「行ってみたい」「来たかった」という具体的な来訪モチベーションやリピート行動につながる印象

を形成することになる。地域としての「見え方」や「物語性」を中心とした魅力が不在だといくら来てほしいという思いがあっても、相手には受け入れられない結果となってしまう。

　さらにまた、地域の「見え方」や「物語性」に関して、それが魅力的かどうかは受け手の側が具体的に見たり・触ったり・味わったり・感じたりできないとわからない。地域の魅力は地域資源という具体的なものを通してしか認知されないということになる。つまり、地域に今必要なのは、地域の構成員すべてが一丸となって、理念や情念、組織および運営システムすべてを大きく振り切って、具体的な地域資源の魅力の明確化を通して、地域の「見え方」や「物語性」を形成することである。

　その上で、本来の目的達成に向けて、明確な地域の「見え方」や「物語性」をベースにした「地域資源」を売り出すというトライアルに入る。この売り出し方も、実のところ簡単ではない。それは、地域資源の中に感度を異にする様々な要素が含まれるし、魅力の度合いも、浸透ペースも、受け手の側の存在場所も違ってくるということを前提としなければならないからである。可能な限り統一感のある見え方や魅力を発信しなければ、大きな魅力となって受け手の側に映らないため、専門家の存在が必要となってくる等、様々なスキルを前提とした取り組み展開が次のステージとして必要となってくる。

　このように、「地域の魅力」に関する取り組みは、発信する側の重層的で意識的な努力の積み重ねと、受信する側を明確に想定した読みの展開をしっかり意識したものでなければならない。そして、アクションの立ち上がりから、「誰が」「誰と」「どんな方法で」「どうひとつになるのか」等について検討し、他の先行事例や失敗事例を参考にしつつ、現状と目標とのギャップの解決ストーリーの形成手法、それらの展開に関する意見集約の技法、取り組みステージごとに立てる目標達成に関する管理手法等のマネジメント・スキルを駆使しながら、目標に向かって課題を克服していく。そして、次のステップ、さらにその次へと、紆余曲折

を経ながら、展開を積み重ねることにより、「地域」が来訪者（予備軍）から価値ある個性として受け止められることになる。

本来、人とモノの交流交易は、出発点から始まって目的地に到達するまでのトータルな捕捉をもって評価されるものと考えられることから、高速道路の機能は、基本的には、その出発点と終着点の用事を支える手段に過ぎない。したがって、高速道路は、目的地としての意義を持つ地域（のネットワーク）と一体となって機能して初めて本来的な機能（使命）を果たすことになる。この先、日本社会の再活性化に向けた「ブラウン運動（熱伝導連鎖）」は、地域の魅力要素がネットワークとして結ばれるとともに、骨太のハイウェイ・ネットワークと一体的リンクが張られ、「人とモノ」の前に再提案されて初めて成り立つのである。

第3節 地域づくりのための視点

前節においては、地域の魅力と高速道路との接点部分に関して考察した。今後さらに、地域と高速道路が意識的に、そして有機的にからみ合い、新たな場を形成していくためのキーワードは何か。それは「つながる」ということにほかならない。本節においては、「つながる」ことにより有効となる新たなスタイルやその展開パターンについて考えてみたい。

●スタートは「地域の魅力」

当然ながら、「つながる」の前に、まず、地域の魅力が存在することが前提である。あらゆる物事には、要素があって、それが組織的に運営され、機能して初めて効果を発揮する。換言すれば、地域の魅力がなければ地域の活性化はないということになる。

それでは、「なぜ、つながらないといけないのか」を考えてみたい。

当然、「行ってみたい」という動機づけがないことにはすべてにおいて

始まらない。いろいろな「行ってみたい」候補地があった場合の選択パターンは、「興味に合うから」（質の合致）または「いろいろ見られるから」（多様性の充足）と考えられる。一人の個人の中でさえ興味が多岐にわたる今日にあっては、地域としては双方とも求められることになり、ひとつの地域でそれらの需要をまかなうことは不可能なことと考えられる。

次に、「常に他の魅力に取って代わられる恐れ」の観点から述べる。高速道路は、1日という限られた時間の中での行動範囲を飛躍的に広げた。つまりいつでも他の地域へと移動できる状況となった。ただしそれは一方で、競合が増えるということでもあり、仕掛けの変化を好み、変化を求める時代の中では、個々の魅力は、他の地域で新たに形成される、より魅力のあるものに常に取って代わられる恐れのある不安定な環境の中に置かれている。この状況に対して持続的優位を保つことは相当に難しい。

この状況にあって、ひとつの魅力だけで継続して立っていられるものは、日本では東京ディズニーリゾート以外には考えにくい。したがって、地域の戦略展開としては、時代が求める根源部分につながった魅力展開を武器として、強い来訪動機となる地域コアを持つとともに、四季を通した自然や生活の営みの変化などについて、様々な要素（変化ポイント）を持った近隣地域と重層的につながりあって、それを着実に広げることが求められる。

ここで、筆者が以前仙台において直接地域の人々とかかわり、展開した事例を紹介したい。

仙台地区は、先に述べた首都圏からのウィークエンド・ゲットアウェイ行動を期待できる距離にはない。そのため、仙台、山形、福島の3都市を対象に、近接する蔵王地区を週末の1日で回ることができる行動エリアと想定し、近隣地区を含む地域の魅力を高速道路からのお勧めルートとして、地域の関係者とともに探索・構築してリーフレットで紹介した。

リーフレットは、次の言葉から始まる。「『最近疲れているな』『ゆっくりしたいな』と思ったら蔵王の麓までちょっと足を伸ばしてみません

か。自然の懐で生まれたおいしいものやきれいな風景はきっとあなたを癒してくれるはずです」

そして「川崎・蔵王・村田」の3地区を取り上げたルートは、山形自動車道・宮城川崎インターチェンジから始まる。川崎町を経由し、青根や遠刈田の温泉、蔵王からの湧き水「水神」、蔵が建ち並ぶ村田町のまち並み等を紹介する。道々の楽しみとして、知的障害者の授産施設として開設された「蔵王すずしろ」でつくられるそこでしか味わえない素朴な味、また蔵王フルーツ街道沿いで毎週土・日と祝日に地元農家が育てた野菜や果物を販売する「おふくろ市」の開催の様子なども紹介している。

他のルートとして、「歴史の中の伝統と創造」と題して白石・七ヶ宿地区の歴史や文化、伝統等をこれまでにない捉え方で紹介したり、「水辺に生きるふるさとの風景」と題して丸森町の沢尻地区の棚田の風景等々を紹介している。

これらの地域は、従来から「宮城おとぎ街道」として連携を持ってきている地域で、筆者らの試みは、歴史を重ねながら守り育ててきた地域の価値を、ターゲットとして想定した3地区からの来訪モチベーションに結びつけるため、高速道路を介しながら地域の魅力をつないで、新たに楽しめる周遊コースとして再提案したものである。

その後、この取り組みは宮城県のほぼ全域に及び、宮城県の太平洋沿岸地区を紹介した「みやぎ三陸黄金海道」エリア、県北地区の「宮城ろまん街道」エリアを加え、『furari』3部作は、関連地域の協力店や施設で利用できるお得な優待券付リーフレットとして活用された。

このように、地域の魅力が結びつき、来訪動機を促し、「多様性の充足」を満たす。そして、その中から来訪者個々が各様の「質的合致」を見出してリピート行動につながっていく。

しかし、一方では、地域としてのホスピタリティー行動など来訪者つなぎとめの技術も必要な取り組みとなってくる。

● つながりから生まれる新たなスタイル

　以上のような地域の魅力の連携とともに、高速道路での展開を視野において、地域の「ビジネス色の強い活動」として、どんなスタイル展開があり得るのか考えてみたい。

　今、「食の安全」が時代のキーワードとなっている。「安全な食」を保障するシステムに一番近い所に位置しているのが、地域の「道端ショップ」である。「この店では、ブロッコリーなら○○さん。桃は△△さんのものがよい」などと、地域の人々は顔写真や商品タグを見ながら品定めをしている。その生産者当人が現場に野菜を運び入れているし、その生産者がどのように生産しているかも常に地域の人たちからのチェックを受けている。それは地域としては当たり前のシーンでもある。

　このような地域ならではの強みを地域資源の展開に活かすことも考えられる。例えば、地域の重点生産物について、生産手法検討会や消費者品評会などを通じて、商品としての魅力の高度化を図り、競争力のある生産物に育て上げ、地域がそのおいしさに太鼓判を押す展開などはビジネス手法としては大いに考えられる。さらにそれを使ったレシピ展開、商品展開等、ブランドづくりの足掛かりとならないだろうか。このあたりにもマーケット展開に聡い人材支援が必要となる。

　次に、地場産品のPR展開について考えてみたい。まず、地域における取り組みを考えてみる。地場産品のよさは、旬の美味しさにある。旬を単純な調理方法で食すことが一番美味しいことを、地域の人は経験的に知っている。その旬のおいしさを、真っ先に、地域構成員が意識的・積極的に食し、次に、口コミを通じ宅配便お届けなどの形で拡大展開することにより、地域産品プロデュース展開へとつなげることはできないだろうか。

　また、すでに一部の自治体では積極的な取り組みが行われているが、学校給食に関しても、安易に外から仕入れることなく、地域または少なくとも県内生産品を優先的・積極的に取り込むことは難しいことではな

いし、教育的見地からもよい取り組みと思える。
　さらに、地域の外での展開方法について考えてみたい。上述のような地域における様々な取り組みにより、地域産品の潜在的魅力を顕在化させ、次に、地方中核都市のデパートや首都圏のアンテナショップなどでのお客の反応を踏まえながら、露出浸透度の高い商品のビジネス展開を目指す。さらに、連携イベントの開催などにより、地域産品の魅力度や露出の高度化を行うことなどは一般的なビジネスパターンといえる。
　前述した通り、地場産品を高速道路でビジネス展開するスキームが整い、高速道路の休憩施設において、地域の魅力的な産品がビジネスとして大いに活躍する展開が期待されてきている。ここで、例えば高速道路の休憩施設で「通りすがり」の「地域来訪者」予備軍が、「桃」を買う際の購買動機のポイントを考えてみたい。まず「朝取り・直おろし」が重要ポイントになる。「旬」のもので、それが「取れたて」であること（が分かること）が一番の購買動機といえる。つまり、それを演出することが確実な販売につながる手法になる。例えば、取れたてのトウモロコシをその場でゆで上げて提供するパフォーマンスなども魅力を倍加させる。
　次に、購買時の動機づけとして、ストーリーを提供することも大事である。誰でも、おみやげを買う際、購買につながる何らかの動機があったほうが買いやすい。例えば、道央自動車道の砂川サービスエリアには深川の伝統の逸品「ウロコダンゴ」がある。これは、国鉄留萌線開設を契機に製造された和菓子で90余年の歴史を持つ。往時留萌付近の海岸で取れたニシンの鱗に因んだもので、北海道ゆかりの作家三浦綾子の小説にも登場する。当該小説のディスプレイとともに手書きのポップを添えて販売している。このように、地域に関係する小説の一節に登場する菓子やお土産品などを当該小説とともに売り場に置くことなども購買決定につながる「ひと押し」のための工夫のひとつである。
　以上、高速道路でのビジネスでは、いろいろな季節の商品を、口コミ

を通じて広めてくれる人たちに、きちんと「地域資源のよさ」を伝え地域ビジネスとして継続して稼ぐことが、高速道路利用のさらなる価値や多様性の創造の源となるものであるし、地域と高速道路の共存の足並みであると考える。

●地域を楽しむ新しい観光スタイル

　最後に、観光の需要に関して考えてみたい。最近の観光スタイルは、仲間同士で好みに合った温泉地を楽しむスタイルから、オプション選択度の高いツアー旅行、格安買い物バスツアーと、そのありようは自由度、個性、選択性、お得感等幅広い需要に基づく展開となってきている。

　その選択肢のひとつにグリーン・ツーリズムの一環としての農家民宿等を組み込んだ企画も商品化されてきている。地域の魅力を求める指向性が芽生えてきている。

　一方、地域の魅力の核を形成する温泉の利用に関して、「温泉の3日目のブルー」という言葉がある。3日目には時間を持て余してブルーな気持ちになるという意味である。宿泊客数が減少傾向にある温泉としては、地域の魅力との積極的な連携を図って、さらに連泊したくなるような仕掛けづくりを行うことが必要である。

　温泉はいつの時にも地域の魅力の核となるもので、例えば、先の高速道路のETC企画割引や地域キャンペーンとのタイアップ企画を行うに当たって、温泉宿泊以外にも、地域を十分堪能できる提案をパッケージとして用意することによって、地域への集客力の形成、そして効果的なPRができれば、おのずと本来の目的の温泉宿泊者増につながる。

　地域を楽しむ新しい観光スタイルが、地域の人々の重層的な連携取り組みによってその魅力度を増すとともに、高速道路との周遊連携企画等を通して、地方中核都市および首都圏からの定常的な来訪を促す。

●本章のむすび

　本章では、はじめに、地域と高速道路それぞれを取り巻く情勢について眺めた。地域においては様々な要因によって地域運営の収支バランスを崩し、運営規模の縮小が余儀なくされる状況にある。それに対する地域の活性化の取り組みとして、「①行政の行っていた分野に生じる不足分を補う活動」、「②地域の公共の分野を中心とした活動」、「③ビジネス色の強い活動」の3つの類型を想定した。

　次に、高速道路の利用特性を眺めながら、地域と高速道路が結びつく接点部分について考えた。まず、高速道路において期待される要素としては、ひとつは、地域に関する情報が高速道路にあること。2つ目として、遠方からの来訪者に対して、高速道路利用料金の負担感を軽減する「お得感」づくりの工夫が必要なこと。3つ目として、高速道路の休憩施設を使ったビジネス展開の必要性を挙げた。その際、「地域来訪者」予備軍を地域まで導くための役割分担として、高速道路が地域への誘導機能を果たし、地域は来訪モチベーションとなる地域の魅力の構築、地域内および近隣地域との連携ルートのつくり込み等の役割を果たすことが必要になる。そして、地域の魅力の発現にあたっては、地域構成員すべてが一丸となって、理念や情念、組織および運営システムすべてを大きく振り切り、具体的な地域の資源の魅力の明確化を通して、地域の「見え方」や「物語性」を形成することが必要である。

　最後に、地域と高速道路が有機的にかみ合い、新たな場づくり・新しい展開とするための新たなスタイルやその展開パターンを考えながら、地場産品のビジネス展開の一環として高速道路を絡めた展開を行う場合についても、結局、きちんと「地域資源のよさ」を伝えること、そして高速道路とのタイアップによる新しい観光スタイルの展開においても、地域を十分堪能できる楽しみを地域につくり込むことが大事であることを述べた。

以上、環境変化への対応が不可避である地域の新時代は、地域の魅力を様々につなげ、それを活性化することから始めることが重要である。

注

1)　「政府は、本法の施行に当たり、次の諸点について適切な措置を講じ、その運用に遺憾なきを期すべきである。……②高速道路の通行料金の設定に当たっては、物流の国際競争力の確保等の観点も考慮しつつ、高速道路の利用を促進し、地域の活性化、経済の効率化につながるよう、民間企業の独創性が真に活かされた弾力的で多様な料金設定を行うこと。……⑬会社が行うSA・PA等の収益事業の経営においては、地域企業との共存を図るとともに、地域経済の活性化に資するよう努めること。」（2004年6月1日「参議院国土交通委員会附帯決議」より抜粋）

2)　シーニックバイウエイ（Scenic Byway）とは、景観・シーン（Scene）の形容詞（Scenic）とわき道・より満ちを意味する（Byway）を組み合わせた言葉。例えば、北海道においては、北海道固有の景観、自然等地域資源を最大活用し、地域住民と行政が連携して、「美しい景観づくり」「魅力ある観光空間づくり」を目指して、取り組んでいる。

3)　「農山漁村地域において自然、文化、人々と交流を楽しむ滞在型の余暇活動です。欧州では、農村に滞在しバカンスを過ごすという余暇の過ごし方が普及しています。英国ではルーラル・ツーリズム、グリーンツーリズム、フランスではツーリズム・ベール（緑の旅行）と呼ばれています」（農林水産省ホームページより）。農村におけるグリーンツーリズムの例として、農家民宿、農家民泊、交流目的の公的施設において、郷土料理の賞味、地産地消、農作業体験、農村生活体験など様々な取り組みが行われている。

4)　ドイツで観光街道として指定されている総数150以上の街道群のひとつ。おおむね連なる観光名称を地図でつなげて、個人の休暇の過ごし方のひとつとしてドイツ政府観光局や自治体などが設定・案内しているもの。例えば、ドイツワイン街道、ドイツ並木道街道、ガラス街道等など地域の個性が魅力的につながって街道を形成している。

◆参考文献

(1)　田村明『まちづくりの実践』岩波新書、1999年
(2)　内山節『里という思想』新潮選書、2005年
(3)　マークス寿子『日本はなぜここまで壊れたのか』草思社、2006年
(4)　岡田知弘『地域づくりの経済学入門』自治体研究社、2005年
(5)　松谷明彦『人口減少経済の新しい公式』日本経済新聞社、2004年

第7章

人的ネットワークによる地域再生

北海道小樽市における手工業職人の連携構築の事例を交えて

◎木村俊昭

提言

　本章では、現代日本に、今、なぜ地域再生が必要なのかを検証し、事例から①そうした地域再生への取り組みの現状は具体的にどのようなものか、②それがどのようにして可能になったのか、③地域再生には何が必要か、という点について明らかにしたつもりである。ここでは、著者の11年にわたる北海道小樽市における実経験に基づく事例を紹介し、地域再生を実現するための必要な条件、また、筆者が現在所属する内閣府の調査研究結果である地域再生におけるキーパーソンと人的ネットワーク形成の要点、地域活性化の自己診断項目について紹介をした。地域再生には「人づくり」が重要な政策である。地域課題を解決する場、ネットワーク構築の場として地域の大学を位置づけ、地域再生システム論の講義等を通じて、まちの多様な人材が議論し、政策を策定し、実践することがますます重要となってくるといえる。

第1節 日本に、今、地域再生が必要な諸事情

　今、地域においては、少子高齢化が進む中、財政再建や財政の健全化等を図るため、地域経済や中小企業の再生など、諸課題が山積しているというのが実情である。このため、民間主導を尊重し、国、地方公共団体が地方分権の流れやその各役割を踏まえ、地域再生・地域創造、地域活性化などに向けた政策策定やその実現が重要となってきたといえる。

　現在、地域活力の喪失が言われている理由としては、地域格差の広がりがあるといえる。内閣府発表[1]の2004（平成16）年度の県民経済計算によると、一人当たり県民所得の都道府県間の開きを変動係数から見ると、3年連続で拡大している。また、大都市圏の景気回復は好調に推移しているものの、地方圏はやや乏しい状況が続いており、依然として地域間の景況感は厳しいと感じられている。

●地域再生政策の3本柱

　このような中、国では、2005年4月に「地域再生法」[2]が施行となり、地域再生プログラムが策定された。ここでの地域再生とは、「地域経済の活性化、地域における雇用機会の創出、その他の地域の活力の再生」のことである。地域再生制度においては、地域は地理的・自然的特性、文化的遺産などを活かし、官と民の適切な連携の下、創意工夫を凝らした自主的・自立的な取り組みを進め、国は地域再生を支援する施策（支援メニュー）[3]をつくり、地域の自主的・自立的な取り組みを、地域再生計画を通じて支援するものである。また、このような地域の取り組みと国の支援があいまって、国の活力の源泉である地域活力の再生を加速させ、持続可能な地域再生の実現を目指すものである。

　地域再生の全体像および政策の3本柱には、①知恵と工夫の競争のサポート・促進・人的ネットワークづくり、②地域の自主裁量性の尊重や

省庁の壁を越えた交付金化等の補助金改革、③民間のノウハウや資金等の活用、が掲げられている。

　こうした現状の中で、地域は、抱える諸課題の解決に向けて、地域再生制度などを活用して各種施策を試み、スタートさせている。一つの方向性として、地方公共団体では産学官の協働によって知恵を絞り合うことによって、例えば「知の拠点」である地域の大学にプラットフォームを形成し、政策の策定・実践や将来の地域づくりに参画し得る「担い手」の育成を図ることも重要となっている。それは、2006年度に北陸先端科学技術大学院大学において、モデルとして、「地域再生システム論」講座が開講され、学生をはじめ、企業経営者、行政職員、NPO従事者などが一緒にグループを形成し、地域課題を解決するための地域再生計画案を策定したことからも窺える（図1参照）。このモデルから、2007年度には全国の大学10校で「地域再生システム論」講座が開講されることになったのである。

　では、具体的に、地域再生には何が必要なのだろうか。まず地域再生においては、一般に地域ブランドと呼ばれるような、その地域固有の価値、例えば民芸品等の地場産品、自然環境、まち並みや景観などの観光資源（モノ）、ものづくり職人（ヒト）などの地域資源がひとつの前提条件として重要といえるだろう。

　しかし、もしも地域資源があるにもかかわらず、地域再生が進展しない側面があるとすれば、そのような地域ブランドをどのように活かしていくのかという側面において、地域プロデューサーやネットワークを形成する場づくりに行政的な支援が必要であり、重要な意義を持ってくると考えられる。

　このような一般的知見を検証するためにも、第3節で北海道小樽市という具体的な調査フィールドにおける取り組みの事例を主題とし、そこから浮かび上がる地域再生への有効性のあり得べきひとつの方向性として提起することとしたい。

■図1　地域再生システム論（概要）

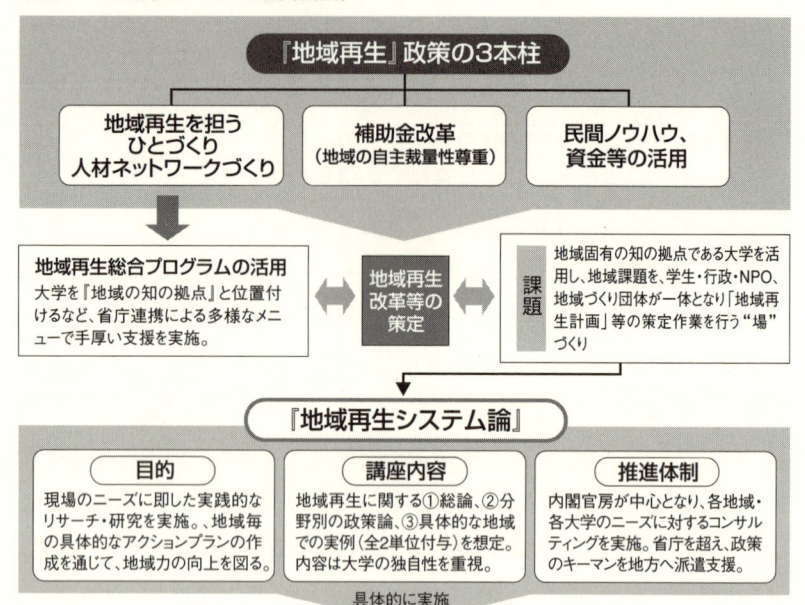

『地域再生』政策の3本柱
- 地域再生を担うひとづくり・人材ネットワークづくり
- 補助金改革（地域の自主裁量性尊重）
- 民間ノウハウ、資金等の活用

地域再生総合プログラムの活用
大学を『地域の知の拠点』と位置付けるなど、省庁連携による多様なメニューで手厚い支援を実施。

⇔ 地域再生改革等の策定 ⇔

課題：地域固有の知の拠点である大学を活用し、地域課題を、学生・行政・NPO、地域づくり団体が一体となり「地域再生計画」等の策定作業を行う"場"づくり

『地域再生システム論』

目的	講座内容	推進体制
現場のニーズに即した実践的なリサーチ・研究を実施。地域毎の具体的なアクションプランの作成を通じて、地域力の向上を図る。	地域再生に関する①総論、②分野別の政策論、③具体的な地域での実例（全2単位付与）を想定。内容は大学の独自性を重視。	内閣官房が中心となり、各地域・各大学のニーズに対するコンサルティングを実施。省庁を超え、政策のキーマンを地方へ派遣支援。

具体的に実施

【2006年度】モデル事業
北陸先端科学技術大学院大学

【2007年度】9地域10大学の展開
①小樽商科大学・室蘭工業大学　②北陸先端科学技術大学院大学
③信州大学　④高崎経済大学　⑤獨協大学　⑥早稲田大学大学院
⑦法政大学大学院　⑧神戸大学　⑨島根大学

【2008年度】2007年度に開講した10大学と引き続き連携するとともに、各地域の大学と連携を深め、開講校を拡大する予定。

（内閣府地域再生事業推進室作成）

第2節　内閣府調査研究の観点

●地域再生の意義と課題

　地域再生が緊急的課題である理由としては、全国的に地域の疲弊感が急速に進んでおり、地域再生に向けて、その地域ならではの歴史・文化や資源等を活かした独自性のある活動展開をしないと、まさに生き残ることができない状況にある、ということが挙げられる。

　中央集権型から地方分権型に移行しつつある現在、住民にとって最も

身近な地方公共団体が、自ら考え、自ら行動を起こすことが求められる時代となった。このような背景から、創意工夫を凝らした地域のプログラムを募り、国が支援する制度や仕組みができてきたことは前述したとおりである。意欲のある地方公共団体は、住民、地域の民間企業やNPO団体等との協力の下に自主性と創意工夫をしながら、それぞれの地元の地域特性を踏まえ地域経済の活性化を図ることとなった。

そこで、今、地域に重要なのは、官と民との役割分担や連携を図ることや地域再生を実現するための必要な条件を考察することであり、官民が共に考え、自ら実践することである。また、コトに関わるヒトが連携をすることによって、まちの意識が変革し、共に考え、共に行動を起こす場が活力を持ちはじめるといえるのである。

筆者の経験上、地域内だけでの連携に頼る事業展開が多く見られるが、これでは、連携形成が弱いために、活動範囲も狭い上に、広がりも弱く、継続できずに、単発、単年度で幕を閉じることが多々あると感じている。まちの地域再生の取り組みにおいては、以上の意義、課題を踏まえておくことが必要であると考える。

●**キーパーソンと人的ネットワーク形成**

そうしたことを踏まえ、2006（平成18）年度の内閣府・経済社会総合研究所の「地域の人材形成と地域再生に関する調査研究」[4]を紹介したい。まず、同調査の目的は、「地域活性化の指針」を作成し、これから地域活性化の取り組みを行おうとする地域に、地域資源の発掘や地域活動の主導者であるキーパーソンの存在、さらにキーパーソンを支える組織や連携の要点、地域分析手法等を、実際の事例に基づいて示すことにある。

調査内容は、地域が元気になる活動には、①キーパーソンが存在する、②キーパーソンを支える仕組みや人的ネットワークが地域内に形成されている、③地域内での危機感、問題意識が共有され、問題解決に取り組

む人材がいる、④地域活性化策に繋がる地域資源が存在し、内発的な参加ができる風土や基盤が存在するという「地域活性化の指針（仮説）」を本調査を進めるにあたって設置した有識者委員会で設定した。

　この仮説を検証するために、全国の17の地域活性化先進事例（北海道伊達市「ウェルシーランド構想」、恵庭市「花のまちプロジェクト構想」、富山県富山市「岩瀬まちづくり」、岡山県真庭市「町並み保存事業」ほか）のヒアリング調査（地域資源の活用、事業の成り立ち、活動のきっかけなど）を行うとともに、「地域活性化の指針（仮説）」の有用性を検証するため、ヒアリング調査結果を基に、ホームページ上に17地域のキーパーソン等が議論する場としての「Webシンポジウム」により、意見を聴取した。そしてその調査結果から「地域活性化の自己診断項目」を提案した（17事例の取り組みの詳細は紙幅の関係上省略するが、詳細は内閣府ホームページで公開されている。http://www.esri.go.jp/jp/archive/hou/hou030/hou026.html）。

●**キーパーソンの人的ネットワーク形成の要点**
　地域活性化における人的ネットワーク形成の要点として、概ね次の3パターンに類型化している（図2）。
　①「調整型」——キーパーソンが活動に取り組み、自治体職員等が組織内部や外部機関との連携、地元の人々からの理解を得る等の調整役となっているパターンであり、キーパーソンが官と民との架け橋役となっている。
　②「支援型」——キーパーソンの活動をフォローアップし、活動に信用を与えていると考えられる役割を持つ人物との結び付きである。特に、活動のネットワークを広げる際に役立っている。
　③「実践型」——キーパーソンとその理念を実際に実践している協力者との結び付きである。
　また、その上で活動開始やキーパーソンが活動に参加したきっかけや

■図2　人的ネットワークの形成パターン

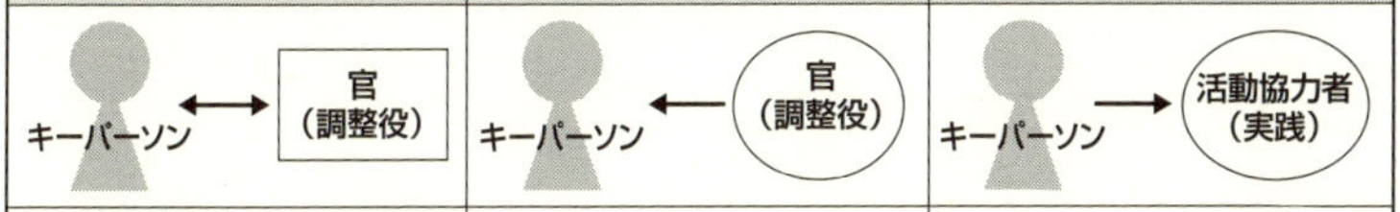

①調整型	②支援型	③実践型
キーパーソン ↔ 官（調整役）	キーパーソン ← 官（調整役）	キーパーソン ↔ 活動協力者（実践）
自治体職員等が、組織内部や外部機関との調整役となっている。	キーパーソンの活動をフォローアップし、活動に信用を与える。	キーパーソンの理念を実際の活動で実践している協力者がいる。

（出典）内閣府「地域の人材形成と地域再生に関する調査研究」2007年3月

活動経緯から「発展・拡大の流れ」に関し、次の4パターンに類型化している。

①「官民協働型」——自治体主導の構想（計画）策定のために設置した委員会等の場より活動が起こり、その活動にキーパーソン（内部の人間）が参加しているパターンである。自治体の事業費によって運営され、キーパーソンが持っていた内外の連携と、自治体との結び付きにより発展し、新たな事業活動を開始する時点でさらなる広がりを見せる。

②「機会志向協働型」——自治体が計画を策定し、地域外からキーパーソンを招聘することで、発想転換により地域に新たな風（地域にないアイデア）をもたらすパターンである。自治体はキーパーソンが地域内での連携構築を助け、キーパーソンの持つ外部との連携や導入資金を活かして活動を発展させる。その結果、地元住民の意識改革を図り、活動の継続性が担保される。

③「コミュニティ先導型」——自治体の地域課題から取り組まれた視察会や講演会等に参加したキーパーソンが、問題意識を共有する地域住民等で活動を起こす。民間の事業費で運営され、キーパーソンが持つ内外の連携と自治体の支援（信用付け）の効果により活動が多様化し、発展していく。

④「自律型」——民間の自発的な問題意識から活動が起こり、自治体

が追随することで発展するパターンである。事業費は民間調達であるが、キーパーソンに依るところが大きく、事業の継続性に難がある。

●地域活性化の自己診断項目

「地域の人材形成と地域再生に関する調査研究」では、地域が自発的・自律的に活性化に向けた取り組みを行っていくためには、地域の様々な主体が、地域のものさしで、地域の身の丈にあった活用可能な地域資源を発見、発掘し、官民連携することで地域活性化が実現していることが確認された。そこには、議論し合う「場」があり、共通の認識の下に、「協働の知恵」を生み出している。以上のことから、地域活性化の自己診断項目として、次の10項目を挙げている。

1. 地域へのいろいろな思いを持つ人たちが語り合える「場」がありますか？
2. 地域内で危機感、問題意識が共有されていますか？
3. 明確な信念・理念をもち、行動力に秀でた人物が存在しますか？
4. マネジメント能力に長け、周辺から信頼を寄せられる人物が存在しますか？
5. 様々な思いを具現化させるため、キーパーソンを核に共通の目的・目標に向かって進んでいこうとする動きが芽生えていますか？
6. キーパーソンを支える機能・役割を担える人的ネットワークが形成されていますか？
7. ソーシャル・キャピタルが高く、地域のマインドウェアが形成されていますか？
8. 地域の様々な主体が、活用可能な地域資源があると認識していますか？
9. 地域内では意識することはないが、地域外からはすばらしいと思える地域資源を有していますか？

> 10. 自ら主体的に行動することができる自治体職員が存在しますか？

　以上の調査研究は、地域再生を目的とした連携構築の事例分析として、方法的な観点からも重要な取り組みであるといえる。実際のところ、連携とひと括りにいっても、その実質は、それぞれの連携事例の具体的な成り立ち・構成や形成過程によって、また自治体との関係や支援のあり方によって、異なる形態を示すものである。そうであるなら、今後の地域再生をめぐる有効な施策の方向性を考えるためにも、より具体的な実証研究を伴う分析と考察の展開が必要だと考える。

第3節　地域連携の構築――小樽市の事例から

●連携構築の始まり

　地域再生のための連携構築を考えるに当たって、その具体事例として筆者が北海道小樽市職員として11年にわたってかかわった同市の経験を紹介したい。

　小樽市は、明治期（開港期）以来、物資の流通や金融の拠点として経済力を誇り、中でも移住してきた職人たちの活動によって、道内外でも有数の技術力を持って事業展開してきたが、戦後は経済情勢や流通機構の変化によって「斜陽の都市小樽」と呼ばれるほどに一時は低迷した。

　しかし、1990（平成2）年頃から、新たに伝統的な手工業職人たちを中心に、ものづくり活動を土台とした地域再生への動きが盛んとなり、全国そして海外へも波及し得るほどの活動が立ち上がった[5]。

　本節では、①そうした地域再生への取り組みの現状は具体的にどのようなものか、②それがどのようにして可能になったのか、③地域再生には何が必要か、という点について明らかにしていきたい。つまり、筆者の小樽市における実経験から、地域再生を実現するために必要な条件を

考察するものであり、この研究で明らかになった知見により、ものづくり職人活動による地域再生へのモデルケースとして、全国各地の地域・地方都市にも一定の応用可能性が示されると考えられる。

なお、本章では、職人の概念を①労働手段の私有、②技能の高低が客観的に測定でき、その結果により職人の社会的評価が決まる、③技術は職人に体化して蓄えられ、技能習得に一定期間の修業を要する、④仕事の方法について作業者本人に大幅な裁量権があることとする（尾高[2000]）。

●小樽職人の会の発足

小樽市における職人集団の発足の動きは1991（平成3）年に始まり、翌1992年に小樽職人の会が発足した。同会は、手工業職人で異業種の連携集団であり、小樽市の大切な職人の業が失われていくのではないか、小さな会社・工房は連携していかないとこれからは生き残れないとの思いから、佐々木徹氏（佐々木銃砲火薬店社長）を組頭として中心にすえ、伊藤一郎氏（旗イトウ代表）をはじめ、小樽青年会議所OBの職人を軸に人的ネットワークを通じて結集したものである。1992年の発足当初の参加者は、帽子、表具、竹細工、花火、鋳物などの32人30業種であった。現在は66人61業種（職人の概念に基づく）で展開をしている。

組頭の佐々木徹氏は、「会を設立するに当たって、それ以前の準備期間に10年もかかった。1990年8月に正式に発起人会を結成し、今回やっと、設立の運びとなった。設立動機は、伝統の手作業を守り、職人業の活性化、研究を通じ、地場産業の発展や後継者の育成を目指すことにある。また、石原裕次郎の帽子をつくった職人が、その熟練した技術面からいっても技能功労者として推薦、表彰されて然るべき職人であったが、少人数のために組合もなく、表彰されずにいることを目のあたりにして、なんとかしなければと思ったことも設立のきっかけである」としている。

そうしたことから同会は同業種、タテの関係によるものではなく、異

業種の連携が重要との認識から組織された、全国では例を見ない業を誇る小規模な手工業職人の集まりである。規約を見ると、呼び名から職人らしさを出す工夫がなされている。通常の組織の代表に当たるものは組頭だがその組頭である佐々木氏は「職人集団らしさを考え、集まる職人のみなさんに親しみを持っていただくために呼び名を工夫した」と説明している。

集まった仲間は、小規模の会社、工房が連携・協働することによって、共同による新たな製品・技術の開発や業の継承を図ろうと考えた。実際に、和菓子に使用する木型を製作する職人が、機械化等によって、木型を必要としなくなったことによって、やむなく廃業に追い込まれた時に、鋳物会社で、その木型職人の業を受け継いだことがあった。

同会としては、業の承継を行い、北海道、全国へと広げたいとの思いがあった。連携・協働の場は、小規模な会社・工房であるがゆえに必要であり、重要といえる。また、仮に業が熟練し、地域貢献をしているとはいっても、個人では優良技能表彰などに推薦されることはないのである。そのようなことからも手工業職人の集団としての小樽職人の会の発足は、熟練工の心の支え、誇りを持ちえる表彰への活路を見出したといえる。

小樽市としては、ものづくり産業の振興を掲げていたことから、重点的に小樽職人の会の立ち上げから、小樽職人展の開催、制作体験工房の開講、職人マップやホームページの作成、さらには全国・世界職人学会の設立などに協力・連携体制を取ってきたのである。

● **連携構築の発展期**

小樽市では多種多彩な職人集団をベースにして、前記の職人団体が結成されたが、職人の連携・協働によって、1996（平成8）年に「第1回おたる職人展」を開催（〜2000年）、1999年には、「第1回全国職人学会」の発足、街の匠ホームページ、職人業を紹介するCD-ROMや専用ホームページを作成し、小樽市の職人業を市民や観光客などに周知するととも

に、後継者の育成、全国の職人とのネットワーク連携を推進してきた。

　2002年9月には、第1回北海道・東北職人展を札幌ドームで開催（入場者数が約20万4,000人）し、職人間のさらなる連携を推進してきた。1997年から始めた、ものづくり制作体験工房は、市民および市内外からの修学・研修旅行生（小中学校）を中心に多くの参加者から好評を得ており、開催初年度は約2,500人、2001年度は約4,000人、その後順調に伸び、2003年度は年間で約6,500人となり、2006年度からは年間約7,000人を超えている。小中学生時から小樽市を訪れてもらう機会を持つことによって、成人したらまた訪ねてみたいという、小樽市へのリピーター増に貢献していることは、観光客への聞き取り調査からも明らかになっている。1999年の全国職人学会の発足時には、小樽市としては、北海道異業種交流会（道内の中小企業経営者の集まり、300人規模）の開催を同日程に設定し、分科会を双方間で選択ができるように設定するなど、連携・協働開催を試みた。そのことにより、一層の異業種間の連携が図られたのである。

●連携後の効果

　小樽職人の会が発足してから4年程が経ち、お祭り時にテント一張りでの催しから、より大掛かりに行うことになったのは、1996（平成8）年の小樽職人展からである。小樽で最も大きなお祭りで、3日間で100万人超の見物客がある小樽潮まつり時に、小樽市が主催し、小樽職人の会が協力することで、職人の作品展示、実演、制作体験の催しを行ったのである。期間中は、ヨコの連携で組織された職人団体ならではの染めや紋章描きなど、多種多様なプログラムが用意でき、1日に5,000人を超える来場者には満足してもらった。その来場者からは、来年はいつ開催するのかと聞かれるほどだった。

　ヨコの連携・協働ができたことによって、製品開発やお互いの業の交流による製品開発に広がりができた。職人間の意見交換が活発になるこ

とから、デザインのあり方を考える「小樽デザイン協議会」や小樽市ならではの染めの技術を構築する「凍り染め工法研究会」などの新たな取り組みが生まれはじめたのである。また、以前は木型については木型職人としか付き合いがなかったが、大工の方がより得意とする分野、建具屋の方がより得意とする分野があり、気軽に相談できるようになって、時間短縮や経費節減にもつながった。ITを道具として活用できる職人も増え、集まる場所もメールで交換できるようにもなった。情報交換を通じて、例えば、トロフィー製作においても、いつもはメッキ加工をしていたものが、ヨコの職人の連携により金箔職人と共同することによって、趣のある製品に仕上がるなどの効果が出てきたのである。

職人個人では費用面から見ても困難と思われる販路拡大や広報活動が実現できたこと、地元の製品を活用したファッションを考える「小樽コレクション」の共同開催など、異業種間の交流によって、連携した催しの開催や新製品開発の機運がずいぶん高まった。ひとつのイベントを協働して開催することによって、更に新たな連携が広がってきたのである。

一般に制作体験工房は、100人の申し込みがあると、通常は全員が同じものをつくることになるが、小樽職人の会が受け入れた場合は、職人のヨコの連携により多様な業を持つ職人が集まり、1組10人で10組をつくり、染物、指輪加工、木工、竹細工など、それぞれの業を持つ職人10人が指導役として付いて、10組の生徒が10通りのものづくりを行う。そこでは、小学生でも低学年と高学年では組み立て時の難易度を考慮し、そのレベルに応じた準備をするなど工夫をしている。根強い人気があり、小中学生だけで年間7,000名程の受講者がいるゆえんでもある。

制作体験工房の受講生の中で、小樽市に宿泊する人もおり、経済波及効果も出てきている。制作体験工房の開講によって、職人間の連携も強化が図られ、小樽職人の会に入りたいとする職人も増えてきた。制作体験工房に関わる職人の収入も少しずつ安定してきている。この申し込みは、事務局長の藤田和久氏（藤田建装・専務）を中心に、IT活用により、

小中学生だけで年間1万人を受け入れるところまでにしたいと考えている。また、工房を開く場所も必要となってくるので、できる限り中心市街地の場所を使用し、街中に賑わいを出すことにも配慮している。

以上の経緯から、ヨコの連携による職人集団の形成、連携の構築による取り組みが、一連の出来事をもたらすことに寄与したといえるのである。

ヨコの連携による職人集団である小樽職人の会の設立は、まちの職人のそれぞれの思いから、生き残り、業の継承や共同の製品開発の上でも、大変に重要な事柄であったといえる。また、佐々木徹組頭、いわゆるその団体のキーパーソンの強力なリーダーシップと、木下修小頭（木下合金社長）、伊藤一郎小走などの人的ネットワーク力によって、小樽市のまちから北海道内への連携、全国から世界への職人間連携が実現して、担い手育成や新製品の開発、継続性ある催しの開催など、次々に事業を実現していったといえるのである。

●地域再生の貢献度

1999（平成11）年に開催した全国職人学会、2003年に開催した世界職人学会を契機として、市民にも対外的にも「小樽は職人のまち」というイメージづくりに成功した。このことで、多くのクラフトマン（硝子工芸、木工、皮革工芸等）が小樽市に拠点を構えるようになった。また、全国職人学会を小樽市で発足した後、秋田市、焼津市、沖縄市で開催し、再度、小樽市で第5回全国職人学会と世界職人学会を開催した。その際に、それぞれの地域で職人団体を結成して、連携を一層深めることができた。その後、全国職人学会は、高山市、弘前市、佐世保市、西尾市で順次開催したが、同じく、各地域で職人団体が発足し、その連携の構築につながったといえる。また、職人のヨコの連携がNPO法人北海道職人義塾大學校を2001年に発足することとなり、これまでに11人の卒業生を出したが、将来のものづくり職人、担い手の育成につながっているのである。

●連携構築以前と以後

　小樽市の場合、ものづくり職人のヨコの連携が構築されることによって、地元の素材を活かした地域再生が図られ、地域の活性化に貢献したと考えられる。この点について連携構築の以前と以後とをモデル化すると図3の通りである。仮に手工業職人のヨコの連携構築がなかったら、それぞれが個別ばらばらに散在するだけで地域再生に向かう活動も活性化することがなかった。しかし、行政が場づくりや事業に協力、連携することによって、職人以外のアクターも結びつくことによって初めて、重層的な連携形成が成立し、そうした連携こそが広域的な連携や事業など物事を推し進めたといえる。そのような重層的な連携の最初のコア（＝核）が、手工業職人間のヨコの連携の構築であったといえるのである。

　ここでは、上記のような連携構築の効果を確認するために、連携構築の以前と以後について、①ものづくり職人、②小樽職人の会、③行政というそれぞれアクターの行動目的の観点を看取し考察することとする。

　まず、連携の構築以前においては、ものづくり職人たちは、自らの工房で専ら自らの業を活かしつつ製品づくりを行う状態であり、個々にばらばらの状態でのものづくり活動であった。よって、この場合に行政としては、例えば、商店街の個店をそれぞれの要望によって支援するこ

■図3　ものづくり職人のヨコの連携

連携構築以前（個々の活動）　→　職人による連携構築以後（「小樽職人の会」）

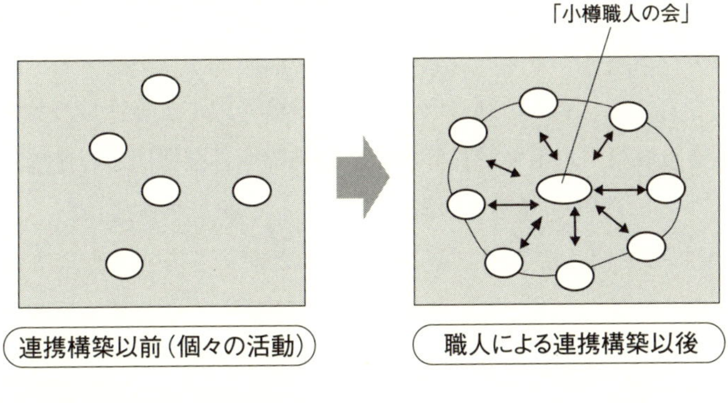

とではなく、商店街組合（団体）としての要望を受け支援する形となっていた。同様に、工房を個別に支援・協力することもできないことから、工房を市民や観光客などが回遊するための職人工房マップの作成や、製品を展示する物産展を開催するという程度の協力・支援でしかなかった。

一方、連携の構築以後において、小樽職人の会が発足したことは、ものづくり職人間の橋渡しにその重要な目的があった。その際には行政として、同会に対して随時、より大きな広がりを持つ連携を図るため、職人の話し合いの場づくりをはじめ、職人展の開催から全国・世界大会の開催などの環境づくり、という協力・支援を行ってきたのである。

そのことにより、ものづくり職人の行動目的として、共同して新しい製品開発等への関わりができるなど、活動に幅広さと地域活力が高まったのである。また、個々の職人が地域活性化に目が向くようになり、祭りや商店街活性化などのまちづくり事業に積極的に関わるようになり、小中高でのものづくりによるキャリア教育の推進などを企画・実践してきたのである。また、ものづくり職人間の業の研鑽、業の高め合いや市内・道内の連携から全国・世界への連携を図り、広域的に業の承継を図るしくみも出来上がったのである。

● **行政が果たした役割**

以上で見てきた小樽市のケースについて、あらためて第2節で提起した方法的視点において位置づけると、どのように捉えられるのだろうか。

小樽市の場合、小樽職人の会の佐々木徹組頭（キーパーソン）が中心となりものづくり職人活動に取り組み、伊藤一郎小走をはじめとする職人や小樽市職員（自治体職員等）が組織内部や外部機関との連携、地元の人々からの理解を得る等の調整役となって事業を推進した。いわば「調整型」を展開した事例であるということができるだろう。また地域活性化のパターンとしては、当初、行政が企画した小樽職人展の開催にキーパーソンが参加する「コミュニティ先導型」ということができ、キ

ーパーソンが持つ内外の連携と行政の場づくりや協力、支援（信用づけ）によって発展していったということができる。

　しかしパターン化にとどまらず、「地域の人材形成と地域再生に関する調査研究」のようなモノグラフを伴う実証的研究によって見出された意義としては、行政の支援・協力のタイミングのあり方を挙げることができると考えられる。もともと小樽職人の会の職人は、年に数回集まって親睦を図り、お祭り時にテントを張っての実演や制作体験会の開催、また市から技能表彰の推薦団体として認められ、毎年、所属職人が1人か2人が表彰されてはきたが、もう少し地域に貢献する事業を行いたいとの高まりが出てきた時期があった。ちょうど同会が1992年に発足して4年が経過するころであった。小樽市の場合にはこの時期に、行政としては連携事業として小樽職人展事業の内容を説明し、5ヵ年の計画を提示し、継続性ある事業の推進や支援制度の紹介などを積極的に行ったのである。同会においては、手工業職人の集まりであり、弱い集団であるとの思いもあったであろうが、行政の支援・協力を介しつつ、ヨコの連携の構築によって催しを成功させていくことで、モチベーションの低下を防ぐことになったといえる。

　また、特に小樽市の場合、行政は場づくり、裏方に徹すること、主役はものづくりの手工業職人であるというスタンスを取ったことが特徴的であり、報道機関にも積極的に個々の職人の魅力を紹介し、取り上げてもらう努力を惜しまなかった。職人展の開催を見ても、2年目からは、職人自らがやりがいや誇りを持ちつつ、職人団体である小樽職人の会が主体となって、ものづくり職人活動の運営を始めた。行政は報道機関への働きかけや、開催において関係機関への橋渡しなどの協力・支援を行うなど、そのタイミングと役割をわきまえて実践してきたことが、継続性のある取り組みへとつながっており、このことが重要だといえるのである。

　もともとあった個々の存在に対して、連携の構築ならびにタイミングのよい行政の支援という要素こそがいわば「より以上の何か」をもたら

したのであり、この「より以上の何か」は、資本（capital）の名に値するソーシャル・キャピタルの醸成ということと無縁ではないと考えられる[6]。このような意味で、小樽市の事例において確認できたことは、要するに連携の構築によるソーシャル・キャピタルの醸成により、活性化したものづくり職人活動の現状をもたらしたということである。

●産業政策としての観光振興

　ここまで、今、なぜ地域再生が重要なのかを事例に基づき記述してきた。小樽青年会議所に所属していた手工業職人の集まりが、当初は仲間を集めたところから始まった小樽職人の会が、小樽職人展の開催に始まり、全国職人学会の発足、そして毎年、各地域での開催、職人のヨコの連携の構築に発展したといえる。同会の代表である佐々木徹組頭がキーパーソンとなり、伊藤一郎氏をはじめとする職人集団がそれを取り巻く人的ネットワークとして存在するからこそ、この取り組みが歴史的にも150年に満たない小樽でスタートして、開花、展開し、全国から世界へと広がりが出たといえるのである。

　現在の小樽市においても、観光都市としての側面を下支えするひとつの要素として、ものづくり職人の存在とその取り組みがあることを前述したが、実際、まちの将来を見据え、地域市民が生活できるために、どのような産業構成に持っていくべきかということは大変重要である。小樽市の場合においては、産業政策として、ものづくり職人活動などを通じて、観光振興による活性化を目指してきたといえる。

　手工業職人を大切にしつつ、ものづくり産業を発展させるとともに、小樽市の歴史的建造物の修復保存やその活用、景観形成の創意工夫、体験型観光（制作体験工房など）の推進など、観光関連産業に波及させることが有効であると考えられる。

　そこで、小樽市の観光に関する経済効果を見ると、観光客動態調査を2003（平成15年）度秋季・冬季、2004年度春季・夏季と4季節ごとに実

施し、5,766票の回答を得て、そこから観光経済波及効果を導き出したことがある。

その結果、小樽市の2003年10月から2004年9月における年間観光総消費額は1,319億円と推計された。これは2000年度市民経済計算結果における市内産出額8,540億円の15.4％を占めており、過年度調査の推計額としては、1995年度が455億円であったことからも、その伸びが約3倍になっていることがわかる。観光による市外からの収入は、年間1,319億円であり、これが市内で経済波及することによる総売上高は2,668億円（市内産出額の31.2％に相当）と推計されたことから、観光産業は、小樽市の域際収支の改善に寄与しており、小樽市の基幹産業として重要な位置を占めているといえる。2006年4月から10年間を期間とする小樽市では初めての観光分野に関する「小樽市観光基本計画」が、4つの基本的な考え方[7]の下でスタートした。サブタイトルは「歴史と誇りと技が織りなす　ふれあい都市『小樽』へ」であり、主要施策に伝統技術の観光活用や伝統ある行祭事と魅力あるイベントの充実などを挙げている。

● 本章のむすび

以上、地域における人的ネットワークの形成が地域再生にいかに必要かを検討し、それを小樽市におけるキーパーソンを軸にしたネットワーク形成の過程とシステムとして具体的に見てきた。

最後に今後の展開について、どのような政策的含意を提起することができるのか、という点について述べておきたい。

地域再生のためには、一般に、地域ブランド力を高めることが重要といえる。地域ブランド力とは、いわば地域が持つ固有の価値のことであり、いいかえれば地域からの発信力のことでもある。地域ブランド力を構成するのは、地域資源であり、それは具体的にヒト（人間、小樽市ではものづくり職人など）とモノ（商品・伝統工芸品・自然など）である。

しかしながら、ただヒトとモノがあるだけでは、いわば地域資源が活動もせず、休眠の状態であるといえ、それを地域ブランドにして地域再生にまでつなげていくためには、それらを活かし、活性化していくことが必要なのである。その活性化へのきっかけが、小樽市の場合では、モノをつくるヒト（ものづくり職人）の「ネットワーク構築」であると同時に、それに機会・場を与えてプラスの方向に開花させた「行政的支援」との連携であった。

　その意味で、地域資源（ヒトとモノ）をどのように活性化させ、地域ブランドとして地域再生につなげてゆくか、という点で、いかに「ネットワーク構築」とそれを支える「行政的支援」がそのタイミングも含めて重要であるか、ということが小樽市のケースでは明らかになったといえる。それは地域再生ということについて、ある程度一般的に妥当する重要な意義ではないだろうか。

　地域の活力が懸念される中で、「私の地域には素材も何もない。歴史も浅いから観光資源もない。どのようにまちは生きていけばよいのか」などとする地域を多く見かける。だが小樽市のケースでは、150年ほどの歴史の中で、たしかに職人を多く有する土壌があったとはいえ、「斜陽の都市小樽」と呼ばれるまでに経済事情が厳しくなった地点から地域再生を図ったことは、勇気を与える事例であり、またひとつの有効な方向性を示したといえ、地域の活性化に取り組む全国の地方自治体の地域再生のモデルケースとして、一定の意義があると考える。今後、地域を越えた地域間の職人の連携を高めることによって、新たな展開が図られるといえる。いわゆる地域間のネットワーク化、連携である。

　職人の高齢化も進んでいる。今後は、地域内のヨコの職人間の連携、各地域間の連携を強化し、職人の後継者育成はもとより、地域再生の担い手育成に取り組んでいく必要がある。また、キーパーソンと人的ネットワークを職人集団の中にあって駆使していることから、現在のキーパーソンがいなくなった場合のことを踏まえ、北海道職人義塾大学校等を

通じ現在もその育成を図っているが、この後も行政がタイミングよく協力・支援していく必要があるといえる。

なお、筆者は1984（昭和59）年4月に行政職員となったが、その時からの目標である「産業文化を世界に向けて発信する・キラリと光るまちづくり」「まちに愛着心を持ちうる子供たちの育成・未来を担う人づくり」政策を関係者とともに企画・実践してきた。今後とも、地域ブランド力が高まり、まちにとって経済効果がある手工業職人間の連携構築による地域再生を他地域と連携を図りながら、官民の協働、役割を分担[8]しつつ、地域の方々、職人集団を形成した他地域の職人の方々とともに、協力・連携して諸政策を企画・実践する考えである。そのことが、ひいては身の丈にあったまちづくり、効果的な地域再生の実現にもつながっていくものと考えているのである。

注

1) 2007年3月6日、内閣府経済社会総合研究所国民経済計算部発表。国民経済計算に準拠した「標準方式」に基づき、47都道府県が推計・公表した県民経済計算の2004年度の結果を取りまとめたものである。
2) 法律第24号・地域再生法。同法律は、近年における急速な少子高齢化の進展、産業構造の変化等の社会経済情勢の変化に対応して、地方公共団体が行う自主的かつ自立的な取り組みによる地域経済の活性化、地域における雇用機会の創出その他の地域の活力の再生（以下「地域再生」という。）を総合的かつ効果的に推進するため、その基本理念、政府による地域再生基本方針の策定、地方公共団体による地域再生計画の作成およびその内閣総理大臣による認定、当該認定を受けた地域再生計画に基づく事業に対する特別の措置並びに地域再生本部の設置について定め、もって個性豊かで活力に満ちた地域社会を実現し、国民経済の健全な発展および国民生活の向上に寄与することを目的とする。
3) 地域再生を支援する施策（支援メニュー）とは、地域再生法に基づく施策・地域再生計画と連携した施策のことである。
4) 内閣府「地域の人材形成と地域再生に関する調査研究」2007年3月
5) 「10月に第1回全国職人学会inおたるを成功させた小樽の職人たちが、新たな展開に向けて意気込んでいる。景気低迷など不透明感が漂う中、職人の元気さが一際光っ

た1年だった。全国から集まってきた小樽の職人は、フロンティアだから互いに助け合い、京都や江戸の職人のように、業種ごとにとりでをつくることはなかった。」（北海道新聞、1999年12月11日付、回顧'99）「小樽から全国、そして世界へ——。小樽職人の会が中心となる実行委（佐々木徹委員長）が準備してきた世界職人学会の設立総会が（2003年9月）21日開かれ、同学会が正式に発足した。道内外に呼びかけて全国職人学会を立ち上げてから4年。そのつながりは、ついに世界の職人連携に発展した。」（北海道新聞、2003年9月22日付）

6) 内閣府「ソーシャル・キャピタル：豊かな人間関係と市民活動の好循環を求めて」2003年6月

7) 小樽市観光基本計画「新・いいふりこき宣言」の基本理念は、「小樽観光の発展に向けて、市民自らが誇りを持って観光まちづくりを担い、観光客に小樽の街をつい自慢したくなるような「観光都市・小樽」の現実を図るという新たな「いいふりこき」の心を市民全員で共有し、協働で取り組みます」である。4つの基本的な考え方として、①参加と協働、②観光を軸に産業構造改革、③受入態勢の拡充、④観光まちづくりの推進を挙げている。

8) 行政の役割としては、ヨコの連携の場の提供、客観性ある将来ビジョンの策定、表彰制度の創設など。民間の役割としては、ヨコの連携の主役、主体を務め、継続性ある熱意、意欲、自らの業の研鑽など。

◆参考文献

(1) 内閣府『ソーシャル・キャピタル：豊かな人間関係と市民活動の好環境を求めて』2003年
(2) 内閣府『地域の人材形成と地域再生に関する調査研究』2007年
(3) 今井賢一・金子郁容『ネットワーク組織論』岩波書店、1988年
(4) 尾高煌之助『職人の世界・工場の世界』NTT出版、2000年
(5) 小樽職人の会『小樽職人物語』小樽職人の会事務局、1997年
(6) 小樽職人の会『小樽の職人』小樽職人の会事務局、2000年
(7) 小樽職人の会『北の職人ルネッサンス』小樽職人の会

第8章 学官連携と地域活性化の視点

秋田市新屋地区における学官支援による住民主体のまちづくり

◎河村守信

提言

　首都圏と地方の地域格差が問題となる中で、地域間競争は激化し、今後は地方においても自治体間の地域格差が生じてくる。自治体格差社会を生き抜く上で、地方は地域再生や地域活性化等の新たなまちづくりの展開が求められているが、新たなまちづくりを考えることは容易なことではない。21世紀のまちづくりは住民主導の時代といわれているが、住民活動はまだ黎明期であり、独り立ちまでには様々な支援を必要としている。行政は住民活動を支援する側として資金面での助成や情報提供、人材面でのサポートが必要である。住民や行政は地域を再生、活性化するための発想やノウハウ、専門知識について大学等の教育機関をもっと活用すべきである。大学等の教育機関と行政や住民組織との連携が全国各地で始まっている。地域活性化、地域再生は単独では困難であるが、住民、大学、行政の3者がそれぞれの役割を自覚して、協働で取り組むことによって実現性は高くなるのである。

第1節 学官連携について

　近年「産学官連携」という言葉をよく耳にする。これは共同研究などの交流を通じて大学や研究機関等において生み出された技術やノウハウを民間企業において産業化へ結びつける営みである。特に産（企業）と学（大学等）との連携は活発で、「大学等技術移転促進法（通称：TLO[1]法）」（通産省・文部省提出）が1998（平成10）年に制定されてから、承認TLOが全国各地の大学で設立され、「産」と「学」の橋渡し役として活動中である。

　産学連携が活発化する中、学官連携（大学等と地方自治体の連携）はどうであろうか。結論から述べるとまだまだ本格的な学官連携の事例は少ない。

　一部の大学・地域では地域再生や活性化に向けて、学官が連携して取り組んでいる例も見られるが、多くは官側の計画等の策定や施策立案段階での各種審議会、委員会等の学識経験者としての参画であり、教官個人レベルの連携が多いのではなかろうか。そうした中で、行政に対する市民サービスの要求、内容は多様化・輻輳化してきており、専門分野に係わる問題も多く、様々な専門的見地からのアドバイスを必要としている自治体も多いと思われる。しかし、現状は学官の総合的なネットワークがないため、「学」が蓄積した知識やノウハウ等を、官側が活用できる機会がまだまだ少ない。

　また、自主的な住民活動が活発化している中で、学の専門知識を必要としている団体は多いと思われるが、住民と学の関係はまだまだ希薄で、大学等の敷居が高いように感じている住民が多く、身近な「相談役・アドバイザー」としての機能が学に求められている。

　以上を背景として、本章では秋田市新屋地区の取り組みを事例として、学官連携の今後のあり方について述べていく。

第2節 秋田市新屋地区の取り組み

●新屋地区の概要と地域の課題

　新屋地区は秋田市中心部の南西に位置し、良質で豊富な水に恵まれた地域で、古くから酒造業など醸造の町として久保田城下の食糧供給地として栄えた所である。

　新屋での良質な湧き水と雄物川流域から運ばれる米を利用した酒造りは、消費地である久保田城下に近いという地の利を生かして発展し、最盛期には12軒の造り酒屋が営まれた。現在も表町通りには5軒の酒蔵と、豆腐・味噌・醤油などの醸造所、その蔵が並び、昔の面影を今に伝えている。

　新屋表町通りには、國萬歳酒造や森九商店など国登録有形文化財の町屋が残っており、今では秋田市の中である程度まとまって町屋を残しているのは新屋だけで、歴史的建築物や湧水のまちなみ自体が貴重な存在と言える。

　また、1995（平成7）年に新屋地区に開学した秋田公立美術工芸短期大学には、1934年に建築された旧国立米倉庫を改造した実習棟があり、赤い屋根と白い壁のコントラストが際立つ姿は、この地区のシンボル的な景観のひとつとなっている。

■図1

●全国都市再生モデル事業をきっかけとして

　新屋表町通り商店街も、全国的な傾向と同じく、大型店の郊外立地による地域商業の衰退、商店主の高齢化の進行、後継者不在が課題であり、もう一度昔の賑わいを取り戻そうと佐々木新屋商店会会長は思いを巡らしていた。

そこに、秋田市と大学コンソーシアムあきたが「学官連携によるまちづくり方策調査」を企画し、2005（平成17）年度全国都市再生モデル事業に選定された。その主な内容としては「美しいまちづくり」をテーマとした公開講座、シンポジウム、ワークショップの開催、学官連携による調査研究などを実施し、「秋田市」と「大学コンソーシアムあきた」との学官連携の可能性と学官連携によるまちづくりの方策を検討した。その中で学官連携によるパイロット事業の実施が提言された。

提言を受けて秋田市では、翌年の2006年に景観形成事業を実施して、地域住民、秋田公立美術工芸短期大学、秋田市の三者協働による、景観に関する住民ワークショップを開催し、「新屋表町通り景観まちづくりガイドライン」を作成した。

ガイドライン策定までの経過を紹介する。

■図2

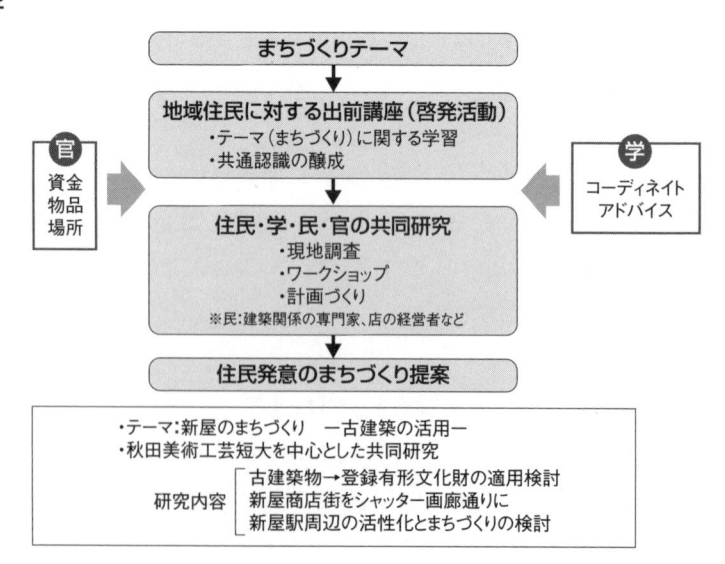

```
                    ┌──────────────────┐
                    │  まちづくりテーマ  │
                    └─────────┬────────┘
                              ↓
                ┌──────────────────────────┐
                │ 地域住民に対する出前講座（啓発活動）│
                │ ・テーマ（まちづくり）に関する学習 │
                │ ・共通認識の醸成              │
                └──────────────────────────┘
 ┌─────┐                ↓                ┌─────┐
 │ 官  │                                  │ 学  │
 │資金 │→  ┌──────────────────────┐  ←│コーディネイト│
 │物品 │    │ 住民・学・民・官の共同研究 │    │アドバイス│
 │場所 │    │ ・現地調査              │    └─────┘
 └─────┘    │ ・ワークショップ        │
             │ ・計画づくり            │
             │ ※民：建築関係の専門家、店の経営者など │
             └──────────────────────┘
                              ↓
                ┌──────────────────────────┐
                │   住民発意のまちづくり提案    │
                └──────────────────────────┘
```

・テーマ：新屋のまちづくり　―古建築の活用―
・秋田美術工芸短大を中心とした共同研究
　研究内容　┌古建築物→登録有形文化財の適用検討
　　　　　　│新屋商店街をシャッター画廊通りに
　　　　　　└新屋駅周辺の活性化とまちづくりの検討

●秋田公立美術工芸短期大学の協力と学生と地域とのかかわり合い

　秋田公立美術工芸短期大学は2005（平成17）年に、開学10周年記念事業として学生達の手で描いた「美短版佐竹三十六歌仙看板」を新屋の各所に展示した。これらは地元の一風景として住民に親しまれている。

　このように同短大では地域とのかかわり合いの中で積極的に地域貢献に取り組んできた。2006（平成18）年から、産業デザイン学科の石垣充助教が中心となって新屋のまちづくりに積極的にかかわり、現在もその取り組みが続いている。

　新屋地区には短大近くのアパートに住む学生も多いにも関わらず、表町通りの商店を利用する学生はほとんどおらず、地域と学生のかかわり合いが希薄なことに関して、学生からは喫茶店などたむろする場所がないことが指摘されている。

　短大が立地しているにもかかわらず、地域と学生の「接点」が少ないのが課題であるが、短大生と新屋のかかわり合いについて、石垣助教は新屋表町通りと秋田公立美術工芸短期大学で、「夢」を語る声がお互いに聞こえる距離感が重要で、ワークショップ等を通じて学生を含めた短大と地域の関係（例えば空き商店を短大学生やＯＢのアトリエとして活用する）を大切にしながら、まちづくり活動へ展開していくことが重要と話している。

●住民による景観まちづくりガイドラインの策定経過と特徴

　景観ガイドラインは、歴史的なまち並みが残る地域で策定される例が多く、その内容は景観に関する配慮を促す目的で作成されたものがほとんどである[2]。

　一方で新屋表町通り景観まちづくりガイドラインの取り組みの特徴は、そこに住んでいる生活者の視点に立って、通りで展開する「情景」、つまり古い建築物と新しい建築物の融合、通りに点在する湧き水での井戸端会議や子どもたちの水遊びなどの生活の景観を第一に考えることか

ら始まった。

　単に美しいまち並みをつくるための景観を「規制・誘導」するのでは、その運動は長続きしないと考え、景観形成で成功した新潟県村上市の黒塀プロジェクト[3]などに見られる活性化事例を参考にしつつ、まちづくりの目標に至る過程として、景観に対する地元住民の意識の共有、景観に対する気づきを醸成するために、それまで生活の中で培ってきた文化や情景を思い出しながら、ワークショップを実施し、その中で「生活者が楽しめるまち」を創出することによって来街者も増え、自然に昔の賑わいのある通りの再生につながると考えた。

　このように新屋表町通り景観まちづくりガイドラインの特徴は、単に古い建築物を保存し、景観を規制・誘導するのではなく、それらを活用して、地域住民が「生活者が楽しめるまち」をつくろうとする熱意と実現に向けた行動にあるといえる。

●生活景の提案

　ワークショップは2006（平成18）年度に6回開催され[4]、写真投影法[5]やデザインゲーム[6]等の手法により、新屋の地域資源を活用した3つの生活景の提案に至った。

［提案1　醸造街道］

　新屋表町通りに残る酒造や味噌、醤油などの醸造所、蔵を景観資源と位置づけ、建物外壁の色彩等の統一化により、表町通りを歴史的景観を活かした「醸造街道」として景観形成を図る。

［提案2　交流の場づくり］

　表町通り沿いのブロック塀や、増えつつある空き地の通り沿い（表面）に木塀を設置して、周囲の町屋と連続した景観の統一化を図り、地域の人々や来街者の「交流の場」として活用する。

［提案3　湧き水の利活用］

　新屋を代表するイメージのひとつである湧き水を景観資源と位置づ

け、昭和30年代まで生活と密着していた愛宕下地蔵湧き水を、子どもたちの遊び場や池、東屋を備えたポケットパークとして整備する。

第3節 新屋地区から学ぶこと

●提案から実験、そして実践へ——官主導から住民主体へ

　新屋地区の事例からいえば、最初のまちづくりのきっかけは、既述の通り秋田市が2005（平成17）年に内閣府の都市再生モデル調査に応募・採択されたところから始まる。翌2006年には、住民ワークショップによる生活景の提案と景観まちづくりガイドラインの策定がなされ、新屋商店会や地域住民の再生に対する熱意やまちづくりに対する取り組みと一体となって発展してきた。

　しかし、まちづくりへの機運が盛り上がる一方で、ワークショップで提案された3案を具体化し実現するためには、どのように費用を捻出するかが問題となった。

　どこの自治体も同様であるが、秋田市も財政状況が厳しく、市民の提案に対して簡単に市の予算で実行することは困難である。それでも秋田市は何とか住民の熱意を支援しようと、住民に対して民間団体が応募できる各種助成金を紹介し、応募するよう促した。

　ここで問題なのは各種助成制度に応募する場合、企画書や提案書が必要なことである。行政はこれまでの「事業を直接行う側」から「支援する側」へと、その立場を転換させつつあり、NPO等の住民活動に対しての支援制度が近年急速に増加している。しかし、多くの場合助成金等を得るためには、企画書や提案書による数倍から数十倍の倍率を勝ち抜かなければならない。現在、秋田県ではNPO等を対象として「企画書や提案書等の書き方セミナー」も行われるようになったが、一般の住民にとっては書き慣れない企画書や提案書を作成することはかなり難しい。

新屋地区の場合、秋田公立美術工芸短期大学の石垣助教が主体となって提案書を作成し、社団法人再開発コーディネーター協会の「藤田記念まちづくり企画支援事業」に採択された。さらに秋田市が財団法人地域総合整備財団の「大学と連携した地域づくり」助成事業および国土交通省土地・水資源局の「エリアマネジメントの推進に向けた実施団体」にも応募し、両方採択されるなど官民が一体となった住民活動の助成金を得るための努力が実を結び、住民主体のまちづくりに向けた活動資金を得ることができた。

　ここで重要なことは、住民や学生が自分たちのまちを自ら考え、積極的に関わろうとする機運が高まり、まちづくりに対する意識が変化しはじめたこと、それを強力にサポートする「学」の協力（特に一連の運動のキーパーソンとして石垣助教の新屋のまちづくりに対する熱意・行動）が得られたこと、「官（秋田市）」も住民活動を後押ししようと、積極的に情報提供や応募に協力したことである。このような取り組みは、まさに学官民が一体となった成果といえる。

●地元商店会による再生に向けた取り組み

　話は少し前後するが、ワークショップ開催による景観まちづくりの取り組みの一方で、上水道が普及するまで地域の生活を支えていた愛宕下地蔵湧き水（通称流れ井戸）の隣地が空き地となり売りに出されていた。その空き地を広場として地域の活性化に役立たせようと、新屋街路灯組合（会長：佐々木長心氏）が中心となり、用地買収に至った。

　秋田市もそれに呼応して広場整備に向けた検討を進め、2007（平成19）年は既述の財団法人地域総合整備財団の「大学と連携した地域づくり」助成事業に採択され、住民が「新屋表町通り活性化推進検討委員会」（以下「委員委員会」という）を組織して、秋田市がアドバイザーとして加わり、現在、官学民協働体制で広場の整備に向けた具体的な検討が行われている。

通り全体の衰退に全力で歯止めをかけようと努力する住民の熱意と意欲に官（秋田市）が連携・支援して、協働でまちづくりに取り組む好事例といえる。

●**今後のまちづくり活動の方向性**

◎　新屋地区のまちづくりの今後の方向として、空き商店対策が挙げられる。現在、新屋地区では委員会と商店会が協働で、地域に美術系短大が立地していることを活用して、学生や卒業生の創作活動や作品の直売を行う「アトリエ」として、また、地域住民の「たまり場」として、助成金を利用して空き商店を一定期間借り上げ、その効果を実験している。3ヶ月余りが経過した現在、地域住民と若者の交流などの風景が見られ、「たまり場」としての機能が発揮されつつあり、短大の学生や卒業生、住民から好評を博している。

◎　今後は、これら空き商店を居住の場、陶芸教室などの開催まで展開を図ることで、複数の空き商店を活用することができれば、通りのにぎわい再生につながるのではないかと委員会では期待している。

◎　また、ワークショップで提案された屋台塀による「交流の場づくり」では、委員会と商店会が協力して登録有形文化財に指定されている商店の隣の空き地を借りて、助成金を活用した屋台と一体化した木塀を実験的に設置して、夜店などのイベントを開催した。参加者や周辺の商店からは寂しかった通りに活気が戻ったと、好評を博しており、今後、木塀と空き地を活用した定期的なイベント開催が、昔の通りのにぎわい再生につながる足がかりとして期待されている。

◎　木塀の設置により、通り沿いにブロック塀を設置している住民からは、委員会に対して木塀設置費用の問い合わせがあるなど、景観に対する住民意識に変化が見えはじめている。筆者は表町通りの景観形成に向けた住民への気づき（配慮）の第一歩と考えている。

●新屋地区の地域活性化の取り組みのまとめ

　新屋地区の事例からも、地域の大学などの教育機関の協力が重要で、特に大学が持っているノウハウを、その地域の資源を活用した活性化にどう活用できるかが重要である。普段地域住民が何気なく接している風景や習慣でも、よそ者が多い大学の教員や学生の豊かで、時には突飛な発想やデザインが地域を一新する可能性を秘めている。加えてこうした何気ない事柄でも、それらをどうアピールし、アレンジするかが助成金などの公募の際には重要である。大学等の教育機関が持つ知識やアイディア、ノウハウを地域にどう活用するかが、今後の「地域づくり」の重要なポイントのひとつといえる。

　行政については、様々な住民活動に粘り強く支援することが重要で、その支援方法は決して「資金」だけではない。確かに資金がなければ活動そのものが立ちゆかないが、新屋の例のように様々な助成制度の紹介や企画・提案書の作成に支援することも重要である。住民側がそれらのノウハウを学習することで独り立ちの足がかりにつながる。

　しかし、住民による「地域づくり」はまだ黎明期といえ、様々な支援を必要としており、組織や活動のありかたなど、活動全般にわたる学官の協力や支援が必要で、それが三者協働の持続的なまちづくり活動につながるものと考えられる。

　多くの自治体が財政難で、住民活動に対する潤沢な資金提供は望めない中で、現在、国をはじめ企業の社会貢献活動の一環として、これら住民活動に対する助成金などの直接的な支援制度が数多くある。これらの多くは一般公募で、選定されるためにはそれなりの倍率をクリアしなければならないが、みすみす見逃す手はない。積極的な行動（応募）が大切で、その第一歩として情報収集から始まる。助成金等の情報についてはインターネットの各種まちづくりサイトで検索すれば見つけられる。

　助成金等に応募することの副次的なメリットとして、活動全体の目的が明確化されること、目的が明確化されることで組織的にまとまりが形

成されること、さらに具体的なまちづくりへのきっかけづくりとなることなどが挙げられる。また、選定されることによって住民の自信にもつながるし、以後の活動への弾みともなることから、筆者としてはこれら助成金に住民団体が積極的に応募することをお勧めしたい。

継続的なまちづくり活動を行うためには会費や補助金、助成金等に頼らない独自の事業収益があった方がよいのはいうまでもない。ここで会費や寄付以外に事業収益を得ているまちづくりNPOの収益内容を見ると[7]およそ以下のとおり大きく4つに整理できる。

①建築や都市に関する専門知識の提供（コンサルタント業務）
②地域の特色・ストックを活かす不動産関連事業
③公共施設・公共空間の整備・管理
④地域に不足する生活支援サービスの提供

地域のニーズに対応した収益事業を考えることで、活動の幅が広がるだけでなく、コミュニティビジネスとして地域の活性化にも貢献できるし、持続的なまちづくり活動が可能となる。

第4節 地域に対する官と学のあり方について

●今後の学官連携のありかた

地域住民の主体的なまちづくり活動や提案が、個性あるまちづくりにつながるといえるが、現段階では住民サイドから行政への注文が多く、住民からの自発的・積極的な提案等が少ない現状では住民意識が醸成されているとは言い難い。

そのため、今後住民主体のまちづくりを醸成するためには、当初は行政側からの問題提起や地元への働きかけ（きっかけづくり）を行うことが必要であり、これによって市民意識の向上や対等のパートナーシップ（協働）の構築を図る足がかりとなる。

これからの自治体は住民と協働のまちづくりに向けて、そのきっかけづくりや先導役として、また、住民から生まれた活動をサポート、お手伝いするという役割を担うことが重要である。

● 学と地域のかかわり合いの提案

筆者のこれまでの経験から、住民から大学等の教育機関に対するイメージとして、「大学の先生たちは難しい研究をしているようで、どう質問してよいのかわからない」といった意見を耳にすることが多い。

こうしたイメージをどう払拭するのか、また、行政や住民からの相談の受け皿としての窓口機能をどうするかが今後の課題と考えられる。

住民との密接な接触と対話（コンタクトとコミュニケーション）を図るため、学官連携による地域への出前講座、情報提供などによる市民活動への啓発支援などを通じて、住民との一体感を持続していくことが求められる。そうした意味で、地域のまちづくり課題等を住民とともに共有し、発展させていくため、大学等の専門的立場から、行政へのアドバイスや地域住民の啓発活動等を行うためのコーディネーター機能（窓口・調整）が新たに必要とされているのではないだろうか。

それら3者の関係の構築は、いわば「協働のまちづくり」への出発出発点といえるものである。

■図3　協働のまちづくりの出発点となる関係の構築

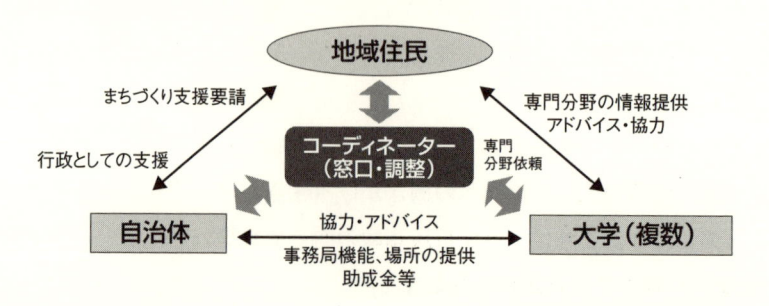

```
                    地域住民
          まちづくり支援要請  ↕   専門分野の情報提供
                                  アドバイス・協力
          行政としての支援  コーディネーター  専門
                          （窓口・調整）   分野依頼
            自治体  ←  協力・アドバイス  →  大学（複数）
                    事務局機能、場所の提供
                    助成金等
```

●協働のまちづくりにおける今後の行政と学の基本的スタンス

　行政と住民との協働のまちづくりにおける、今後の行政側の基本的スタンスは、住民から発意されたまちづくりをサポートしていく立場、お手伝い的役割を担っていくことにある。

　また、これからのまちづくりは、ハード整備に頼ることなく、創意工夫を凝らした実現可能性の高いソフト施策によるまちづくりの推進を図っていく段階（時代）といえ、住民との相互理解、相互協力（協働）が不可欠である。

■図4　住民の積極性や創造性を醸成するための学の協力・支援

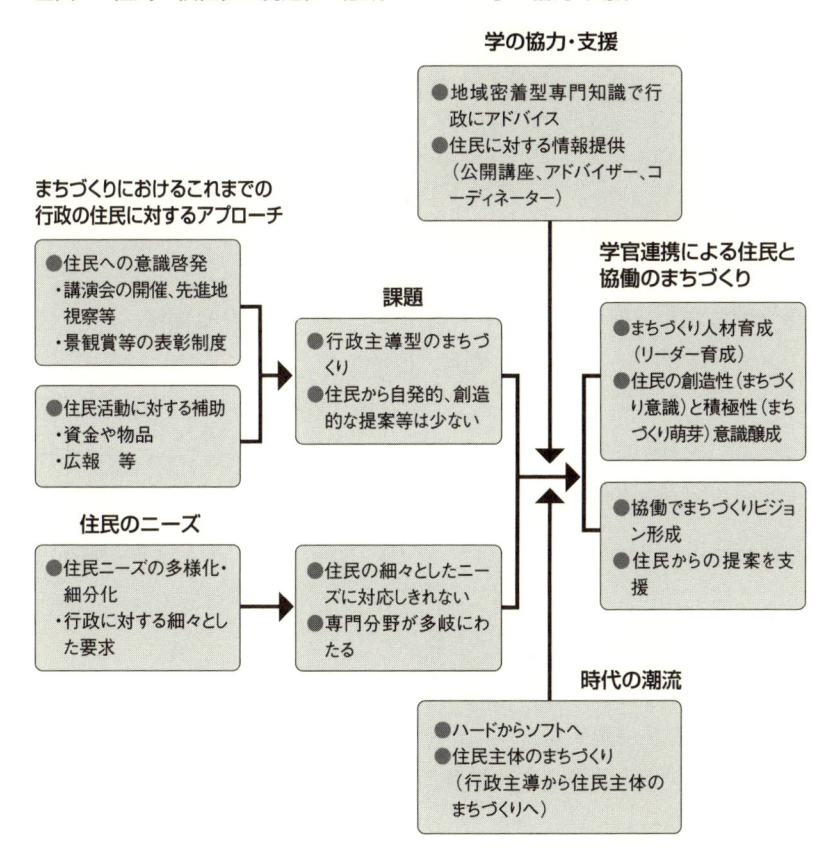

学の協力・支援
- ●地域密着型専門知識で行政にアドバイス
- ●住民に対する情報提供（公開講座、アドバイザー、コーディネーター）

まちづくりにおけるこれまでの行政の住民に対するアプローチ
- ●住民への意識啓発
  ・講演会の開催、先進地視察等
  ・景観賞等の表彰制度
- ●住民活動に対する補助
  ・資金や物品
  ・広報　等

課題
- ●行政主導型のまちづくり
- ●住民から自発的、創造的な提案等は少ない

学官連携による住民と協働のまちづくり
- ●まちづくり人材育成（リーダー育成）
- ●住民の創造性（まちづくり意識）と積極性（まちづくり萌芽）意識醸成
- ●協働でまちづくりビジョン形成
- ●住民からの提案を支援

住民のニーズ
- ●住民ニーズの多様化・細分化
  ・行政に対する細々とした要求
- ●住民の細々としたニーズに対応しきれない
- ●専門分野が多岐にわたる

時代の潮流
- ●ハードからソフトへ
- ●住民主体のまちづくり（行政主導から住民主体のまちづくりへ）

これまでの制度や手法などの枠組み、前例等にとらわれることなく、柔軟な発想が求められ、住民の「意欲・萌芽」を汲み上げ、そこからさらに「まちづくり提案（施策レベル）」まで、引き上げていくことが必要となる。

　大学等においては、「学の客観的・専門的立場」から、住民の「意欲・萌芽」に対し的確なアドバイスを行い、さらに住民の輪が広がるようコーディネートすることにより、住民による住民のための「まちづくり提案」に到達（昇華）できると考えられる。

　また、持続的な住民活動とするためには、参加する大学等の教員はアドバイザーとしての参加だけでなく、地域というフィールドで、住民とともにプレイヤーとして参加することが重要である。

　行政にとっては、住民からの積極的な「まちづくり提案」こそが、「まちづくりの推進力」になるといえる。

　協働のまちづくりにおいて、学官連携が、地域との新たな関係構築に繋がり、地道なステップを積み重ねるための基盤となる。

●地域活性化に向けた「大学人材ネットワーク」の組織化

　前項ではコーディネーター機能の必要性について述べた。本項ではこのコーディネーター機能について、具体的に述べることにする。

　現在、地方は活性化しようにも人材が決定的に不足している。地域再生に関する全国自治体アンケート結果からも、特にマーケティング力や地域活性化の担い手との回答が多く（図5参照）、人口減少に悩む地方にあってはいずれも深刻な問題で、活性化しようにもなかなか思うようにいかない状況であることが読みとれる。

　しかし、厳しい財政状況の中で自治体が豊富な経験と専門知識を持った人材を新たに雇用するのは困難である。また、大学等の研究者で、地域活性化に対する需要をすべて満たすことは、数の論理からしても困難である。

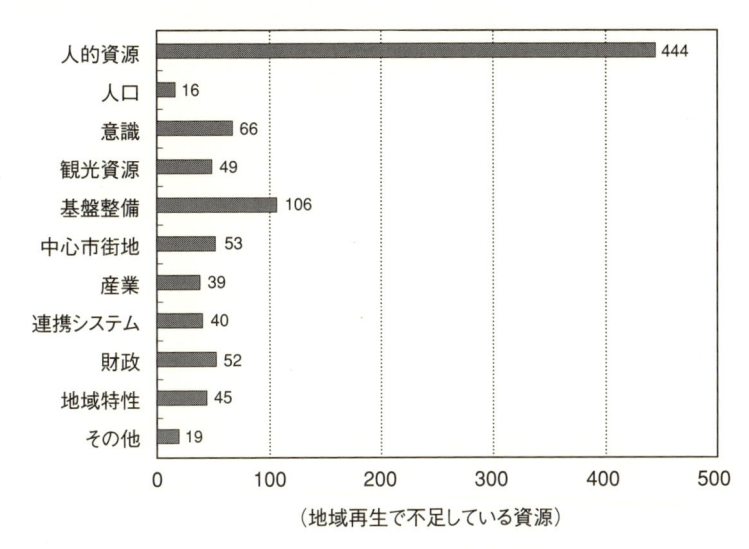

■図5　地域再生に関する全国自治体アンケート調査

項目	値
人的資源	444
人口	16
意識	66
観光資源	49
基盤整備	106
中心市街地	53
産業	39
連携システム	40
財政	52
地域特性	45
その他	19

（地域再生で不足している資源）

（出典）新建新聞社『まちづくりビジネス』2006年

　したがって、これらの需要に応えるためには、大学等と民間の協働体制が不可欠である。この場合の民間とは、会社組織や個人を指すが、今回は特に「個人」に注目したい。「個人」というのは、今後、大量退職者が発生する団塊の世代の人たちの経験とノウハウを地域活性化に活用できないか、ということである。

　団塊の世代は2007（平成19）年から大量に退職する時期に突入する（図6参照。いわゆる「2007年問題」）。この人たちの中には、体力・気力・経験・資金力がありながらも、引退後の生活について、社会貢献のような仕事に就きたい意向を持っている人たちも多いと思われる。その人たちのこれまでの経験とノウハウを地方で活用する仕組みを組み立てることができれば、今後の地方の活性化につながる可能性が高い。

　こうした団塊の世代の大量退職の時代に地方も手をこまぬいているわけではなく、積極的に団塊の世代の人たちを地方に定住してもらおうと、

■図6　日本の人口ピラミッド（2004年10月1日現在）

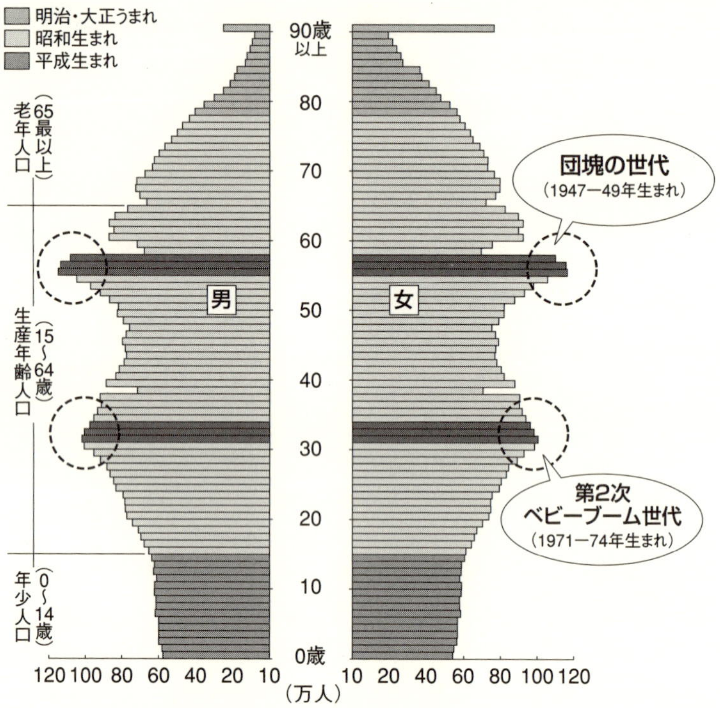
明治・大正うまれ
昭和生まれ
平成生まれ
90歳以上
80
70
60
50
40
30
20
10
0歳
老年人口（65歳以上）
生産年齢人口（15〜64歳）
年少人口（0〜14歳）
男
女
団塊の世代（1947—49年生まれ）
第2次ベビーブーム世代（1971—74年生まれ）
120 100 80 60 40 20 10
10 20 40 60 80 100 120
（万人）

（注）90歳以上人口は年齢別人口が算出できないため、まとめて「90歳以上」とした
（出典）農林中金総合研究所「金融市場」2004年11月

全国で様々な試みが行われている。

しかし、残念ながら団塊の世代のそれまでの豊かな経験を地方に還元させるまでには至っておらず、とりあえず「移住」してもらうところに留まっている例が多いように見受けられる。

移住した人たちにとって、ただ単に移住して晴耕雨読の生活だけでは飽きてしまうのではなかろうか。やはり生きがいをもって働くこそが真の移住ではないか、地方としてこうした移住者に「生きがいの場所」を提供することが、本当の意味での移住・定住につながるのではないかと筆者は考えている。

■図7　大学人材ネットワーク

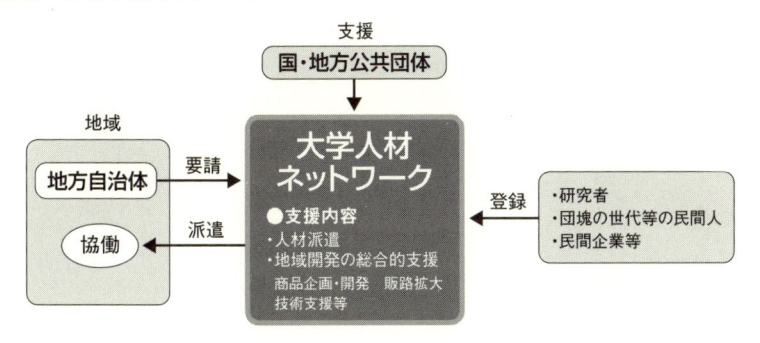

例えばある地方で地元農産物を活用した加工食品の開発・製造・販売を計画したとする。そうすると当然加工・製造する技術、流通・販売（マーケティング）する知識が必要となる。特に販売に関しては販売先などのネットワークを持った人材を必要とする（これまで様々な地域で特産品開発が行われてきたが、充分なマーケティング調査が行われず消費者ニーズに合わなかった、販売ネットワークがないため思うように売れなかったなどの失敗事例は事欠かない）。

こうした豊富な経験や技術がある人材を、地方で活用できれば、地域興し事業の成功確立も大きく向上することが期待できる。地方の再生、活性化をひとつのプロジェクトとすれば、シーズ発掘から実践までを総合的にサポートする仕組みを構築することによって、そのプロジェクトリスクは小さくなり、実現化の可能性も大きくなる。

これまでも大学を中心としたインキュベーター組織としては、民間企業の事業拡大を目標にした、早稲田大学のインキュベーション・オン・キャンパス本庄早稲田（通称IOC本庄早稲田）や立命館大学シーズ・インキュベーター・ネットワーク[8] 等があり、イノベーションによる新事業が沸き起こる環境を創設するとともに、事業拡大に向けた専門家によるユニークな支援体制の構築を行っている。

今回新たな提案としては、支援対象を民間企業の事業拡大だけでなく、

地域活性化まで広げ、「大学人材ネットワーク（図7）」を組織して、人材やノウハウを必要としている全国の地域に広げるというのはどうだろうか。

　例えば大学が地域貢献を目的とした人材のネットワーク機関を設立し、そこで教員だけでなく大学OBなど団塊の世代を含む各種の専門知識を持った人材を広く募集し、専門別に登録、登録された人材を必要とする自治体等に一定期間派遣する制度と機関を創設する。この機関と地域再生や活性化を目指す自治体等が支援（人材提供）に関する一定期間の契約を結び、大学が持つ専門知識、民間企業で培われてきた様々な経験知識を融合することで、より実行力の高いプロジェクトとなる。

この場合、支援（人材の派遣等）を望む自治体は、少なくとも派遣に必要な人件費、交通費、滞在費等の諸経費は負担すべきである。なぜならば一般から募集・登録した人材については、一般の企業並みとはいかないまでも、有償で働いてもらうことで、派遣された人たちの励みにもなるだろうし、「生きがい」の提供にもなると思われるからである。

　派遣される人間にとっては、その地域が気に入れば生涯その地域に定住すればよいし、いわば地方に移住を望む人たちの地方定住のテストパターンとしても活用できる。

　さらに、そうした人たちを受け入れる地域で、例えば空き家・空き商店等を派遣される人たちの活動の場、生活の場として提供することで、地域の人々との交流が生まれ、地域の活性化につながるものと期待できる。

　以上の仕組みを構築することによって、地方移住を希望する人の活かし方も明確化され、受け入れる地域にとってもメリットが大きく、やがては地域再生につながる。

第5節 地域活性化の視点

　2006（平成18）年のまちづくり3法の見直しは、市街地機能の郊外化による中心市街地の衰退を未然に防ごうとするのが主な目的であるが、もうひとつは都市計画法の改正による国から地方への権限委譲、すなわち、国、県、市町村のそれぞれの役割を明確にしようとしていることである。
　国からの権限委譲が進む一方で、地方自治体は少子高齢化による急激な人口減少、財政難等の問題に直面し、地域の再生や活性化の方策について真剣に模索している。
　本節では筆者がこれまで地域とかかわってきた経験から、最後に地域再生の視点についていくつか述べてみたい。

●市町村合併と地域活性化に向けた集中的投資

　市町村合併が進展した現在、全国の自治体数は3,229（1994年4月現在、総務省）から1,795（2008年2月現在）まで減少し、1自治体当たりの規模が拡大している。
　しかし、地方活性化を考えた場合、これらの合併市町村が問題となってくる。というのも合併市町村は地域（旧市町村）の連合体であり、「活性化」はどの地域においても不可欠な課題と考えられるが、人材と資金が限られている現在、複数の地域で同時に活性化施策を実行することは困難だからである。
　もちろん、複数地域のひとつを選択して活性化事業を集中的投資することがベストであるが、特に対等合併を行った市町村においては、域内の全体的なコンセンサスを得るのは難しく、「行政区の平等」の下、結局は複数地域へのバラマキ的な事業で、投資効果も薄いものとなっている例が多いのではなかろうか。これは、行政の住民に対する説明が足りないのも原因のひとつと考えられるが、地域エゴも相当影響しているも

のと思われる。

　住民と行政がともに、地域の将来について真剣に話し合い、今、地域に何が最も大切か、それぞれの事業にプライオリティ（優先順位）をつけることで、バラマキ的な事業は回避できると思われるが、現実はなかなかそうはいかないようである。

　地方議会の対応も重要で、激しい地域間競争の時代、あまりに「自分の選挙区」に固執すると、それが逆に地域の発展の障害になりかねないことを気づくべきである。自分が属する地域（選挙区）も大切であるけれども、自治体の存続が危ぶまれている中で、優先すべき事項を的確に把握することが地方議員に求められているといえる。

● ローカルガバナンスについて──国と地方の「支配と依存」からの脱却

　今後は住民によるローカルガバナンスのシステムづくりが求められる。ローカル・ガバナンスとは、多様な人たちが関わって地域を元気にする手法で、NPO、企業、個人など様々な団体や個人が地域経営にかかわることである。行政区全体の問題は自治体が考え、行政区内の各地域においては住民やNPO等による、地域の特色が出せるローカルガバナンスの仕組みづくりが重要となってくる。

　しかし、例えば土地利用を例にとると、自治体や住民が独自の土地利用を考えても、現実は全国一律の都市計画法制度等により実現は困難である。これらの解決策として都市計画提案制度や地区計画等が用意されているが、都市計画の専門的な知識を持たない住民や小さな自治体では、県などの都市計画担当者と変更の必要性等について、互角に議論し、整理することは難しい。

　結論からいえば、少子高齢化による人口減少が急速に進展する地方と人口集中が顕著な首都圏において、首都圏の過密な土地利用と地方の土地利用を、全国一律の都市計画法という同軸で考えること自体に無理がある。中核市や拠点となる都市を除く地方都市においては、ある程度土

地利用規制制度そのものを緩和して、自治体による判断に任せてもよいのではないか。バブル期のような地方においても土地が高騰する時代がまた到来するとは考えにくい。むしろ自己決定・自己責任による地方分権を確立する意味でも、土地利用規制の緩和を地方に委ねるべきである。

自治体に自分たちの責任において、住民とともに地域のビジョンを真剣に考え、実行できる仕組みや制度をつくることこそが自主自立のまちづくりにつながり、最終的にはそれが地域再生に結びつくものと考えられる。

●道の駅と地域情報の関係

筆者がこれまでかかわってきた例えば特産品づくりでは、「おらほの地域は何もないから新しいものを」という新しいモノねだり（開発）が多かった。最近では道の駅が全国各地で増え、農産物や漬け物など加工品の販売など、それぞれの特色を生かした特産品を目にするようになり、「地場産品を工夫する」傾向が出てきたことは喜ばしい限りである。

しかし、道の駅を例にとると、道の駅の本来的な機能（休憩機能、情報発信機能、地域の連携機能）を発揮しているか疑問である。

最近は地域の特産品等を販売する施設を併設する道の駅が多く、これは地域の連携機能のひとつといえる。情報発信機能については、道路情報とともに、地域の観光情報等をパネルで紹介している道の駅も多い。

ここで注目したいのは観光情報等の地域情報の提供方法である。パネル等の情報提供で利用者は満足しているのであろうか。過去の道の駅利用者アンケート調査結果（国土交通省等の調査結果）からは、道の駅での情報提供は重要との回答は多いが、情報端末の利用率は極端に低い結果となっている。これは道の駅利用者が欲している情報は、道路情報の他、観光情報も考えられるが、リアルタイムかつ地域のナマな情報がないからだと推察できる。

地域情報の代表的な例としては観光情報でも今しか見られないもの、

また道の駅でしか得られない情報、飲食店や農家レストランの情報、地元商店の売り出し情報等が考えられる。

千葉県の南房総地域では、道の駅のネットワーク化による地域間交流促進に関する調査研究として、NPO法人南房総IT推進協議会が様々な地域情報を道の駅の端末やインターネットを介して提供中である[9]。

地域の身近な情報をいかに地域外の人に提供するかが、今後の地域再生・活性化の成否に大きく影響するものと考えられ、その提供方法が重要なポイントといえる。

① 情報の質（新しくなければ情報ではない）──現代の情報は新鮮さが要求される。古い情報では誰も読んでくれない。

インターネットの場合、情報を毎日更新するほどヤフーやグーグルなどの検索エンジンの順位が向上し、アクセス数も上がるといわれている。地域情報は地域全体での取り組みが重要である。様々な人がかかわることで、参加意識が高くなり、それだけ地域のことを多くの人たちに知ってもらうことができる。

② ホスピタリティな情報提供方法──情報提供という視点から見ると、情報端末だけでなくヒトからの情報も重要。

人を新たに配置するのは金がかかるという論もあるが、例えば直売施設で働くおばさんが紹介してくれると、機械よりもずっと味があるものになりはしないだろうか。モノを売るだけでなく、地域をもっと紹介することが、地道ではあるが道の駅本来の目的である情報発信機能、地域の連係（交流）機能に結びつく。

● ないものねだりからあるもの磨きへの発想の転換を

元気な地域には、その地域が好きで前向きにそこの暮らしを楽しんでいる人が多い。隣の芝生がよく見えるように、地域のマイナス面ばかりに目を向けるのではなく、地域の良い面を探して自分の住んでいるところを好きになることこそ、地域再生の第一歩である。

見方を変えたり、そのもの同士をつなぎ合わせることで、地域のマイナスがプラスにもなる。「あるもの磨き」は、それらをいかに組み合わせて、新たなものを築き上げて行くか考えることから始まる。

　地方で「地域づくり」の話になると、「この地域には何もない」「金がないから何もできない」という言葉をよく耳にする。何もない・何もできないという、ないものねだりの意識や考え方は、何も考えなくなる、そして何もしなくなることにつながり、いずれその地域は衰退してしまう。

　地域の「あるもの探し」という、調べることを通じて、調べたモノ・事・ヒトが好きになり、改めてその地域のすばらしさ、魅力を認識でき、他の人に説明できるようになる。

　そして「何もない」から「いろんなものがある」への意識の変化から、今後の生活や地域としての取り組みにどう活かすかを考え、できることからはじめる、あるもの磨きに発想の転換を図ることが大切である。

　地域再生のチャンスはいたるところにある、あるはずである。大切なことはあきらめないでそれをどう活かすかではないのだろうか。

> **●地域のあるもの磨き、あるもの探しの視点**
> ①そこにしかないもの（地域の個性でありアイデンティティー）
> ②どこにでもあるもの（川や山、田んぼなど田舎にはどこに行ってもあるもの、とても大切）
> ③そこで困っているもの・余っているもの・捨てているもの

　地域再生の第一歩として、「あるもの探し」を民（住民）と学（大学等）が連携して始めたらどうだろうか。地域資源を見つけたら、次のステップとして官（行政）と一緒にその活用方法（あるもの磨き）を探る。そこで初めて学官民協働のまちづくりにつながるものと考えられる。

●本章のむすび

　本章では秋田市の新屋地区の事例を取り上げながら地域活性化について筆者の考え方を述べてきた。新屋地区では地域のローカルルールとして景観ガイドラインをつくったが、まだ地区全体の合意形成に至ったわけではなく、景観まちづくりへの出発点に過ぎない。今後このローカルルールを確立し、真に住民の生活に根ざした景観としてのまちづくりを推進するためには、さらに多くの住民と話し合いを重ねながら、なぜ景観まちづくりが必要か等について根本の議論を必要としている。

　しかし、議論だけでは机上の空論に過ぎず動きが見えづらい。多くの住民に参加してもらい問題意識を地域全体で共有するためには、イベントやワークショップ等による参加のきっかけづくりを積極的に行い、地域住民の関心を高めることが必要で、さらにそれらの結果を広く公表するとともに、問題点を解決するための方策を実験的に実施しながら、最終的には住民や自治体の決定に委ねることが、本当の意味での「地域づくり」や「地域活性化」につながるのではないだろうか。

　その意味で住民活動を支援する学と官の役割は重要である。わが国の住民活動はまだ黎明期とはいえ、住民が自ら考え実行できるまで育つためには、各種情報提供をはじめ、組織のあり方、活動全般にわたる様々なサポートを必要としている。

　現在、国でも内閣府の特区制度による規制緩和や各省庁の社会実験的な助成制度が用意されている。自治体だけでなくNPO等も直接応募できることから、これらの制度を上手に活用し、地域を変えていくことが求められている。

　少子高齢化による人口減少社会にあって、地域を再生、活性化することはたやすいことではない。地域再生はそこに住む人たちの地道で持続的な活動があってこそ実現するものだと考えられる。そのために、地域の人たちにはNever Give Upの精神で積極的に活動に取り組むことをお

願いしたい。大学等の教育機関や行政にはこれまで以上に住民のまちづくり活動に対する積極的な参加や支援をお願いしたい。豊かでいつまでも、だれもが安心して暮らせる社会をつくり上げるためには、今こそ3者協働のまちづくり活動が必要である。

注

1) Technology Licensing Organization（技術移転機関）の略称。大学等の研究成果を企業へ技術移転し、企業がそれをもとに事業化することで得た収益の一部を大学等に還元、大学・研究者の研究活動を活性化する、「知的創造サイクル」の創出を主な目的とする組織。
2) 平尾和洋・瀬川貴世・笠井敏行「景観形成を前提としたカラーコーディネートのための地域素材色に関する研究」第48回研究発表大会概要集
3) 黒塀プロジェクト：新潟県村上は城下町であり、町屋などの歴史的資源が数多く残っている。しかしそれは十分に活かされておらず、商店街が衰退していた。そのような中、住民の手により、町屋内部の公開を主体とした「町屋の人形さま巡り」「町屋の屏風まつり」が開催され、町に活気がよみがえってきた。このような状況の中、城下町らしい景観を再生させようという機運が高まり「黒塀プロジェクト」が開始された。これは黒塀一枚千円運動で基金を募り、住民の手でブロック塀に一枚一枚板を張り付け、景観を再生させる活動である。
4) 秋田市ホームページ「新屋表町通り景観まちづくり」
(URL http://www.city.akita.akita.jp/city/ur/mn/04kankyou/renkei/araya.htm)
5) カメラを貸与し、一定のテーマについて「まちあるき」をしてもらい、撮影してもらった後に回収することにより、景観に対する認識を明らかにする調査手法。
6) 佐藤滋ほか『まちづくりデザインゲーム』学芸出版社、2005年、参照。
7) 財団法人ハウジングアンドコミュニティ財団「まちづくりNPOの行う収益性事業に関する調査」2006年3月
8) 経済産業省の「産業クラスター計画」に基づき推進中の活動で、立命館大学理工リサーチオフィスが中心となって推進しているプロジェクト。
9) NPO法人南房総IT推進協議会「道の駅のネットワーク化による地域間交流促進に関する調査研究」(URL:http://miti.awa.jp)

◆参考文献

(1) 国土交通省都市・地域整備局都市計画課「『大学コンソーシアムあきた』と『秋田市』との連携によるまちづくり方策調査——美しいまちづくりに向けた学官の協働体制の構築」2006年3月
(2) 秋田市「新屋表町通り景観ガイドライン作成業務委託報告書」2007年3月

第9章

コラボレイティブ・リーダーシップ、ソーシャル・キャピタルによる地域再生

島根県隠岐の島町での動きを中心として

◎細川甚孝

提言

　現在の地域再生の動きの中で、地域内でのリーダーシップおよび担い手のあり方が課題となっている。地域社会における様々なソーシャル・キャピタルが減少または停滞状況にある中、地域に存する様々な集団や組織が連携をとり、地域に内在する様々な課題解決に向かう必要性が出てきている。本章では、ケーススタディとして、島根県隠岐の島町におけるエコツーリズムを中心とした地域再生の動きから、リーダーシップのあり方およびその担い手の変化と地域全体におけるソーシャル・キャピタルの変容の分析を行った。地域再生を実現するためには、リーダーシップ、特にコラボレイティブ・リーダーシップによる地域づくりが必要であり、今後の地域再生に関する施策のひとつの方向性として、その育成に努めていかなければならない。

第1節 地域再生とリーダーシップ、ソーシャル・キャピタル

　日本の地方自治体が直面する大きな行政課題のひとつとして「地域再生」、「都市再生」が注目を集めている（詳細は本書第7章参照）。

　この中で、地域再生の定義については、内閣府では地域再生計画の内容として、「意欲のある地域が自主的に、技術、人材、観光資源、自然環境等地域独自の資源・強みを有効活用して、例えば地域を担う基幹産業の再生・事業転換、新規事業の創出等」（経済財政諮問会議、金子一義地域再生担当大臣発表資料「地域再生に向けた取組みについて」平成15年11月26日）としているが、この定義は、非常に曖昧であり、強いていえば、自治体内部の様々な資源を活用した地域活性化の施策といえる。

　そこで、より厳密にするために、地域再生施策では先進的であるイギリスにおける地域再生の定義を使用する。イギリスでは、地域再生については、財団法人自治体国際化協会のレポートによれば[1]、「地域（area）、主に都市地域（urban area）が抱える諸問題を解決に導くとともに、変化の影響を受けやすい地域経済、社会及び環境面における諸条件を長期的視点で改善することを目的として実施される総合的かつ統一された計画又は行政活動」としている。この定義を日本の実情に合わせ、以下のように定義する。

　地域再生とは、「地域が抱える諸問題を解決に導くとともに、変化の影響を受けやすい地域経済、社会および環境面における諸条件を長期的視点で改善することを目的として実施される総合的かつ統一された計画、または、民間、行政を問わず行われる社会的活動」とする。

●地域再生へ向けて求められるリーダシップおよびソーシャル・キャピタル

　現在、地域再生へ向けた地域組織のありかたは、大きく2つの軸での展開が考えられる。ひとつは事業主体で「行政⇔民間」という軸、もう

ひとつは団体間の紐帯のありようでの「強さ⇔弱さ」というものである（図1）。

次に、それぞれの性格をまとめる。

意見交換会・情報交換会が中心のもの——それぞれのテーマに特化した団体が、意見交換会・情報交換会などを通じて、行政の一部分と協定などを結び、個別の課題を実現しまちづくりを進める形である。地域全体で共有化できるような課題がなく、かつ、課題が多様化している場合に有効な場合が多い。

まちづくり協議会などが中心のもの——町内会や市民活動などの地域の計画主体が結集するまちづくり協議会的なひとつの団体を形成することで、地域全体が合意し、行政と連携をする形である。地域全体で取り組む大きな課題があり、その解決のための地域の合意が必要な状況において有効な場合が多い。

コンソーシアムなどが中心のもの——事業を行っているNPOや企業な

■図1　地域再生へ向けた地域組織のあり方

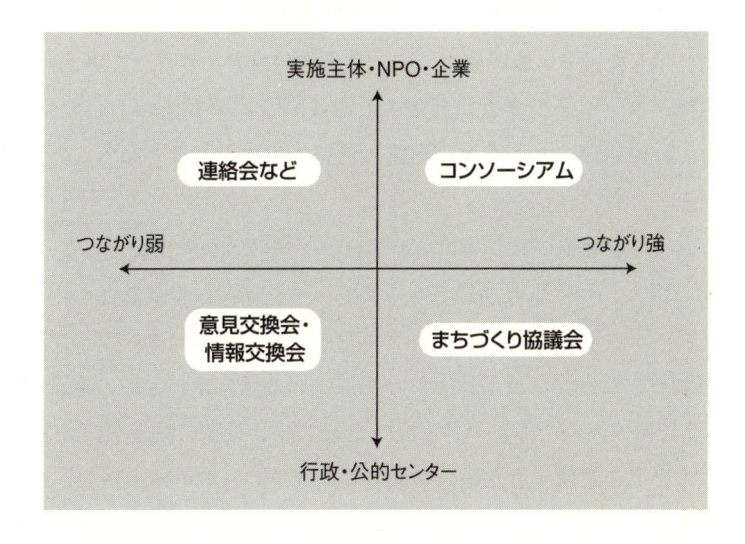

```
                    実施主体・NPO・企業
                          ↑
            連絡会など   │   コンソーシアム
                          │
    つながり弱 ←─────────┼─────────→ つながり強
                          │
            意見交換会・  │   まちづくり協議会
            情報交換会    │
                          ↓
                    行政・公的センター
```

どの計画主体が存在し、それぞれの連携によるまちづくりを目指す形である。事業体間の連携を軸として、行政と連携を図るもの。地域に事業力のある団体がある場合に有効な場合が多い。

連絡会など事業体それぞれが中心なもの——事業力のあるNPO、企業などの計画主体が存在し、それぞれの強みを活かしつつ、まちづくりを行い、これらの主体の緩やかな連携をしているものである。地域に事業力のある団体がある場合に有効な場合が多い。

これらの類型の内、事業主体（行政⇔民間）では、大規模な社会資本整備などの多量の資金を必要とするものを除けば、行政一般の持つ、縦割り、縄張りなどの特性により、事業主体として有効に機能することが難しい傾向がある。また、団体間の紐帯のありよう（強さ⇔弱さ）では、地域全体の資源量（人的資源、情報、資金）を想定すると、一般に大都市部に比べ地方部は少ない。そのため、今後はコンソーシアムに代表されるような、連携が強く、事業主体として民間、そして、協議会のような強い連携の性格のものが必要となる。

●コラボレイティブ・リーダーシップの可能性

先に示した通り、地域再生に向けた地域組織のありかたを考えた場合、今後は、コンソーシアムに代表されるような、事業主体としては民間、そして、協議会のような強い連携の性格のものが必要となることが考えられる。

このような組織づくりを、リーダーシップの面から検討すると、NPO、企業、個人、行政間の連携（＝コラボレーション）の推進とそのためのリーダーシップ、すなわち「コラボレイティブ・リーダーシップ」の確立が求められる。コラボレーションについては、ラーソンの定義によると[2]「目標達成のために、共有化された責任、権威、説明責任からなる、共通の目標を達成するための複数の集団間での互酬的関係性」とされる。コラボレイティブ・リーダーシップはこの互酬的関係性をより円滑に進

めるためのものと示すことができる。

　地域再生に関しては、クリスリップ[3]によると「コラボレーションは、公的問題に対処するためのただひとつの戦略でも戦術でもない。コラボレーションは、ソーシャル・キャピタルのための資産であり、そして、民主的社会を維持し、コミュニティそして地域住民の市民文化を変革」するものである。

　この概念は、アメリカ合衆国において、1970年代から環境問題、社会福祉などの領域で議論が進み、その後、オズボーンの『行政改革』での行政サービスの民間開放の議論などを通じて、行政学・地域経営の分野で大きく議論されるようになった。これらの議論を通じ、コラボレーションによる社会問題の解決の必要性および効能が明らかにされてきた。

　特に、ロバート・パットナムによるソーシャル・キャピタル研究は、実際の社会組織、コラボレーションの効能と発現の条件を明らかにするものであった。パットナム[4]によれば、「『ソーシャル・キャピタル』とは、社会的なつながり（ネットワーク）とそこから生まれる規範・信頼であり、共通の目的に向けて効果的に協調行動へと導く社会組織の特徴」であり、この意味で、ソーシャル・キャピタルによって社会組織の協調作業が進むことが想定される。このことは、社会組織と個別の集団・個人間という主体の捉え方の差はあるにしろ、結果として、前述の連携の深化と重なるものと考えられる。

　その上で、パットナムは、そのつながりの性質を、「結合」と「橋渡し」という2つに分け、さらにそれを「形態」、「程度」、「志向」という3つに分類した。

　次に、実際にコラボレーションに至る流れを示す（表1）。それぞれ、「協同」の段階においては、個人単位のつながり、「連携」の段階では、集団を代表する個人間のつながり、「協働」の段階では、協働組織の構築、目標の共有化などが、その目安となることが考えられる。

　その意味において、日本におけるパートナーシップの展開の多くは、

連携の域を出ないことが想定される。そして、今後は、協働へ向けた動きが求められる。バーバラなどによると[5]、現在、大きく3つのステップ（①問題設定→②方向性設定→③共同行動）が考えられている。

①問題設定においては、問題の共有化、協働への合意、関係者の特定化、解決のための資源の明確化が必要である。次いで②方向性設定においては、共通ルール、方針の設定、組織の形の設定、幅広い施策の検討、方向性の合意、さらに③共同行動においては、外部からの資源ネットワークの確立、実行、成果の評価が必要である。

そこで、以下、島根県隠岐の島町での地域再生運動を取り上げ、運動の流れとソーシャル・キャピタルの性格の変化とそれを引き起こした要因について分析を行うことで、コラボレイティブ・リーダーシップが有効に働く条件について検討する。

■表1　協同・連携・協働

	Cooperation（協同）	Coordination（連携）	Collaboration（協働）
使命・組織	・団体が仲介をした個人間のつながり ・それぞれの組織の使命・目標考慮されない	・集団を代表する個人間のつながり ・使命・組織は集団間で共有化しやすいよう調整される	・それぞれの組織を超えて、協働組織を構築 ・共有化し、新しい目標が構築される
構造	・構成メンバーの関係性は非公式的なつながり ・メンバー間の機能は、それぞれ分割されている ・情報は、必要に応じて組織間に伝えられる	・連携した組織には、もとの組織での機能が残存している ・組織内のコミュニケーション上の役割は規定され、コミュニケーションの活性化へ向けた幾つかのルートが確立	・明白に定義され相互に関係する役割から、新しい構造・分業体制が構築 ・事業目標の達成のために、多くのコミュニケーションルートを整備

第2節 隠岐の島町でのコラボレイティブ・リーダーシップ、ソーシャル・キャピタルを中心としたまちづくり

●地勢

 隠岐諸島は、島根半島の北方約50 kmにある島々である。「島根半島」の方から島前三島と呼ばれる「知夫里島」、その北側の東西に「中ノ島」、「西ノ島」が並び、この3島を合わせたより大きな島が「島後島」である。この4島のほか附属の小島は約180島を数える。島後水道を境に島前と島後に分けている。

 この中で、隠岐の島町は、島根半島の北東約80 kmの海上に位置し、隠岐諸島中最大の島である「島後島」に位置する。島の外周は151 km、面積は242.97km²である（図2）。

●社会経済状況

 国勢調査によれば2005年の人口は23,755人であるが、国立社会保障・人口問題研究所のデータによれば、2015年の人口は21,925人（7.7％減）、生産年齢人口は11,291人（13.3％減）、老年人口は8,208人（4.6％増）と典型的な少子高齢化の動きを見せている。

 雇用を直接支えている主な産業は、サービス業（29.3%）、建設業（17.7%）、卸小売業・飲食店（17.5%）、農林水産業（15.8%）である。全国と比べると、建設業、農林水産業、公務の比重が高く、工場等の製造業の比重が著しく低い。このことは、離島振興法をはじめとした島嶼部への手厚い保護の下に、社会資本整備事業が積極的に進められ、建設業が大きな地場産業へと成長していったことが考えられる。

 しかし、現在の地方財政をめぐる状況の変化により、社会資本整備事業、公務、農林水産業を支えてきた財源の減少が見られる。2005（平成17）年の島根県調査によると、島内において、社会資本整備事業、公務、

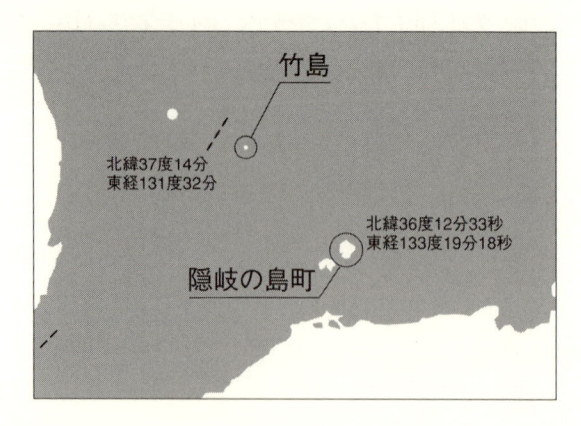

■図2　隠岐の島町位置図（町ホームページから）

竹島
北緯37度14分
東経131度32分

北緯36度12分33秒
東経133度19分18秒
隠岐の島町

農林水産業それぞれの生産額、従業員数などの面で厳しい局面に立たされている。今後、上記の産業に代わり、島外から資金が獲得できる新規産業が必要とされている。

●隠岐の島町地域再生運動──エコツーリズム運動概要

　隠岐の島町（当時は西郷町──2004（平成16）年に西郷町・布施村・五箇村・都万村が合併し誕生）では、2002年以降から、西郷港改修、中心市街地活性化計画、ウォーキングトレイル策定計画、地域再生／都市再生計画などのハード系の幅広い計画策定および事業が実施された。

　この様々な計画および事業実施に際しては、それまでの形式的な住民参加に対して、ある土木担当者の発案により、ワークショップを中心とした市民参加型の手法が採用された。同時に、これまで国土交通省、島根県、西郷町と事業主体の連携が必ずしもとれていなかったこともあり、西郷町が中心となり情報交換を行うようにし、また、住民にとって、各事業主体により同じような内容のアンケート・ワークショップが実施されるといった負担を軽減するべく、住民への意識調査は共同で実施するようにした。

この結果として、それぞれの事業間で連携をとったワークショップが行われた。2002〜2004年の2ヵ年でほぼ1ヶ月に2回程度、様々なテーマで行われ、多様な住民の意見を計画の中に取り込んでいった。延べ数百名の住民が計画策定に参加した。

　これらの動きは、間接的に2つの副産物を生み出した。第1には、それまで、文化などの普及活動を中心とした地域活性化の運動の中に、ワークショップを中心とした多様な意見の収集と収斂の手法が活用されはじめたことである。その結果、自分たちの「思い」をただ伝えるだけだった地域活性化の動きが地域の問題解決に焦点を合わせはじめた。

　第2は、活動の担い手であった土木技師たちが、地域活性化の主体として変化していった。これまでは、社会教育関係者が大きな役割を果たしていたが、上記の市民参加型公共事業の中で、土木技師たちはファシリテーション能力、問題発見能力などを身につけることができた。この能力を活かし、地域内部の様々な個人・集団間の連携を促進することができるようになった。

　この過程で、地域のいわゆる「まちづくり」運動の中のソーシャル・キャピタルは、それぞれの団体の中の結合を促進するものから、団体間の橋渡し、運動と住民間との橋渡しをするものに変化していった。

　上記の土木技師たちを中心とした地域活性化は、市民参加型公共事業を中心として、それ以降、現在まで続いている。2002（平成14）年度からは、町内の地域活性化に関する団体を集めた「風待ち海道倶楽部」の結成、2004年度からは、町内の民俗史家・自然史家・観光関係者などを集め、隠岐「風待ち海道エコツーリズム大学」を開講し、地域が主体となったエコツーリズム振興を行っている。2007年度以降も、国土交通省まちづくりナビプロジェクト事業などを地域全体で取り組んでいる。

　また、国土交通省をはじめ、様々なネットワークを通じて、市民参加型公共事業における山陰全域、中山間・離島の地域活性化のモデルとして、全国へ発信をしている。以下にこれまでの流れを示す。

●2001〜2002年——橋渡しへ向けた第一歩

　島内における最大の港湾である西郷港の改修をにらんだ様々な事業が開始された。この中で、まちづくりを考える上で一番大きな事業は、西郷「港・道・街」デザイン大作戦であった。このイベントは2002（平成14）年5月14日に行われ、約60名の人々が参加した。その当時、市街地を中心とした散策路事業、目抜き通りのバリアフリー化、電柱埋設事業、中心市街地活性化計画などが予定されており、これらの関係者（主たるものは、行政担当者、青年会議所、建設業協会青年部、社会福祉協議会、土木設計コンサルタント、一般住民、観光協会、島根県、国土交通省）がほとんど参加することになった。

　内容としては、港湾地区＝中心市街地の関係者を「みなとグループ」「まちグループ」「みちグループ」に分け、地区内を使い勝手の面で点検するフィールドワークを行った。後に、担当地区の白地図に、担当した点検場所を書き入れ、それぞれに改善場所を議論しあった。この事業が、島内における最初の市民参加型事業であった。次に、上記の参加者を中心として、自分たちの西郷港への想いをぶつけ合い、地域にとって必要な港の具体的な姿を明確にしていった。結果として、このようなワークショップを数回繰り返した後に、自分たちワークショップの結果を取り入れた「想い入れ図」を作成した。この「想い入れ図」は、その後、西郷港改修に対する町民からのメッセージとして、様々な場所で機能することとなった。この事業の管轄は、西郷町（現隠岐の島町）建設課港湾漁港係であり、ワークショップのファシリテーター（当時は司会）を務めた。

　また、同様に、散策路（ウォーキングトレイル）事業もこの時期に始まり、上記同様に地域の関係者を集めたワークショップをはじめ、自分たちに必要な散策路とは何かというテーマで5回のワークショップを行い作成した。途中、健康増進のための「みち」づくりとして、町内医師、町内社会福祉セクションと共にフィールドワークを行うなど、これまでの社会資本整備事業が、担当課、土木設計コンサルタント、地元施工業

者と一部住民を中心に進められてきたのに対して、より幅広い層を巻き込んだものとなった。そして、時期を同じくして、中心市街地を走る国道485号線のバリアフリー化計画が始まった。同様に、関係する団体・個人をはじめとする中心市街活性化に関係する団体が参加することで、地域に必要な事業とは何かということについて、ワークショップを中心に議論し、あるべき姿について合意していった。

これまでのまちづくりは、西郷町商工会婦人部、風待ち商店街（若手商店主の集まり）、隠岐学セミナー（地元の歴史サークル）をはじめとし、それぞれに特色ある活動をしていたが、接点はあまりない状態であった。その意味で、それぞれの団体がそれぞれの思いを基にした活動を行ってきた。上記のまちづくりのワークショップは、これらの壁を打ち破るきっかけとなっていった。

この当時、商工会婦人部で活動していた人によれば、「それぞれの団体単体での活動では成果が見え難い。役場に相談しても、反応が悪く、疲労を感じていた。その中で建設課の活動は非常に刺激的だったし、面白かった」という。対して、これらの活動のきっかけをつくったその当時の担当者は、「道、港などをただつくっているだけでは島はよくならない。島がよくなる公共事業をしたかったんだ」と述べている。

この意味で、これらの活動は、社会資本整備のためのイベントとしてのワークショップという色合いは強かったが、「担当者のふるさと」への思いがきっかけとなって、島全体の多様な主体による「まちづくり＝地域の再生」が開始された。

これらの意味において、それまでは、隠岐の島町のソーシャル・キャピタルは、それぞれの団体内部での結合を促進する動きがあったと指摘できる。そして、これらの配置が、島を思う役場職員の動きによって大きく変化しはじめたといえる。

●2003〜2005年──橋渡し体制の確立へ

　その後、中心市街地を中心とした朝市の実施、文化を中心とした「みちづくり（夢街道ルネサンス）」などの多彩な事業を実施した。上記の様々なワークショップで、絶えず議論になったのは、「島全体がひとつになって島全体の課題を解決するにはどうすべきか」、「町役場をはじめ、島の内部にあるセクショナリズムをどのように打破すべきか」ということであった。また、対国、対県という文脈においては、より有利な補助金、助成金獲得のためには、活動の受け皿として住民主体のまちづくりの団体をつくっておくという実利的な面もあった。

　これらの議論を受けて、2003（平成15）年5月に、風待ち海道倶楽部が、町役場建設課を中心に誕生した。「風待ち」とは、隠岐諸島が繁栄を極めた江戸期に、関西から北海道までをつないでいた北前船が、貿易風を待つために隠岐の港へ入港したことを由来とした。また、「街道」ではなく「海道」という名前も前述の北前船の史実に基づいている。当初は「朝市」部会、「まち」部会、「みなと」部会の3つでスタートした（図3）。参加者のほとんどは、それぞれの組織で、中堅クラスのスタッフであった。そのため、自分たちの組織での事業においてどこまで協力できるかなど、具体的で実現性のある連携の仕組みについての議論がなされた。

　これらの議論の中で、地元の自然・歴史・文化に対する学習、そして、ビジネス化の動きが誕生した。2004年度から、国土交通省の「多様な主体によるまちづくり助成金」を獲得し、風待ち街道エコツーリズム大学を立ち上げた（図4参照）。

　この時期には、岩手県遠野市を中心とした東北ツーリズム大学、長野県を中心とした信州ツーリズム大学、熊本県を中心とした九州ツーリズム大学などほぼ同時に立ち上がったが、これらのツーリズム大学の多くは、東京もしくは大都市圏の大学教授などが講師として、まさしく知識を「教授」する形態のものが多かったが、隠岐エコツーリズム大学では、

■図3 「風待ち海道倶楽部」結成に至るプロセス

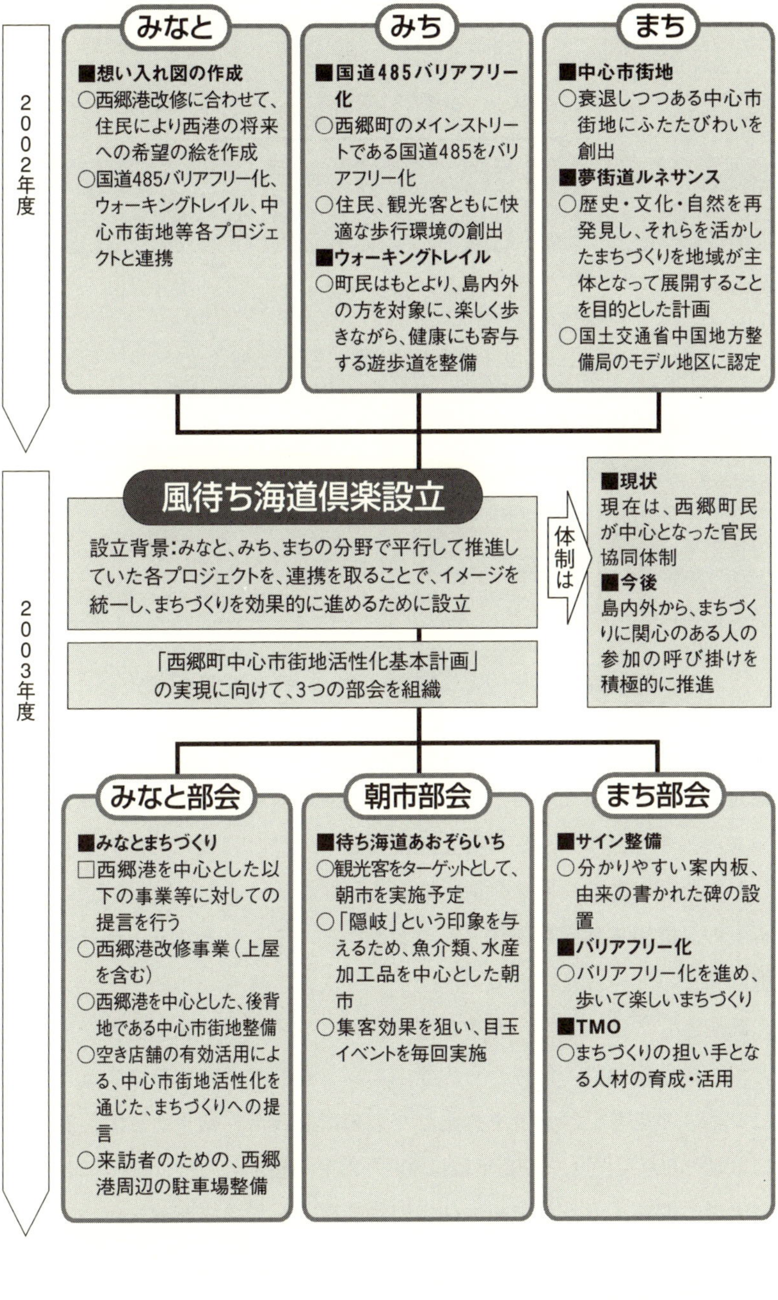

2002年度

【みなと】
■想い入れ図の作成
○西郷港改修に合わせて、住民により西港の将来への希望の絵を作成
○国道485バリアフリー化、ウォーキングトレイル、中心市街地等プロジェクトと連携

【みち】
■国道485バリアフリー化
○西郷町のメインストリートである国道485をバリアフリー化
○住民、観光客ともに快適な歩行環境の創出
■ウォーキングトレイル
○町民はもとより、島内外の方を対象に、楽しく歩きながら、健康にも寄与する遊歩道を整備

【まち】
■中心市街地
○衰退しつつある中心市街地にふたたびわいを創出
■夢街道ルネサンス
○歴史・文化・自然を再発見し、それらを活かしたまちづくりを地域が主体となって展開することを目的とした計画
○国土交通省中国地方整備局のモデル地区に認定

2003年度

風待ち海道倶楽設立

設立背景：みなと、みち、まちの分野で平行して推進していた各プロジェクトを、連携を取ることで、イメージを統一し、まちづくりを効果的に進めるために設立

体制は：
■現状
現在は、西郷町民が中心となった官民協同体制
■今後
島内外から、まちづくりに関心のある人の参加の呼び掛けを積極的に推進

「西郷町中心市街地活性化基本計画」の実現に向けて、3つの部会を組織

【みなと部会】
■みなとまちづくり
□西郷港を中心とした以下の事業等に対しての提言を行う
○西郷港改修事業（上屋を含む）
○西郷港を中心とした、後背地である中心市街地整備
○空き店舗の有効活用による、中心市街地活性化を通じた、まちづくりへの提言
○来訪者のための、西郷港周辺の駐車場整備

【朝市部会】
■待ち海道あおぞらいち
○観光客をターゲットとして、朝市を実施予定
○「隠岐」という印象を与えるため、魚介類、水産加工品を中心とした朝市
○集客効果を狙い、目玉イベントを毎回実施

【まち部会】
■サイン整備
○分かりやすい案内板、由来の書かれた碑の設置
■バリアフリー化
○バリアフリー化を進め、歩いて楽しいまちづくり
■TMO
○まちづくりの担い手となる人材の育成・活用

■図4　エコツーリズム大学企画書

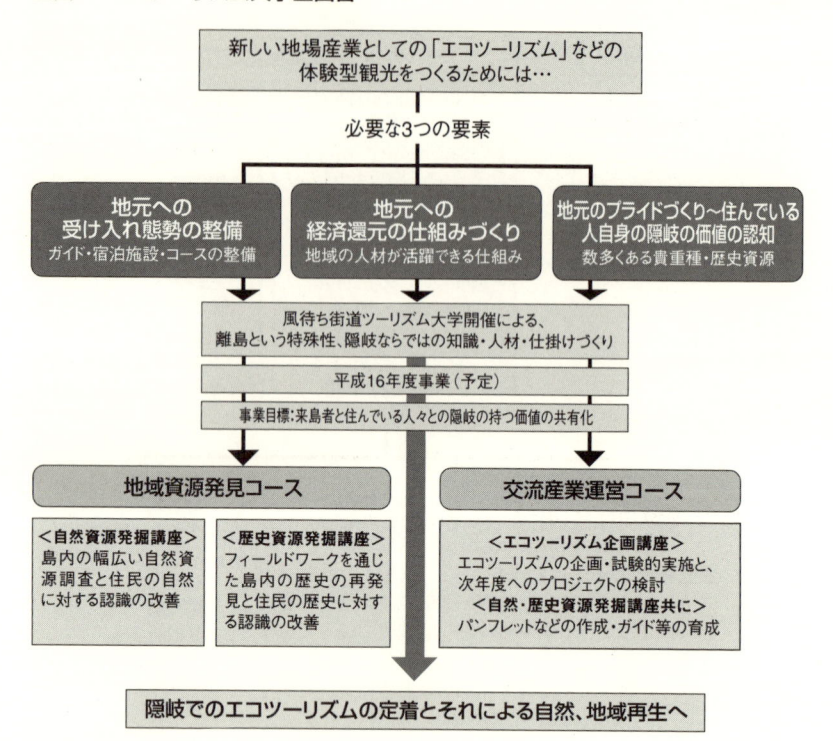

```
              新しい地場産業としての「エコツーリズム」などの
                    体験型観光をつくるためには…
                          │
                    必要な3つの要素
          ┌───────────────┼───────────────┐
    ┌─────────┐     ┌─────────┐     ┌─────────────┐
    │ 地元への  │     │ 地元への  │     │地元のプライドづくり～住んでいる│
    │受け入れ態勢の整備│ │経済還元の仕組みづくり│ │ 人自身の隠岐の価値の認知 │
    │ガイド・宿泊施設・コースの整備│ │地域の人材が活躍できる仕組み│ │数多くある貴重種・歴史資源│
    └─────────┘     └─────────┘     └─────────────┘
          └───────────────┼───────────────┘
                ┌─────────────────────┐
                │風待ち街道ツーリズム大学開催による、│
                │離島という特殊性、隠岐ならではの知識・人材・仕掛けづくり│
                └─────────────────────┘
                │     平成16年度事業（予定）      │
                │事業目標：来島者と住んでいる人々との隠岐の持つ価値の共有化│
          ┌───────────────┴───────────────┐
    ┌─────────────┐                 ┌─────────────┐
    │  地域資源発見コース  │                 │  交流産業運営コース  │
    └─────────────┘                 └─────────────┘
    ┌───────┐┌───────┐         ┌─────────────┐
    │<自然資源発掘講座>││<歴史資源発掘講座>│     │  <エコツーリズム企画講座>  │
    │島内の幅広い自然資││フィールドワークを通じ│     │エコツーリズムの企画・試験的実施と、│
    │源調査と住民の自然││た島内の歴史の再発│     │次年度へのプロジェクトの検討│
    │に対する認識の改善││見と住民の歴史に対│     │<自然・歴史資源発掘講座共に>│
    │         ││する認識の改善  │     │パンフレットなどの作成・ガイド等の育成│
    └───────┘└───────┘         └─────────────┘
                          │
          ┌─────────────────────────┐
          │隠岐でのエコツーリズムの定着とそれによる自然、地域再生へ│
          └─────────────────────────┘
```

　地元の有識者（地元の自然サークルである隠岐自然倶楽部、地域史の会であるとぎの会など）が講師として地元の人びとに地元ではあまり知られていない、地域の希少資源を紹介する形態をとった。このことにより、講座の設計から地元の団体、有識者が参加することとなり、団体間の連携は高まっていった。

　講座としては、自然・歴史そして、エコツーリズム企画講座を置くことで、単なる知識の伝授から実際のエコツーリズムによるコミュニティビジネスの立ち上げまでを想定したものになった。結果として、2004年には延べ600人程度、2005年には400人程度が参加した。2006年には、東京大学、関西大学などで地域住民が講師になって出張講義を行い、それ

ぞれ多くの参加者が得られるなど、全国展開を図っている。

　加えて、この時期には、国土交通省の観光交流空間モデル地区への認定、地域再生計画の区域認定など、国レベルでの計画認定を受け、補助事業などでの有利的な展開を図るようになった。

　これらの動きにおいて、朝市やエコツーリズム大学などを中心とし、様々な団体・個人の連携が、2002～2003年時よりも幅広く行われるようになった。特に、風待ち海道協議会の立ち上げ時には、それまで島のまちづくりに活動してきた人々から「役場は変わった」、「役場を見直した」という声が上がるようになった。従来、役場職員が業務を抱え込み、事業を行う漕ぎ手的な役割だった。しかしこの時期から役場職員が、「事業の中身＝企画」は地域の団体に任せ、資金面や情報面などの支援に比重を置くようになり、いわば舵取りへと転換しつつあったことが評価された。このことから、隠岐の島町において、風待ち海道倶楽部を中心としたコラボレイティブ・リーダーシップが、ある程度確立したといえる。

　また、これまでのまちづくりとの関係においても、エコツーリズム実施に当たっての様々なコンテンツを地域の課題解決のためのアイデアを活かす動きが登場した。代表的事例は、公民館活動で行っているエコツーリズム大学講座において、島内各地区の自然・文化・歴史資源を紹介したことが挙げられる。担当者によると、この地域資源に関するコンテンツを住民と共有化することにより、地域再生の動きが島内全域に広がっていったという（図5）。

● **これからの動きと必要な要素**

　隠岐の島町におけるこれからの地域再生に向けた動きとしては、大きく3つの動きが注目される。

　第1に、全国的な連携の始まりが挙げられる。2006（平成18）年に海ゴミサミットを開催し、全国の海ゴミを媒介として様々な地域のNPO、自治体との交流を深めた。加えて、現在、日本海側の離島との実践的な

連携（観光ルートの開発など）を行い、より広い連携を図っている。

第2に、島内における集落を中心としたコミュニティビジネスの振興である。島内地区のうち、中地区、大久地区などを中心としたコミュニティビジネスが始まっている（図6）。例えば、中地区ならば海岸、大久地区ならば古民家など、地域の資源を活かした事業である。今後は、地区レベルのコミュニティビジネスとの連携方策およびコミュニティビジ

■図5　地域再生へ向かうまちづくりのながれ

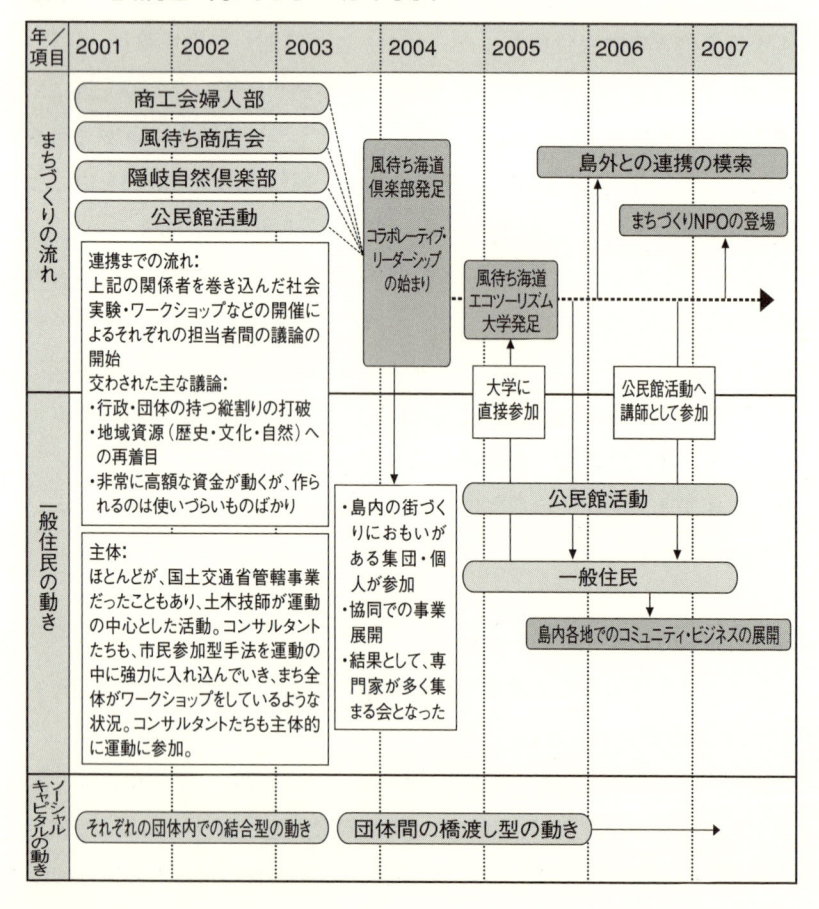

年／項目	2001	2002	2003	2004	2005	2006	2007
まちづくりの流れ	商工会婦人部 / 風待ち商店会 / 隠岐自然倶楽部 / 公民館活動			風待ち海道倶楽部発足 / コラボレーティブ・リーダーシップの始まり	風待ち海道エコツーリズム大学発足	島外との連携の模索	まちづくりNPOの登場
	連携までの流れ：上記の関係者を巻き込んだ社会実験・ワークショップなどの開催によるそれぞれの担当者間の議論の開始 交わされた主な議論：・行政・団体の持つ縦割りの打破 ・地域資源（歴史・文化・自然）への再着目 ・非常に高額な資金が動くが、作られるのは使いづらいものばかり				大学に直接参加	公民館活動へ講師として参加	
一般住民の動き	主体：ほとんどが、国土交通省管轄事業だったこともあり、土木技師が運動の中心とした活動。コンサルタントたちも、市民参加型手法を運動の中に強力に入れ込んでいき、まち全体がワークショップをしているような状況。コンサルタントたちも主体的に運動に参加。			・島内の街づくりにおもいがある集団・個人が参加 ・協同での事業展開 ・結果として、専門家が多く集まる会となった	公民館活動 / 一般住民	島内各地でのコミュニティ・ビジネスの展開	
ソーシャルキャピタルの動き	それぞれの団体内での結合型の動き			団体間の橋渡し型の動き			

ネスへの支援方策が必要である。

　第3に、まちづくりNPOの登場である。現在、一部住民を中心として、まちづくりを専門とするNPOの立ち上げが計画されている。立ち上がった場合、連携のコアが2つ以上登場することになる。機能の切り分け、分担の検討が必要である。

■図6　地区の位置

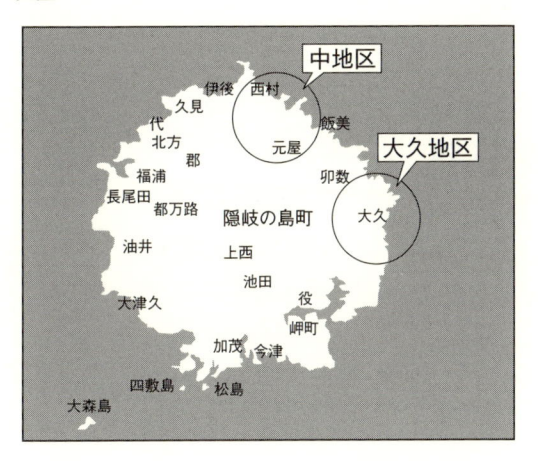

第3節　コラボレイティブ・リーダーシップ、ソーシャル・キャピタルを柱としたまちづくり――理念形として

　本節では、第2節で整理した隠岐の島町でのケースを、リーダーシップとソーシャル・キャピタルと、そのネットワークおよびナレッジマネジメントの2つの視点から分析する。そして、2つの視点を重ね合わせ、今後の地域再生へ向けてどのように社会配置をしていくべきなのかを検討する。

● ステークホルダー間のリーダーシップについて

　2004（平成16）年の風待ち海道倶楽部の発足をきっかけとして、隠岐の島町でのエコツーリズムを柱とした地域再生へ向けた動きは大きく変わった。2004年以前と以後との2つの時期に分けて、それぞれの時期のステークホルダー間のリーダーシップ関係を整理する。

◎2004年以前の動き

　ステークホルダーは、大きく、行政内の各部課、まちづくり団体、地域社会全体および一般住民と設定される。

　それぞれの内部の動きとしては、第1に、行政内の各部課間の関係は、基本的に縦割りの中で、強調したイベント・活動はあまり見られなかった。第2に、まちづくり団体間の関係は、個人的なつながりはあっても、地域課題の解決へ向けては連携をとった動きはほとんどなかった。第3に、地域社会および一般住民間には、これまでのまちづくりの活動が実感として跳ね返ってこなかったため、徒労感があった。

　リーダーシップの関係において、まず、行政内の各部課とまちづくり団体は、関係する団体と部課だけが直線的な関係であったため、行政内部およびまちづくり団体間での連携は少なかった。そのため、それぞれの活動が効果的に地域社会および一般住民に伝わることが少ない状況であったといえる。

◎2004年以後の動き

　西郷町役場建設課のスタッフたちは、港湾、道路をはじめ、様々な市民参加型社会資本整備事業を行う際に事業手法のひとつとしてワークショップなどを選択していった。そのワークショップでの議論をきっかけとして、それまで横の連携が弱く、それぞれの団体・組織内部結合を強めていた傾向から、より幅広い団体・組織・個人間の連携を促進するようになっていった。その結果として、風待ち海道倶楽部が結成され、地

域における多様な主体がある程度の統一した方向性をとるようになっていった。

それぞれの動きを見ると、第1に行政内部の各部課間に、社会資本整備事業を中心として連携体制が構築された。第2にまちづくり団体間の関係は、実際、社会資本事業を担当課が強いリーダーシップを図りながら進め、成果の実感と共に、連携への志向性が高まった。第3に地域社会・一般住民間の関係は、ワークショップに参加したことにより、自分たちの存在意義についての意識を深めていった。その後、島内各地域で展開するコミュニティビジネスなどのきっかけをつかむことで、地域再生へ動きを強めていった。

これらの意味で、風待ち海道エコツーリズム大学が地域それぞれで実施することにより、ソーシャル・キャピタルが、公式・非公式を問わず、結合型から橋渡し型へと変化していった。その結果として、隠岐の島町での運動は、地域再生の3つの柱である、主体性、長期性、多様性の輪郭を備えるようになっていった。

●ナレッジマネジメントによるソーシャル・キャピタルの変容

前述の通り、隠岐の島町でのエコツーリズムを中心とした地域再生の特徴のひとつに、エコツーリズム大学がある。この事業は、行政やまちづくり団体と住民有志で、地域課題の解決のために、自分たちの資源を再認識するための事業を立ち上げたものである。専門家の集団となりがちなまちづくり団体・行政を、地域社会・一般住民と結び、地域再生に関する運動をより深化させ、絶えずソーシャル・キャピタルの様式を変化させている。

この動きを、ナレッジマネジメントの視点から分析すると以下のようになる。まず、ナレッジマネジメントにおけるSECIモデルを示す。SECIモデルとは、知識の共有・活用によって優れた業績を上げている"知識創造企業"がどのようにして組織的知識を生み出しているかを説

明するため、野中郁次郎一橋大学名誉教授らが示したプロセスモデル[6]のことである。知識には経験や勘に基づく「コツ」「カン」などに代表される「暗黙知」と、解説書などに代表される文章化、図表化、数式化などによって説明、表現できる知識である「形式知」の2つがあり、それを個人・集団・組織の間で、相互に絶え間なく変換・移転することによって新たな知識が創造されると想定した。

その上で、すべての知の源泉は個々人の体験に基づく暗黙知であり、まずそのレベルで相互理解（OJTや手取り足取りなどの経験伝授、以心伝心など）を進める（共同化）。しかし個人に属する暗黙知は、そのままでは他者と共有しにくいため、言語や図表、数式などによって形式知に変換する（表出化）。言語化することでよりコンセプチュアルになり、本質理解が進むことも期待される。形式知となった知識を材料にしてより体系的、総合的な知識をつくり出す（連結化）。体系化／総合化された形式知は、それそのものは単なるドキュメントやマニュアルであるが、これを真の意味で知として個人が身につけるには、実践や体験を通じた身体知化が必要となる（内面化）。

このモデルを通じて、風待ち海道エコツーリズム大学と地域社会・一般住民との関係を分析すると以下のようになる。風待ち海道エコツーリズム大学への住民の参加、そして、島内各地での講座の実施により、地域における専門家の知識が、一般住民の間に浸透し、そのことが、地域社会における自分たちの存在の気づきへとつながり、地域におけるソーシャル・キャピタルが公式・非公式問わず、橋渡し型のものに変化していったと指摘できる（図7）。

■図7　ネットワーク分析図

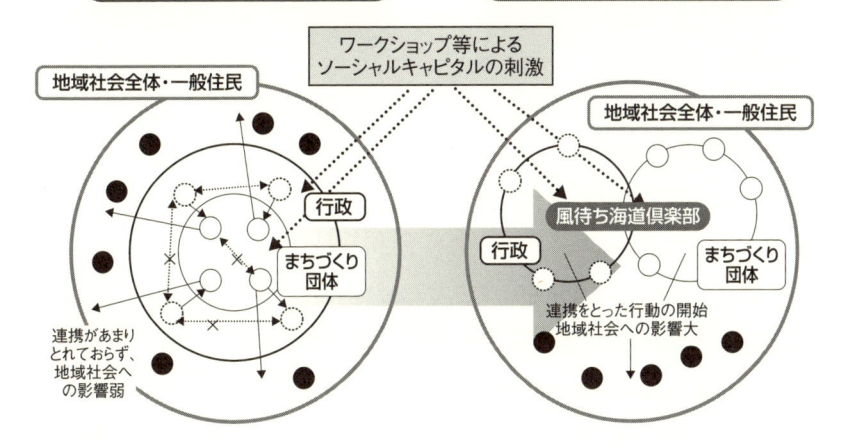

（凡例）● ○ ◌ は、それぞれの領域での主体を示す。

●本章のむすび

　島根県隠岐の島町での事例を柱として、大きく2つの条件について検討した。第1に、地域再生の成功にはリーダーシップ、特にコラボレイティブ・リーダーシップによる「地域づくり」が必要であることについて、第2にコラボレイティブ・リーダーシップが有効に発現するための社会的条件について分析をした。これまでの分析を通じて、地域再生のための主体性、多様性、計画性を獲得するためには、以下の配置が必要となることがわかった。

　その配置としては、行政の各部課、まちづくり団体・地域社会、一般住民からなり、地域課題を解決するためにある程度の方向性を持ち、活動を行う団体（地域再生コンソーシアム（仮））が必要である（図8）。想定される機能は大きく2つある。第1に、一過性に終わらないワークシ

ョップ・イベントなどを通じた関係者・団体、機関のソーシャル・キャピタルを結合型から橋渡し型へと刺激を与え変化させること。第2に、行政とまちづくり団体などの専門家の知恵と知識を地域社会・一般住民へと共有化から内面化まで深化させ、地域全体としての地域再生へ向けた地盤を強化させることである。

　これらの動きを相関させることにより、コラボレイティブ・リーダーシップが有効に発現し、地域再生へのエンジンとして機能することが想定される。そこで、一般の自治体にあるように、特別なセクション・グループとして市民協働を実現するのではなく、建築、福祉、地域振興など、それぞれの事業実施をする上での地域とのコラボレーションが必要である。地域再生コンソーシアムには、そのため、実際の事業を推進す

■図8　ナレッジマネジメントを含んだコラボレイティブ・リーダーシップ
　　　 による地域再生モデル

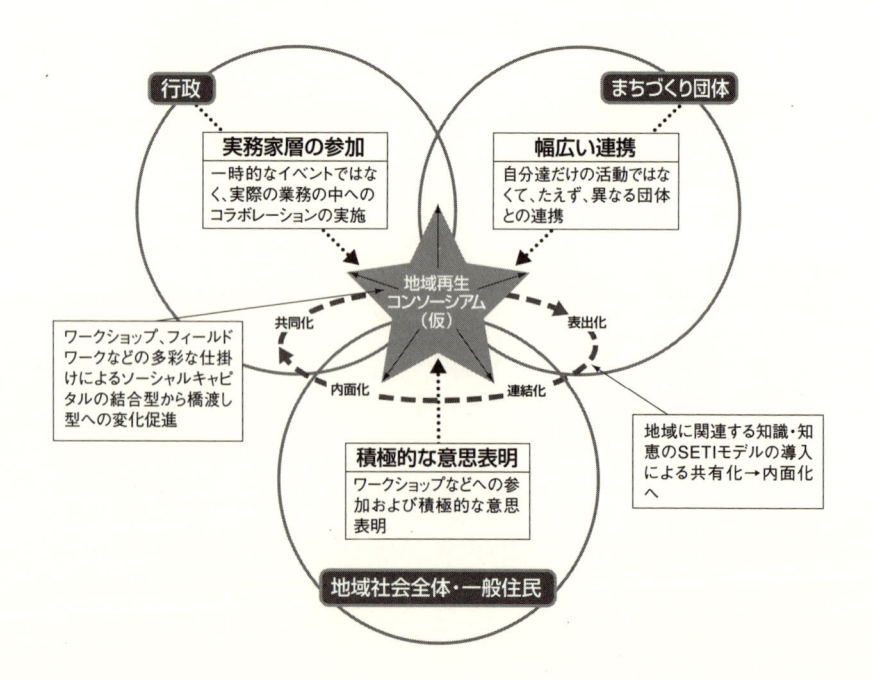

る行政における担当者の参加が求められる。まちづくり団体に関しては、自分たちの持つ知識の向上は当然として、それぞれの団体の領域に隣接する団体・個人との連携を深め、活動の幅をより広げていくことが必要である。

　地域社会・一般住民に期待される役割に関しては、ワークショップ、フィールドワークへの積極的な活動と同時に、地域に関する知識・知恵を自分たちの生活へと連結化し、自分たちの価値に気づき、また、行政・まちづくり団体を含む地域社会全体へと問題提起していくことが求められる。

注

1) 財団法人自治体国際化協会「英国の地域再生政策」2004年、p.1
2) Chrislip, D. and Larson, C., Collaborative Leadership, Jossey-Bass, 1994, p.5
3) Chrislip, D., The Collaborative Leadership Fieldbook, Jossey-Bass., 2002, p.6
4) Putnam, Robert, Making Democracy Work: Civic Tradition in Modern Italy, Princeton University Press, 1992, p.167
5) Barbara, Gray, Collaborating; finding common ground for multiparty problem, Jossey-Bass Inc.,1989, p.57
6) 野中郁次郎・竹内弘高著，梅本勝博訳『知識創造企業』東洋経済新報社、1996年、pp.106-107

◆参考文献

(1) Barbara, Gray, Collaborating; finding common ground for multiparty problem, Jossey-Bass Inc.,1989
(2) Chrislip, D. and Larson, C., Collaborative Leadership, Jossey-Bass, 1994
(3) Chrislip, D., The Collaborative Leadership Fieldbook, Jossey-Bass., 2002
(4) http://www.turningpointprogram.org
(5) 北島滋『開発と地域変動』東信堂、1998年
(6) 経済産業省地域経済研究会「人口減少化における地域経営について」2005年
(7) Lasker, Roz D., Weiss , Elisa S., "Broadening Participation in Community Problem Solving" Journal of Urban Health Vol. 80 No.1, pp.14-59, 2003.

(8) Matttessich, Paul W., and Monsey, Barbara, COLLABORATION; What Makes It Work, Amherst H. Wilder Foundation, 1992.
(9) 宮川公男・大守隆編『ソーシャル・キャピタル 現代経済社会のガバナンスの基礎』東洋経済新報社、2004年
(10) 内閣府国民生活局「ソーシャル・キャピタル――豊かな人間関係と市民活動の好循環を求めて」2003年
(11) 野中郁次郎・竹内弘高著、梅本勝博訳『知識創造企業』東洋経済新報社、1996年
(12) 内閣府社会経済総合研究所「コミュニティ機能再生とソーシャル・キャピタルに関する研究調査報告書」2005年
(13) 日本離島センター「離島統計年鑑」2005年
(14) オズボーン,D., ゲーブラー, T., 著、野村隆訳『行政革命』日本能率協会マネジメントセンター、1995年
(15) 大阪大学大学院国際公共政策研究科NPO研究情報センター「日本のソーシャル・キャピタル」2005年
(16) Putnam, Robert, Making Democracy Work: Civic Tradition in Modern Italy, Princeton University Press, 1992.
(17) 財団法人自治体国際化協会「英国の地域再生政策」2004年
(18) 島根県「地域経済分析（隠岐圏域)」2006年
(19) 総合研究開発機構「ソーシャル・キャピタル ガバナンスの基礎――つながるスキルをとりもどす」『月間ＮＩＲＡ政策研究』2005年6月号
(20) 岡田知弘『地域づくりの経済学入門』自治体研究社、2004年
(21) 総合政策研究機構「逆都市化時代の都市・地域政策――多様性と自律性の恢復による地域再生への途」2005年
(22) 佐藤滋・早田宰編著『地域協働の科学』成文堂、2005年

第10章

自治体／地域経営の リ・オリエンテーション

経営主義の浸透と揺らぎ

◎藤井浩司

提言

　市町村合併による地域再編、グローバリゼーションの進展、超高齢化・少子化、ICTの急速な技術革新による高度情報化、地域間格差の顕在化、国・地方の財政危機の深刻化など、現代日本の自治体／地域社会を取り巻く環境は厳しさを増すとともに、めまぐるしい変化を遂げている。厳しい制約と激しい環境変化のもとで、各地の自治体／地域社会は停滞と衰退危機を乗り越えるために、地域の生き残りをかけた「知恵と工夫」による自治体／地域経営戦略の構築が急務の課題になっている。「選択と集中」を標榜し、資源効率と合理性を追求する経営主義が台頭する一方で、「競争」の結果比較劣位におかれた地域の存立が危機に瀕している。自治体／地域社会の持続可能な自立と再生を図るとともに、共存と共生の可能性を追求するためには、経営主義という一元的な視点を脱して、直面する課題を多様な視点から検討し、課題解決を探っていくことこそが今求められる。

第1節 自治体改革と経営主義への転換

●経営主義の台頭

　地方自治体の行政運営や地域課題解決の取り組みをめぐって、自治体経営とか地域経営というように、経営という言葉がごく当たり前に用いられるようになって久しい。この言葉に含意されている共通の認識は、文字通り自治体行政や地域社会の運営に経営的な視点をもちこみ、従来の「お役所仕事」といわれる非効率的な官僚主義から脱却し、目的志向的で、かつ成果重視の行政への転換を求める発想である。後にも述べるが、NPM（ニューパブリック・マネジメント）という公共部門の運営に関する理念、手法に示されるように、民間部門の経営手法の公共部門への適用、あるいは民間参入、官民競争など公共サービス供給への選択的インセンティヴの導入による合理的で、効率的な公共部門運営を目指すもので、それまで共有されていた行政観とは異なった新たな視点に基づいている。その意味で、自治体行政のあり方をめぐるパラダイム転換の企てとみることもできよう。

　1990年代初めに、従来の行政をめぐるこうした大胆な発想の転換を「行政革命（Reinventing Government）」と称し、P.ドラッカーのフレーズを借りていわゆる「アントルプルヌール型行政」の実現を訴えたD.オズボーン／T.ゲーブラーによる行政改革の提言が[1]、当時の先進諸国における公共部門の改革の指針として広く影響を及ぼしたことはよく知られている。1980年代後半から1990年代初めにみられたこのような経営至上主義的な行財政改革の取り組みは、どのような経緯と背景の中でわが国の自治体行政をめぐる政策対応として立ち現れたのか。

●自治体行政の構造再構築

　そもそもわが国において、1980年代の欧米で政治経済システム全般に

わたる抜本的な構造再構築の取り組みを意味するリ・ストラクチュアリングというフレーズが使われるようになったのは、1980年代後半になってからであった。当時、円高不況に直面した基幹産業界を中心に事業縮小再編、人員合理化に取り組む旗印として「リストラ」というカタカナ外来語が用いられるようになり、しだいにポピュラーな用語になっていった。事業縮小、合理化という限定された意味にとどまらず、既成システム全体の構造再構築という本来の意味でリ・ストラクチュアリングの語が頻繁に用いられるようになったのは、バブル経済が崩壊し、深刻な経済財政危機に直面した1990年代以降のことである。同時期に歩調を合わせて自治体行政の構造再構築の取り組みもしだいに加速化していくことになる。

わが国における自治体行政の経営主義的な転換の企ては、こうした1990年代の自治体行政の構造再構築の過程の中で行われるのだが、その過程は地方分権改革推進の流れと地方行政改革推進の流れ、そして市町村合併推進の流れという3つの潮流が交錯する中で進行してきた。つまり、今日の自治体行政や地域社会の運営にみられる経営主義の現状をとらえ、その直面する課題と今後の展望を探ろうとするとき、わが国の1990年代における自治体行政全般の構造再構築の動向との関連と文脈の中でとらえることが肝要かと思われる。

●1990年代の自治体改革の流れ

そこでこれらの3つの流れを方向づける画期となった出来事をあらためて振り返ってみると、次のように整理することができる[2]。

まず地方分権改革については、1993（平成5）年の衆参両院での超党派による「地方分権の推進に関する決議」の採択、翌1994年「地方分権の推進に関する大綱方針」の閣議決定、続く1995年の5年間の限時法としての地方分権推進法の施行と地方分権推進委員会の発足が挙げられる。1996年、分権委員会は内閣総理大臣に対し『中間報告』を提出し、

その際、分権改革を明治維新、戦後改革に次ぐ「第3の改革」と位置づけ、機関委任事務の廃止を明示した。次いで地方行政改革については、1994年の自治省事務次官通知「地方公共団体における行政改革の推進のための指針」策定、1996年地方行革推進本部の設置（自治省）、翌1997年「地方自治・新時代に対応した地方公共団体の行政改革推進のための指針」の策定を挙げることができよう。そして最後に、市町村合併の流れについては、1994年に広域連合の制度化を内容とする地方自治法改正、同年の第24次地方制度調査会による「市町村の自主的な合併の推進に関する答申」の提出、それに則った翌1995年の10年間の限時法として市町村合併特例法改正が挙げられる[3]。これらは文字通り氷山の一角にすぎず、表象にあらわれた出来事の水面下には様々な意図や企てや動きが連続し錯綜していることはいうまでもない。が、マクロな視点に立つと、1990年代半ばの2－3年間に集約してあらわれた地方自治をめぐる3つの変革の流れは、その流れの基底で共通する構造再構築という背景を共有しているといえる[4]。

第2節 自治体経営とリ・ストラクチュアリング ——3つの文脈

●社会経済環境の変化

自治体行政をめぐる抜本的な構造再構築を誘引した文脈として、ここでは3つの点を指摘しておこう。第1に、わが国社会における社会経済環境の変化を挙げることができる。そうした環境変化はしばしば最も典型的な3つないし4つの変化を指して「三化け」とか「四化け」と称されることがある。超高齢化・少子化、グローバリゼーション、高度情報化、成熟化がそれである。これらの変化に共通しているのは、それらによって引き起こされる課題が地域生活に密着した問題として立ち現れ、地域

実情に応じた課題解決が求められるという点である

　集権システムを前提とした「基準」や「通達」といった政策道具では問題解決を図ることがきわめて難しくなり、公共部門にとって調達可能な資源の限界が顕在化する中で、従来型の規制政策、分配政策のフィージビリティが低下し、ポジティヴな政策効果も期待できなくなくなっている。史上類例のない財政制約のもとで、地方交付税見直し、国庫補助金削減がすすめられ依存財源が縮小する中、中央政府は従来型の規制・分配政策から、新たな財政支援を伴わない規制緩和政策を基軸とした「あくまで自立と自助の精神、知恵と工夫の競争による活性化の尊重を念頭に、……持続可能な地域再生を実現する」（「地域再生推進のためのプログラム」2004年2月27日地域再生本部決定）方針へと政策転換を余儀なくされている。地域産業基盤が脆弱で、人口流出と超高齢化に歯止めがかからない、乏しい財政資源と増大する財政需要というアンビバレントな状況から抜け出しようがない過疎自治体ほど、ますます深刻化する地域課題に対応するために「自立と自助の精神」と「知恵と工夫と競争」が求められる、という事態が現実になりつつある。

●制度の世代交替

　そして第2の説明要因として指摘できるのが、わが国が現在、制度の更新期に入っているという点である。一定年度を経過した制度や政策がしだいに現実世界との有意性を喪失し、制度と現実との間に乖離がみられるような状況を指して「制度疲労」というフレーズがしばしば用いられる。制度のライフサイクル、誕生（制度創設）→成長（制度改正）→成熟（制度安定）→衰退（制度疲労）→終末（制度終了）は経験則上40〜50年とされ、ひとつの制度の終末は新たな制度の誕生によって取って代わられる（制度循環仮説）。衰退期から終末期にかけて、制度改革と制度設計の取り組みが同時進行で進められることになる。わが国の制度展開を考えると、1940年代後半から1950年代にかけての戦後改革／復興

期に創設された制度が半世紀を経て耐用年数を超過しつつある、との現状認識を示すことができよう[5]。

●先進諸国の構造改革の動向

　最後に、第3の文脈として、1980年代を中心とした先進諸国におけるリ・ストラクチュアリングの全般的動向が挙げられる。

　そもそもリ・ストラクチュアリングというのは、1970年代の経済財政危機に直面した欧米世界が1970年代末から1980年代にかけて取り組んだ危機対応戦略を総じて称したものであり、既成の制度・政策枠組の抜本的な見直しと再編を企図した企てであった。第二次世界大戦後から1970年代半ばまで、欧米先進諸国と日本は戦後復興から高度経済成長へと進むリニアな発展経路を辿り、「右肩上がりの時代」あるいは「栄光の三十年」と描写される時期を過ごしてきた。その発展経路を支えてきた制度・政策配置は、組織化され専門分化された官僚制と集権的なシステムによって構造化された公共部門が主導的な役割を演じる体制であり、政府によって採用された2つの基軸政策、ケインズ主義的経済政策と社会保障政策が唇歯輔車のような相補的な関係となって発展の経路を維持してきた。こうした制度・政策配置はケインズ=ベバリッジ・パラダイムと呼ばれ[6]、先進諸国が共有する政策パラダイムとして、イギリス戦後政治史におけるバッケリズム（Butskelism）に典型的に示されるように、党派的対立を超えた戦後合意が広範に形成されていた。

　ところが、先進諸国を襲った1970年代危機がこの戦後合意の終焉を宣告し[7]、公共部門の役割と守備範囲について抜本的な見直しを迫ることになったのである。その際取り組まれたリ・ストラクチュアリングのための対応戦略は縮小戦略もしくはDPM戦略[8]と呼ばれるもので、支出抑制と規模縮小を主眼においていた。そして利用可能な財政資源が厳しく制約される中で、資源効率を高め合理的な組織管理を維持するために採用されたのが、民間企業経営の成功事例から引き出した新しい管理手

法としてのNPMであった。NPMは、1980年代後半にイギリスで先導して取り組まれ、アメリカ、ニュージーランド、オーストラリア、カナダとアングロ・アメリカン諸国へ波及し、大陸ヨーロッパ諸国、北欧へと広まっていった。

●NPMとは何か？

NPMとは何か、という問いかけに対して、しばしばそのターミノロジーの発案者とされるC.フッドによって示された管理プログラムの7つの構成要素が挙げられる[9]。

つまり、①公共部門における専門家による実践的管理、②業績能力に関する基準と指標の明示、③成果統制の強調、④公共部門における組織単位の分散化、⑤公共部門における競争促進、⑥民間部門の管理手法の強調、⑦資源利用における規律と倹約の強調、がそれである。また一般的に、NPMの手法として共通の取り組みをを挙げるすれば、①業績／成果による統制（政策評価、外部監査、目標管理など）、②市場メカニズムの活用（民営化、民間委託、PFI／PPP、エージェンシー化、指定管理者制度、市場化テスト、競争入札制など）、③顧客主義（CS測定、パブリック・コメント制など）、④ヒエラルヒー構造の簡素化（フラット組織、グループ制、プログラム別予算など）、⑤アカウンタビリティ（発生主義会計、複式簿記、バランスシート作成など）が指摘できる。同時に、NPMの基底的な信条でもある経営主義の浸透と展開が、伝統的な行政（アドミニストレーション）から新しいパラダイムとしての公共管理（マネジメント）へのパラダイム転換を伴う、統治それ自体の変容へと直結するものと受けとめられ、市場―政府関係、政治―行政関係、政府―市民関係、市民―官僚制関係などの変容をも射程に収めた全面的なリ・ストラクチュアリングの企てと考えられている[10]。

● **経営主義をめぐる今日的論点**

　こうしたNPMの理念や手法が、わが国の公共部門において実際的な政策対応として展開されるようになったのは、先にも述べたように1990年代半ば以降であった。しかもそれは、中央、地方を問わずわが国の公共部門において、必ずしも全般的に導入、普及されたわけではなかった。ピースミールに制度・政策が導入される一方で、社会経済的要因、政治的要因、財政的要因、組織要因などの個別事情によって政策対応が左右され、自治体間で普及度に相当な差異が存在することが観察、検証されている[11]。また、そもそもわが国へのNPMをはじめとする経営主義の普及については「(欧米諸国と比べて) 2周遅れ」と評されるようなタイムラグがあり、その理由として、伝統的な行政官庁運営の手法をめぐる欧米との相違が指摘されたり、1980年代後半のバブル景気による経済パフォーマンスの堅調を背景とした問題の先送りという事情などが挙げられている[12]。こうして経営主義をめぐる今日的な論点として、経営主義の浸透に伴い日本型マネジメント・システムがどのように変容したのか、あるいはどの点で変わらなかったのか、言い換えれば、わが国の公共部門への経営主義の導入と普及をめぐる課題と限界がしだいに問いただされるようになった。

第3節　経営主義の受容と見直し
——日本型マネジメント・システムをめぐって

● **経営主義の浸透**

　政策移転という観点からわが国の公共部門への経営主義の浸透をみた場合[13]、1990年代初めの深刻な経済危機と厳しい財政制約のもとで急速な高齢化に伴うサービス需要の拡大に直面していたことや、1990年代半ばに続いて起こった官業癒着事件によって国民の間に根強い行政不信がみ

られたこと、さらには21世紀をひかえた日本社会の展望に関する漠然と
した不安と危機意識が背景になっていたといえよう。そして、欧米世界
でひとつの潮流となっていた経営主義の理念と具体的な成功事例を、政
策移転の主要な担い手である政策起業家／コンサルタント、シンクタンク、
一部の官僚や研究者が中心となって政策形成の場に伝達し、三重県や静
岡県といった先進自治体が先導者として普及していくことになった[14]。
その際、経営主義をめぐる政策移転は、欧米世界で定式化された原理を
そのまま移植するように展開されたわけではなかった。特に、東アジア
への政策移転については、経営主義が欧米型の官僚制を前提としており、
非欧米諸国への移転には文化障壁が存在すると指摘されている[15]。

●政策移転とは

そもそも政策移転には、①複製（コピィング）：他所で過去に使われ
た、あるいは現在使われているプログラムを一切の変更を加えず、その
まま採用する場合、②模倣（エミュレーション）：ある特定のモデルを
参考にして政策やプログラム、制度をつくる場合、③合成（ミクスチュ
ア）：特定のモデルではなく、複数の政策やプログラムの要素を抽出し、
自らに最も適した型に組み合わせて政策やプログラムを策定する場合、
④啓発（インスピレーション）：新しい構想や取り組みの着想を引き出
すような影響を与える場合、といった4つの態様が考えられる。このう
ち政策のワーディング、法案の文言など細部にわたって複写するような
「複製」はほとんど例がなく、多くの場合、既に導入され一定の成果を
収めている、ひとつもしくは複数のモデルを参考に、制度や政策、プロ
グラムをつくる「模倣」、「合成」という態様がみられる。ただその場合
は、既存の制度・政策配置との整合性が慎重に吟味され、導入後につい
ても所期の目的・成果が達成されているかどうかという実効性が問われ
ることになる。当然ながら、整合性や実効性の点で肯定的な評価が得ら
れない場合には、移転が企てられた政策やプログラムについて見直しが

行われる。

　このように政策移転を妨げる要因としては、一般的に、①政策の複雑性：移転しようとしている政策やプログラムが複雑であればあるほど、移転が困難になる、②過去の政策対応への経路依存：これまで採られてきた政策の漸進主義的な傾向に規定され、これまでと大きく異なった政策対応を企てると大きな初動コストがかかる、③制度・構造的制約：移転元（ドナー）と移転先（レシピエント）との制度・構造が相違していればいるほど、移転の可能性は制約される。また、ドナーとレシピエントとの関係が親和的、協調的な場合は移転を促進するが、逆の場合は移転を妨げる可能性が強い、④実現可能性の制約条件：イデオロギー、テクノロジー、文化、経済、官僚制などの面で相違や懸隔が大きければ、政策移転の実現可能性は低くなる、などが挙げられる[16]。

　それでは、わが国における公共部門への経営主義の政策移転はどのような形で展開されたのか、組織マネジメント・システムの構造や過程に焦点を合わせて、その継承と変容を検討してみることにする[17]。

●日本型マネジメント・システムの特性

　わが国における在来の組織マネジメント・システムは、欧米世界のそれと対比して、その固有性、特殊性から「日本型」もしくは「日本的」という形容詞を冠して論じられてきた。この日本型マネジメント・システムは、公共組織であると企業組織であるとを問わず、両者に共通する代表的な構造特性として、①人的資源管理（雇用・人事処遇）の仕組み、②組織管理と意思決定の方策、③ガバナンスの構成、という3つの側面でいくつかの特徴を挙げることができる。

　こうした在来型のマネジメント・システムを整理すると次のようになろう。まず、人的資源管理の仕組みとしては、従業員に長期継続的に安定した雇用を保障する終身雇用制、主に勤続年数に基づいて昇進・昇給を評価する年功序列型処遇、そして終身雇用および年功序列と相補的な

第10章 自治体／地域経営のリ・オリエンテーション……241

■図1　重点施策の発案への関与（主体別）

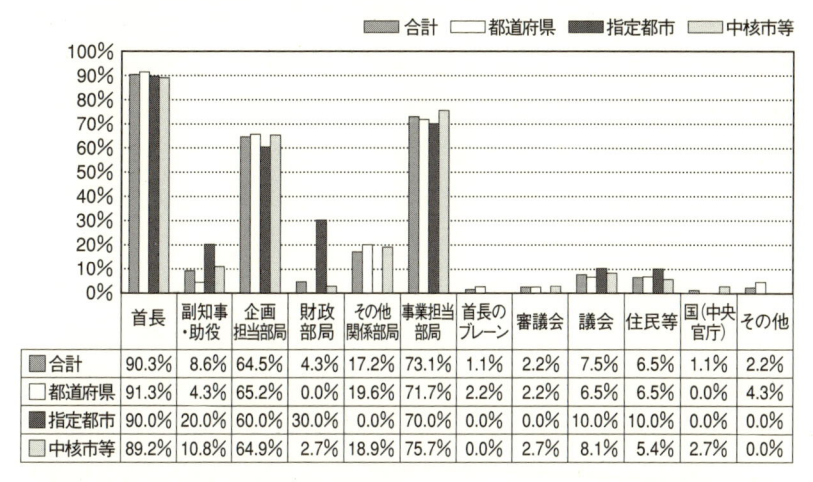

	首長	副知事・助役	企画担当部局	財政部局	その他関係部局	事業担当部局	首長のブレーン	審議会	議会	住民等	国(中央官庁)	その他
合計	90.3%	8.6%	64.5%	4.3%	17.2%	73.1%	1.1%	2.2%	7.5%	6.5%	1.1%	2.2%
都道府県	91.3%	4.3%	65.2%	0.0%	19.6%	71.7%	2.2%	2.2%	6.5%	6.5%	0.0%	4.3%
指定都市	90.0%	20.0%	60.0%	30.0%	0.0%	70.0%	0.0%	0.0%	10.0%	10.0%	0.0%	0.0%
中核市等	89.2%	10.8%	64.9%	2.7%	18.9%	75.7%	0.0%	2.7%	8.1%	5.4%	2.7%	0.0%

〈回答数　合計93、都道府県46、指定都市10、中核市等37〉
（出典）自治大学校地方公務員研修研究会『自治体における政策の現状と政策形成過程に関する調査』（平成17年3月）、28頁

■図2　重点施策の検討への影響（主体別）

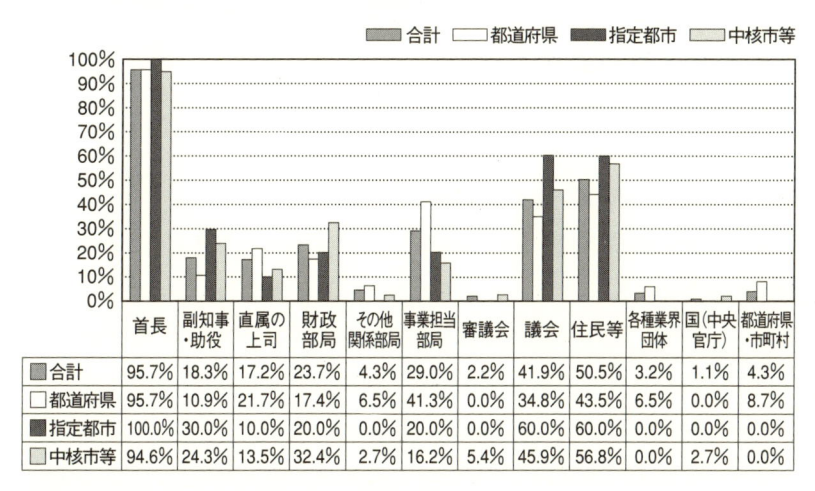

	首長	副知事・助役	直属の上司	財政部局	その他関係部局	事業担当部局	審議会	議会	住民等	各種業界団体	国(中央官庁)	都道府県・市町村
合計	95.7%	18.3%	17.2%	23.7%	4.3%	29.0%	2.2%	41.9%	50.5%	3.2%	1.1%	4.3%
都道府県	95.7%	10.9%	21.7%	17.4%	6.5%	41.3%	0.0%	34.8%	43.5%	6.5%	0.0%	8.7%
指定都市	100.0%	30.0%	10.0%	20.0%	0.0%	20.0%	0.0%	60.0%	60.0%	0.0%	0.0%	0.0%
中核市等	94.6%	24.3%	13.5%	32.4%	2.7%	16.2%	5.4%	45.9%	56.8%	0.0%	2.7%	0.0%

〈回答数　合計93、都道府県46、指定都市10、中核市等37〉
（出典）同上、30頁

関係にある家族主義的経営の一環としての手厚いフリンジ・ベネフィットなどが挙げられる。次に、組織管理と意思決定の面では、組織の頂点から末端に至るライン部門に多様な管理職位が設けられ多層的な階層構造になっているトール・ストラクチュアとしての特性、事業部門の自律性が低く、大方の事業部門が丸抱えされる傾向がある経営と執行の未分化な関係、そしてボトム・アップ型意思決定としての稟議制などがある。最後に、ガバナンスの構成という点では（ここではローカル・ガバナンスに関して）、首長、執行機関（補助機関）、議会などの制度内部アクター（インサイダー）、国・府県関係官庁など政府間関係機関、規制・配分政策の対象団体・顧客集団といった、政策過程でフォーマルに位置づけられている内部アクターが強い影響力を保有している。ただ内部アクターの位置づけについては、同心円のサークルで中心近くに位置する首長、総務・財務・企画部局（官房系部局）、事業担当部局と、外延のサークルに位置づけられる議会、助役・収入役、他部局などで影響力に相対的な差異がある[18]。特に施策発案もしくは課題設定という点での住民やNPO、コンサルタントなど外部アクター（アウトサイダー）の影響力は相対的に低位である。制度内外の境界線を挟んで、インサイダー中心に閉鎖的な政策共同体が構築され、アウトサイダーによる施策発案への影響力行使には困難もしくは制約を伴う[19]。

●マネジメント・システムの再構築

　以上のような日本型マネジメント・システムは、1980年代までは日本経済の成長の源泉、行政の安定性の土台として肯定的に評価される傾向が強かったが、1990年代以降の構造再構築の過程ではそれへの信頼感が揺らぎ、むしろ社会の流動性や変革・発展の阻害要因として否定的に評価され、その見直しが強く求められるようになる。新しいマネジメント・システムの提案に際して準拠されたのは、個人主義志向、高い流動性の労働市場特性をもつ米・英型雇用システムであり、NPMによる組

織改革であり、また米・英型のコーポレート・ガバナンスであった。それらは、上記のような在来の日本型マネジメント・システムの特性に対応して次のような特徴をもっている。

　まず雇用については、長期継続性を前提としない人材の流動化のもとで、能力主義的処遇（年棒制、能力給、抜擢降格人事など）や即戦力・専門性を重視した人材確保（途中採用、複線型人事など）、さまざまなフリンジ・ベネフィットの絞り込みなどへの積極的な取り組みをはじめとして、競争的な労働環境を創出する経営主義的な仕組みへの転換が求められる。それによって、従業員のモチベーションが高められ、業績志向のインセンティヴを与えて組織の活性化が促されるとともに、労働コストの引き下げが図られるというのである。次いで組織管理の面では、資源制約下での「選択と集中」という効率的な決定と執行を担保し、目的志向の戦略的意思決定を導くトップ・マネジメントの強化が強調される。あるいは、X非効率を軽減する方策として、組織のフラット化や分権化、外部化が奨励される。公共組織についていえば、首長の補佐機構の拡充、事業部制、包括予算制度、グループ制、民間委託、独立行政法人化などの制度選択がこれにあたる。そして、情報共有の要請、事前参加手続の整備、公民協働プログラムの拡充、外部監査の奨励など、公開・参加・協働・監視のための制度環境が整えられることで、ガバナンスの構成も変容を迫られる。政策過程において定まったポジションをもたなかった新規の、多様なアクターが登場し、インサイド／アウトサイドの境界線が流動化するとともに、課題や争点に応じて異なったアクターによる連携・協働のネットワークが形成されるようになる。その場合、施策発案もしくは課題設定ではほとんど影響力を行使しなかったアクターも、政策形成、特に検討・決定過程では一定のプレゼンスをえてニーズやディマンドに配慮が払われる。

●経営主義の試行と模索

1990年代半ば以降企てられた日本型マネジメント・システム改革の取り組みは、バブル経済の崩壊後の日本企業の国際競争力の低下、グローバリゼーションへの対応の遅れ、労働市場の流動化、経済のサービス化・ソフト化、勤労者の意識変化など、企業を取り巻く環境変化への対応を迫られた企業組織での改革が先行して展開された。柔軟な労働市場創出という名目のもとに規制緩和が進められ[20]、雇用形態が多様化する中で正社員の減少、非正社員の増加という状況が進んだ。また、能力給など成果主義的報酬制度の導入、系列に象徴される日本的サプライヤー・システムの見直しによって、企業における内部構造（終身雇用、年功序列など）や外生関係（系列、下請けなど）にみられた長期継続的関係の見直しが進められた[21]。ただその際も、英米型の経営主義的な改革を全面的に受容するのではなく、在来の日本型マネジメント・システムに新たな仕組みを取り入れて活用していく方途が探られていた[22]。

他方、公共組織においても、すでに述べたように1990年代の後半期になってNPM型の行政改革がいくつかの先進自治体を先導者として取り組まれ、しだいに他の自治体に波及していった[23]。1997（平成9）年に政府は「地方自治・新時代に対応した地方公共団体の行政改革推進のための指針」（自治事務次官通知）に基づき、定員管理の適正化、給与の適正化、民間委託の推進、行政評価制度の導入、公正の確保と透明性の向上などの面で積極的な取り組みをするよう各地方自治体に対し要請した。2001年4月、「構造改革」を標榜して登場した小泉政権の発足以降、政府の地方行政改革への取り組みは一気に加速化する。時系列で跡づけると、まず政権発足直後の6月、経済財政諮問会議の「骨太の方針」（2001年6月26日閣議決定）で「自助と自律に基づく新たな国・地方の関係の実現には、まず、受け皿となる自治体の行財政基盤の拡充と自立能力の向上を促し、国に依存しなくても自立し得る自治体を確立しなければならない」として、地方行財政の改革の必要性を指摘した。これと同

■図3 地方公務員総数の推移

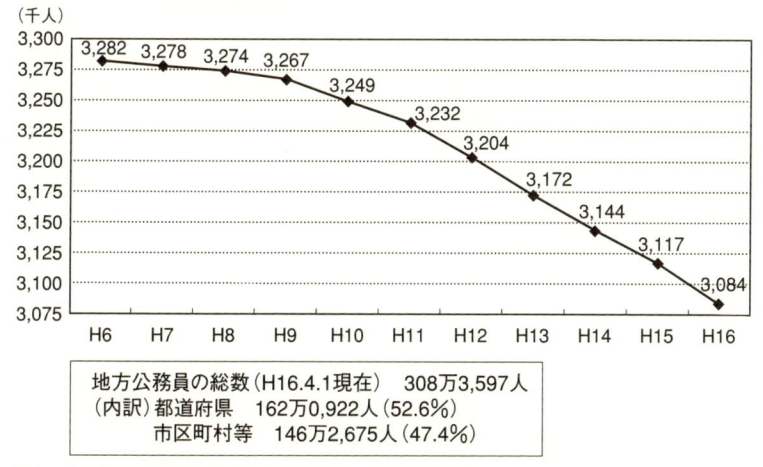

(千人)
H6	3,282
H7	3,278
H8	3,274
H9	3,267
H10	3,249
H11	3,232
H12	3,204
H13	3,172
H14	3,144
H15	3,117
H16	3,084

地方公務員の総数（H16.4.1現在）　308万3,597人
　（内訳）都道府県　162万0,922人（52.6％）
　　　　　市区町村等　146万2,675人（47.4％）

（注）平成16年4月1日現在、地方公共団体定員管理調査結果の概要により作成
（出典）総務省HP http://www.soumu.go.jp/news/pdf/050329_03.pdf

■図4 地方公務員の給与水準の推移

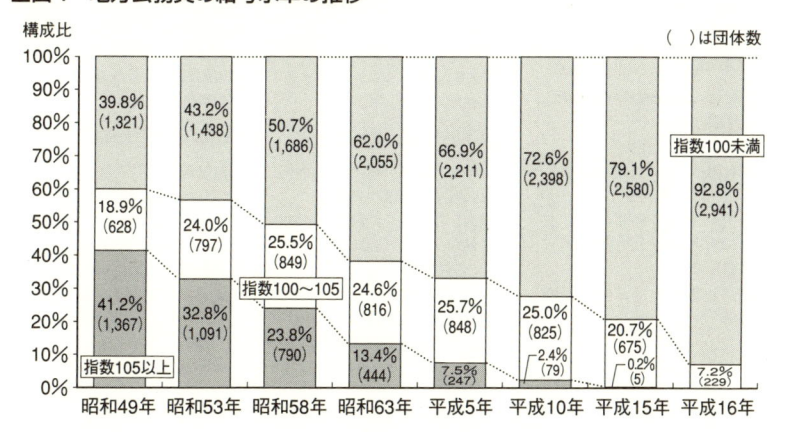

構成比　　　　　　　　　　　　　　　　　　　　　（　）は団体数

年	指数105以上	指数100～105	指数100未満
昭和49年	41.2% (1,367)	18.9% (628)	39.8% (1,321)
昭和53年	32.8% (1,091)	24.0% (797)	43.2% (1,438)
昭和58年	23.8% (790)	25.5% (849)	50.7% (1,686)
昭和63年	13.4% (444)	24.6% (816)	62.0% (2,055)
平成5年	7.5% (247)	25.7% (848)	66.9% (2,211)
平成10年	2.4% (79)	25.0% (825)	72.6% (2,398)
平成15年	0.2% (5)	20.7% (675)	79.1% (2,580)
平成16年	—	7.2% (229)	92.8% (2,941)

（注）平成16年4月1日現在、地方公務員給与実態調査結果の概要により作成
（出典）同上

■図5　地方公共団体の行財政改革の推進等行政体制の整備についての意見
地方分権改革の一層の推進による自主・自立の地域社会をめざして

(平成16年5月12日 地方分権改革推進会議)

◎地方分権改革が目指すのは、「**地方にできることは地方に**」の観点から、国と地方の役割分担を明確にし、地方の自己決定の範囲を拡大し、地方の自立性を高めること。
◎このため、国による過度の関与が地方の取組みの支障とならないよう、**地方の自由度の拡大**が必要。この下では、自主・自律的に政策をつくる**住民自治の拡充**や、自己責任が伴った**効率的行財政運営**に向けた改革が必要。
◎市町村合併の進展に伴い、現行の都道府県と市町村の在り方を含め、**新しい行政体制**を抜本的に検討する段階に到達。「道州制」についても国民的議論を期待。

地方の自由度の拡大

事務・事業の見直し
○地域における行政の総合化
・統合補助金化、幼保一元化等
○地方の自主的な行財政運営の確立
・保健所長医師資格要件の廃止、教育委員会の必置規制の弾力化等
○国の役割の明確化
・直轄事業に係る情報開示、国の治安責任の明確化と地域の安全・安心の確保等

自由度の拡大のための様々な方策
○市町村(基礎自治体)を重視した分権の推進
○特区的手法の活用
○法令面での地方の権限強化
・条例への授権範囲の拡大や、条例が一定の範囲内で政省令の内容の弾力化を図りうる仕組みづくり
○国の決定への地方の参画の確保

行財政運営の改革

住民自治の拡充と公私協働の推進
○議会の活性化
・情報公開、情報提供の推進や定数・報酬、組織制度・運営の在り方を地方で自主的に決定できる環境整備
○シティ・マネジャー制等の導入の検討
・地方公共団体が効率的・戦略的な組織体制を自主的に選択できるよう、憲法上の課題を含めて検討
○公私協働の推進
・NPOなど地域の多元的な主体による地域コミュニティを支える公共サービス提供

効率的行財政運営の推進
○「新しい行政手法」の活用とマネジメント・サイクルの推進
○民間との連携による効率的・効果的な公共サービスの提供(PFI、公設民営等)
○地方分権新時代にふさわしい公務員制度の見直し
　国家公務員制度に全面的に準拠する考え方から脱皮し、地方公共団体の判断で決定できる柔軟な制度へ
○電子自治体の実現
○公会計改革

地方行政体制の整備

地方分権改革の推進と新しい地方行政体制の方向
○中央政府の役割と地方公共団体の役割
・「国のかたち」の在り方を踏まえ、国と地方(基礎自治体と広域自治体)の役割を考えることが必要
○市町村(基礎自治体)への権限移譲の推進と都市の活性化
・地域経済の中核となる都市(政令指定都市、中核市等)の基盤強化
○市町村合併の推進(対応力と効率性の向上)

新たな広域行政体制の整備
○広域連合等の活用
・自立性の高い広域連合の成立等、都道府県レベルでの広域連携の実践を期待
○「道州制」をめぐる論点
・憲法上の課題を含め、国民的議論を期待。国の地方支分部局等の在り方も要検討
○北海道における取組み
・「道州制特区」の提案を通じ、「道州制」の議論の活発化を期待

「画一」、「一律」、「硬直」から「多様」、「選択」、「柔軟」へ。政府と地方公共団体の取組みを期待。

(出典)地方分権改革推進会議資料　http://www8.cao.go.jp/bunken/040512iken/040512gaiyo.pdf

時期に出された地方分権推進委員会の「最終報告」(2001年6月14日) でも、新しい時代の行政体制を整備する必要性から行財政改革の推進を促し、第27次地方制度調査会の「最終答申」(2003年11月13日) も地方行財政制度や地方分権に関連して地方行政改革の緊要性を訴えた。

こうした中、地方分権改革推進会議は、2004 (平成16) 年5月12日、内閣総理大臣に「地方公共団体の行財政改革の推進等行政体制の整備についての意見」を提出し、地方の自由度の拡大、地方行政体制の整備とともに行財政運営の改革を提言し、そこで効率的行財政運営の推進を図る具体的な方策として、「新しい行政手法」の活用、民間連携による公共サービスの提供(PFI、公設民営など)、公務員制度の見直し、電子自治体の実現、公会計改革などを示した。

さらに政府は同年末に出された「今後の行政改革の方針」(2004年12月24日閣議決定) をふまえ、数値目標を設定し、わかりやすい指標を採用した新たな地方行革指針として「地方公共団体における行政改革推進のための新たな指針(新地方行革指針)」(2005年3月29日) を策定し、NPM型の行政改革を推進する政策を打ち出した。

●経営主義の揺らぎ

組織マネジメントにおける効率性と経済性を追求する経営主義的改革が企業組織、公共組織それぞれの領域で企てられ実行に移されていく一方で、改革の成果だけではなくその副作用というべき問題がしだいに指摘されるようになった。行き過ぎた改革を見直そうとする機運すらみられるようになった[24]。

企業組織における在来の日本型マネジメント・システムの見直し、特に日本的雇用慣行をめぐるそれをめぐって、終身雇用制と年功型賃金制の揺らぎに伴う雇用形態の多様化は正規雇用と非正規雇用の分極化と両者の経済格差を生み(格差社会問題)、あるいは雇用流動化と労働削減誘因は成人移行期の長期化とそれに伴う若年雇用の不安定化を生み出し

■図6　新地方行革指針による地方行革の推進　　　　　　（総務省　平成17年3月29日）

行政改革大綱と「集中改革プラン」

目標の数値化　わかりやすい指標の採用など

平成17年度中　平成17年度を起点とし、おおむね平成21年度までの具体的な取組を明示した「集中改革プラン」を公表

- 事務・事業の再編・整理
- 民間委託等の推進（指定管理者制度の活用を含む）
- 定員管理の適正化（退職者数及び採用者数の見込み、平成22年4月1日における定員目標を明示）
- 手当の総点検をはじめとする給与の適正化（給料表の運用、退職手当、特殊勤務手当等の諸手当の見直しなど）
- 第三セクターの見直し
- 経費節減等の財政効果　など

※地方公営企業についても公表

・総務省においては都道府県・指定都市、都道府県においては市区町村から提出された「集中改革プラン」について、必要に応じ、各地方公共団体に助言、わかりやすく公表
・一部の地方公共団体における不適正な手当の支給などに対する国民からの厳しい批判を踏まえ、このような状況の是正に強力に取り組む

地方公務員全般にわたる定員管理・給与の適正化等の強力な推進

◎過去5年間の地方公共団体の総定員純減（平成11年から平成16年までに4.6％純減）を上回る純減を図る必要
◎各団体において定員適正化計画の中で明確な数値目標
◎地方公務員全般にわたり、給与制度・運用・水準の適正化を強力に推進
　・特殊勤務手当をはじめとする諸手当のあり方の総合的点検と早急な見直し
　・技能労務職員、公営企業職員の給与の適正化

など

◎第三セクター、地方公社についても、給与及び役職員数の見直し
◎給与・定員等の状況について、住民等にわかりやすい形で積極的に公表
◎職員に対する福利厚生事業について、住民の理解が得られるものとなるよう、点検・見直しを行い、適正に事業を実施。また、福利厚生事業の実施状況等を公表

地方公共団体における行政の役割の重点化

〈民間委託等の推進〉
◎旅費・給与等に関する事務や定型的業務を含めた事務・事業全般にわたり民間委託等の推進の観点から総点検を実施、具体的・総合的な指針・計画を策定
〈指定管理者制度の活用〉
◎現在直営で管理しているものを含め、全ての公の施設について、管理のあり方について検証、検証結果を公表
〈地方公営企業・地方公社の経営健全化、第三セクターの抜本的見直し〉
◎地方公営企業について、サービス自体の必要性、地方公営企業として実施する必要性について検討。
◎地方公社について、経営改善等に積極的に取り組。経営の改善が極めて困難と判断される公社については、法的整理も含め抜本的に見直し

◎第三セクターについて、統廃合、民間譲渡、完全民営化を含めた見直しを推進
〈電子自治体の推進〉
◎情報セキュリティの確保にも十分留意しながら、行政手続のオンライン化、共同アウトソーシング、公的個人認証サービス、住民基本台帳ネットワークシステム、住民基本台帳カードなどの利活用等に積極的に取り組み、業務改革を進めメリハリのある職員配置
〈行政評価の効果的・積極的な活用〉
◎行政評価を効果的・積極的に活用し、PDCAサイクルに基づき、事務・事業や組織編成など行政組織運営全般の点検・見直しを行う
公正の確保と透明性の向上〉
◎情報公開条例や行政手続条例の制定、議会や監査委員などによる監視機能の強化等を行う

説明責任の確保とディスクローズの推進

〈地方公共団体〉
行政改革大綱等の見直し・策定について、
◎住民等が参加し、民意を反映するような仕組みを整備
◎速やかにホームページや公報等を通じて、住民等にわかりやすい形で公表
行政改革大綱等に基づく成果について、

◎他団体と比較可能な指標に基づき公表するなど、住民等に分かりやすい形で公表
〈総務省〉
◎改革の推進状況について、必要に応じ、各地方公共団体に助言
◎毎年度フォローアップを実施し、その結果を広く国民に公表

（出典）総務省HP http://www.soumu.go.jp/news/pdf/050329_02.pdf

た（ニート・フリーター問題）。これは少子高齢化の人口構造変化とあいまって、社会保障制度の将来スキームの大幅な組み換えを要請している（年金制度改革問題）。さらに、終身雇用や系列などの長期継続的関係の見直しは、日本企業の集団主義的な組織パフォーマンスの源泉でもあった組織的学習の継続・蓄積を断絶し、ひいては「企業の短命化」という事態すら引き起こす可能性を強めていると指摘されている[25]。

　他方、地方自治体におけるNPM型行政改革については、上記の「新地方行革指針」によって、都道府県、市町村すべての自治体が準拠すべきフレームワークとされ、2005年度を起点に2009年度までの具体的取り組みを「集中改革プラン」として公表、明示するものとされた。すでに述べたように、地方自治体のNPM型行政改革は先導的な自治体により取り組まれていたが（表1参照）、この新指針により、すべての自治体にとって「新しい公共空間」を形成するための戦略として位置づけられた。その意味では取り組みに着手されたばかりでその功罪についての評価はまだ定まってはいないが、先行事例をめぐり「予期せざる結果」が顕在化しつつある自治体の事例が指摘されている[26]。あるいは、小泉政権によって進められたいわゆる「三位一体改革」の下で、47都道府県のうち、税源移譲額（2003年度／07年度比較）と補助金削減額（2002年度／06年度比較）の収支がプラスだったのが納税者の多い、かつ所得水準の高い都市圏の12都県で、残りの35道府県がマイナスで、地域間格差の存在が確認された[27]。また、スケールメリットによる資源効率・財政効率を企図した市町村合併が進められた一方で、過疎・高齢化によって存亡の危機に瀕する限界集落対策が急務の課題として浮上している[28]。これらの問題解決の道筋が経営主義的観点からだけで見出せるわけではないことはいうまでもない。

■表1　地方自治体における行政改革の取り組み事例】

1.地域協働	●NPO・ボランティアへの委託──【群馬県】 協働による地域社会の課題解決の仕組みを定着させ、住民自治の充実を図るという観点から、県立公園のトイレ清掃や下草刈り等の維持管理を地元観光協会に委託し、地元住民が中心となって業務を実施。また、市民活動に関する情報の収集及び提供、相談及びコーディネートの事務をNPO団体へ委託。 ●住民主体の公共サービスの提供──【東京都武蔵野市】 地域住民が主体のNPOが市の支援のもとに子育て相談、交流、情報提供、一時保育などの子育て支援事業を実施（「武蔵野市テンミリオンハウス事業」）。市は補助金と活動拠点となる施設の無償提供により支援。補助を受ける団体は他分野の事業とともに「武蔵野市テンミリオンハウス事業採択・評価委員会」により事業内容及び活動実績を評価される。実施主体が地元の子育て経験者（女性）が主体であるため、住民から気軽に利用できると好評。 ●地域自治組織（町内会）への事務事業の移管──【福井県鯖江市】 平成12年から、地域、生活に密着した事務事業を市内10地区および157の自治組織（町内会）で行うものとし、その財源を交付金という形で年度当初に一括交付。各地区に対しては、「地区区長会運営費」をはじめ「地区活性化事業費」、「文化祭・スポーツ大会・敬老会等の開催費」を、157の町内会に対しては、「町内公民館費」をはじめ「掲示板設置費」や「防犯灯の設置・維持費」、「児童小遊園設備設置費」、「自主防災組織器具整備費」を交付金として一括交付。
2.外部委託	●環境関連業務のNPO法人への委託──【富山県】 専門性の高い産業廃棄物の発生抑制や循環利用等に関する技術相談、アドバイザーの派遣、普及啓発等の業務を、環境関連のNPO法人に委託して実施。 ●公共施設における指定管理者制度導入──【北九州市】 小倉城周辺3施設（小倉城、小倉城庭園及び水環境館）について指定管理者制度を導入し、観光地経営のノウハウ、民間独自の創意工夫により施設の集客向上を推進。 ●市が100％出資した株式会社の設立・委託の推進──【愛知県高浜市】 市が100％出資した株式会社を設立し、正職員でなくとも対応できる業務について業務委託を推進。
3.組織・マネジメント、人事管理	●政策立案機能を強化するための総合政策部門の設置──【岩手県】 総合的な政策の企画立案、組織全体の政策の総合調整、推進、評価などを統括する部局を、戦略性、機動性を重視した組織として設置。 ●組織のフラット化──【静岡県】 平成10年度から全国で初めて「課」を廃止し、目的別に「室」を創設。同時に職位階層を従来の7階層から5階層にフラット化。業務執行上の権限を現場の指揮官となる「室長」に移譲することによって、迅速かつ柔軟な行政運営を実現。 ●コンプライアンス制度の導入──【滋賀県近江八幡市】 市の行政事務や事業執行が、法令等に適合しているかどうかをチェックするとともに、不当要求に対する適正な対応をアドバイスするコンプライアンス・マネージャーを導入。また、法令等に則った事務事業の執行方法や不当要求への対応を盛り込んだ「コンプライアンス条例」を制定。

4.行政評価	**●業務棚卸表の活用──【静岡県】** 平成9年度から室の目的、目標、それらを達成するための手段の体系等を示した作戦書である業務棚卸表を活用して、行政評価を実施し、予算編成等に活用。平成14年度からは県の戦略計画である総合計画と業務棚卸表を連結し、同計画を実現するための単年度の実施計画・実績報告と位置付け、成果を評価し、改善する本格的な新公共経営（NPM）を確立。平成15年度からは評価情報を業務棚卸表に加え、県議会に提出。 **●みえ政策評価システム──【三重県】** 平成8年度より全予算事務事業を対象に評価を実施。バージョンアップを重ねて、平成14年度から〈施策―基本事業―事務事業〉の三層からなる「みえ政策評価システム」に取り組んでいる。現在は、総合計画「県民しあわせプラン」の体系に沿って評価を実施し、平成16年度の実績評価では、施策（63）、基本事業（222）、継続事務事業（1,510）において評価を実施。（警察本部所管分を除く。） **●政策・施策評価、事務事業評価、統合評価の実施、横断組織による評価、市民参加の委員会等による外部評価の実施、計画・予算への反映、ITの活用──【神奈川県横須賀市】** 　政策・施策評価、事務事業評価及び両者をあわせた統合評価を実施。部局内での1次評価、庁内横断組織である行政評価プロジェクトチームによる2次評価、公募市民等で構成するまちづくり評価委員会による3次評価の3段階。評価結果は計画策定や予算編成へ活用。また、平成15年度からIT版行政評価システムが稼動。さらに市民のみによる「まちづくり市民コメンテーター会議」を設置し、幅広い参加機会を提供。
5.ICTの活用	**●ホームページ閲覧支援システム──【岐阜県】** 県のホームページのアクセシビリティ向上のため、高齢者や障害者を含むパソコン利用者を対象に、ホームページの文字を拡大したり、音声で読み上げたりする「日本語文字読み上げ・文字拡大・画面配色変換ソフト」を導入。 **●統合型GISを活用したまちづくり支援情報システム──【石川県金沢市】** 統合型GISを構築し、これを基に庁外、庁内に情報を発信。庁外に向けては、土地利用、建築等に関する規制や助成の情報を配信し、市民・事業者による良好なまちづくりを誘導。庁内においては、部局間、職員間での情報共有を促進し、政策形成能力の向上を推進。 **●地域イントラネットの整備──【宮崎県高岡町】** 平成16年1月に、地域イントラネット「高岡町Vタウン情報ネットワーク」が開通。最寄りの公共施設等を利用した行政手続や行政情報の入手、テレビ会議システムを使った学校間での交流授業や議会の中継等の実施が可能。
6.議会	**●議会独自の情報公開条例制定等による透明性の向上──【東京都千代田区】** 議会独自の情報公開条例を制定するなど、「開かれた議会」に向け、透明性の向上を図る取組を実施。 **●市民の意見を聴く会──【熊本県宇土市】** 議会活性化の推進を目的に「議会活性化に関する調査特別委員会」を設置。本特別委員会は、検討の際に市民の声を聴くことが重要であると認識し、各種団体から構成される「市民の意見を聴く会」を開催し、市民から出された意見を報告書（議会活性化対策改善事項）に反映。

（出典）総務省ホームページ（http://www.soumu.go.jp/iken/）より作成

第4節 自治体／地域経営の新たな座標軸を求めて

●4つの視点

　地方自治体の行政運営や地域社会の課題解決の取り組みについて、これまで述べてきたようにNPM型行政改革にみられる経営主義的な観点は〈効率性・経済性〉を強調する。もとより、今日の自治体や地域社会が直面している課題の多様さや、自治体や地域社会それ自体の相貌、「地域実情」の多面性を考えれば、単一の視点だけでこれからの自治体／地域社会の展望をひらくことはできないだろう。自治体／地域社会を取り巻く環境変化の中で適正な行政運営、地域の課題解決を図る上で、〈効率性・経済性〉とともに〈補完性・近接性〉、〈開放性・透明性〉、〈地域性・協働性〉という視点の重要性を指摘しておきたい。〈効率性・経済性〉についてはすでにNPMの関連で述べているので、ここではそれ以外の3つの視点についてその含意を確認してみよう。それに先立ち、これら3つの視点がガバナンスの論理を共通項としているという点をはじめに指摘しておく。

●補完性・近接性

　まず〈補完性・近接性〉は、いわゆる「補完性の原理」が示す視点であり、EUにおけるマーストリヒト条約において採用された原則でもあり、近年わが国の地方分権改革において、「行政の守備範囲」あるいは「ガバメントからガバナンスへ」という文脈でしばしば言及されてきた。問題解決／課題達成の担い手の先後順位を、個人・市民（自助）→家族（互助）→地域（扶助）→企業・NPOなど（共助）→自治体・国（公助）とするもので、問題解決／課題達成のより小さな単位の自律性と主体性を尊重し、そこで解決が図れない場合に限って、順次より大きな単位の担い手が関与し、公的部門（行政）は最後の拠り所として位置づけられ

る。「行政の後置性」ともいわれる。さらにそのコロラリーとして、政策決定は可能な限り市民に身近なところで優先的に行われるべきであるという「近接性」の視点とパッケージでとらえられる。

　ここで留意しなければならないのは、「補完性」のもつ二重の両義性である。つまり、一方で、より小さな単位が自助によって目的を達成できるときにはより大きな単位は介入してはならないという「介入限定の原理」とともに、より大きな単位はより小さな単位が目標達成できないときには介入しなければならないという「介入肯定の原理」を含んでいる点である[29]。この両義性は、現実の政策選択において異なった選択肢の採用に結びつく場合がある。例えば、福祉政策についていえば、前者は個人の自立自助を強調する残余主義と結びつき、公的関与をより限定的にとらえる（スティグマタイゼーションなど、支援に制裁的要素を伴う）選別主義的政策が重視され、支出削減や規模縮小を正当化するプロ自由主義的な論拠となる場合がある。他方、後者は個人を結びつける共同体的な相互扶助を尊重し、その社会基盤となる中間的な社会集団の涵養、育成を奨励する保守主義もしくは団体主義的な政策対応につながる場合がある。

●**開放性・透明性**
　次いで〈開放性・透明性〉は「参加・公開原則」によって担保され、行政手続法制、情報公開法制、行政評価制度、パブリックコメント手続などの制度整備を通して実現される。ガバナンスの構築にとって協働・連携のパートナー相互の責任共有と情報共有は不可欠な前提であり、〈開放性・透明性〉はそうした責任共有と情報共有を築くための信頼醸成の基盤となる。さらに、ガバナンスが安定的に作動するとともに政策のフィージビリティを担保するにはパートナー間の合意形成が必要である。その際、「情報の非対称」な公民関係のもとでは、行政サイドでの説明責任を確保し、市民サイドの行政に対するモニタリングのコスト

をできる限り軽減することが要請される。また公開され、共有される情報は、誰にとっても接近可能で利用可能なように、客観的に指標化され数値化された情報であることが求められる。情報共有に基づく合意形成（インフォームド・コンセント）と証拠に基づく政策（EBP：Evidence based Policy）によって〈開放性・透明性〉が政策過程において実質化されることになる。

●地域性・協働性

　最後に〈地域性・協働性〉は、ガバナンスの受け皿である地域協働システムもしくは政策連携体のパフォーマンスにかかわる視点である。このガバナンスのパフォーマンスに大きな影響を及ぼす要因として、近年関心が注がれているのがソーシャル・キャピタルである[30]。社会関係資本とか人間関係資本ともいわれ、地域社会における人々の相互信頼と緊密なネットワーク、互恵的な相互扶助によって築きあげられた社会的な結びつきの強さや豊かさを意味しており、地域社会の中で人びとによる共通の目的に向けた協調的行動を導く社会基盤になると考えられている。さらに、ソーシャル・キャピタルの蓄積ないし醸成の度合と地域社会における安全・安心・安定といった価値の創出・実現と一定の相関関係がみられると指摘されている[31]。

　特に都市部においてはソーシャル・キャピタルは減退傾向にあり、社会的つながりが希薄化した都市生活の中でソーシャル・キャピタルを再生し培養することが喫緊の課題になっている。それには、まず第一に、従来の地縁関係にとらわれない新しいソーシャル・キャピタルの構築を模索する必要があろう。NPOなど機能的社会集団を媒介とした水平的でオープンなネットワークで結ばれたソーシャル・キャピタル培養への支援が重要である。次に、大都市部においてはとりわけ住民と自治との距離が大きく、それを埋めるような自治の単位を再構成すること（例えば学校区）で「小さな自治」の実現を図る可能性が見出せるだろう。

他方、過疎化・高齢化によって地域基盤それ自体が衰退している中山間地域では、従来型の地縁・血縁関係に基づく垂直的で同質的な結びつきによるソーシャル・キャピタルを基盤とせざるを得ない。もとより外部からの新しいソーシャル・キャピタルの培養に取り組むことも必要ではあろうが、首尾よい成果を期待するのは難しい。垂直的で同質的なネットワークのもつ排他的で閉鎖的な集団特性のマイナス面を過度に警戒するのではなく、むしろ「舫（もやい）」や「結」、「無尽」にみられる互酬的な関係のもつパフォーマンスを前向きに評価し積極的に活用するのが大切ではないだろうか。

●本章のむすび

これまで述べてきたように、「大きな政府」と官僚主義的な集権システムに特徴づけられる20世紀後半期の政治経済システムの停滞と行き詰まりを打開し、社会経済システムの活力を取り戻すゲートウェイとされたのが構造改革の政策選択であり、その際DPM戦略といわれる〈効率性・経済性〉を追求する経営主義的な視点が強調されてきた。1990年代半ば以降のわが国における自治体／地域経営の刷新を模索する取り組みの中でも、一連のNPM型改革がメインストリームとしての位置づけを与えられている。

ただその一方で、経営主義的な改革路線が自治体／地域経営にとって万能の薬ではなく、処方や用法を誤ればマイナスの副作用や痛みを伴ったり、以前よりも回復困難なダメージを与えるおそれも懸念されている。例えば限界集落問題を考える場合、過重な財政負荷、財政制約、将来人口の縮減動向を所与の条件とすれば、多くの限界集落が遠くない将来に消滅の危機に瀕することは明らかであろう。〈効率性・経済性〉という定量的な尺度で測定される基準だけでは、小さくとも生活の営みのある集落の終末を看取り、その痛みを緩和するにはどのような支えができる

のか、あるいは再生するにはどのような企てが有効なのか、答えを見出すことは難しい。

「鹿を殺すには一発の銃弾が効率的で経済的だが、鹿を生かしてとらえようとするなら銃弾は有効ではない」

このよく知られたフレーズは、一元的な能率至上主義の単純さを問いただし、目的に応じた手段選択の適切性、有効性を重視すべきことを含意している。

目的やニーズ、地域実情、課題に応じて解決の方途が異なるのは当然のことである。経営主義という一元的な視点ばかりが強調されるのではなく、多元的な視点が尊重され、相互の視点の均衡点を探りながら、それぞれの自治体／地域社会が固有の座標軸を再設定し、将来の方向を見定めることが今こそ求められている。

注

1) D.Osborne and T.Gaebler, Reinventing Government: How the Entrepreneurial Spirit is Transforming the Public Sector, Addison-Wesley, 1992 (総合行政研究会海外調査部会監修、日本能率協会自治体経営革新研究会訳『行政革命』日本能率協会マネジメントセンター、1995年)
2) 自治体改革の最近動向については、武岡明子「地方自治の新動向」縣公一郎・藤井浩司編『コレーク行政学』成文堂、2007年、第7章、参照。
3) それぞれの経緯については、総務省HPhttp://www.soumu.go.jp/iken/newtopic.htmlおよびhttp://www.soumu.go.jp/gyoukan/kanri/b_28.htm、丸山康人編『自治・分権と市町村合併』(イマジン出版、2001年)、20頁以下を参照。
4) 政治過程のダイナミクスを説明するにはミクロな政治アクターの行動に関心焦点を合わせる必要があるのはいうまでもない。曽我謙悟「地方分権改革をめぐる二つのなぜ」大森弥他『地方分権改革』pp.30-32、法律文化社、2000年。
5) 制度循環仮説とは、一種の経験則で、社会経済環境の変化によって引き起こされた制度と現実の乖離が制度の耐用年数を規定し、制度創設から一定期間を経過すると既存の制度は制度改革を迫られ、新たに設計された制度に取って代わられるというとらえ方。例えば、「法が広がる　古びたルール、改正急ピッチ」(2005年7月27日付「日本経済新聞」)は、制定された立法数の時系列推移から、現在が明治憲法制定期

(1890年代)と戦後改革期(1950年代)に並ぶ立法制定の第3の波に当たると述べている。

6) R.Mishra, *The Welfare State in Capitalist Society*, Harvester Wheatsheaf, 1990, p.xii.(丸谷冷史他訳『福祉国家と資本主義』晃洋書房、1995年)
7) 先進諸国が共有していた政策パラダイムの共通基盤が崩壊したという意味では「収斂の終焉」ともいえよう。J.H.Goldthorpe,ed., *Order and Conflict in Contemporary Capitalism*, Clarondon Pr.,1984,pp.317ff. (稲上毅他訳『収斂の終焉』有信堂、1987年)
8) 規制緩和(deregulation)、民営化(privatization)、市場化(marketization)の頭文字の合成語。
9) C.Hood, `A public management for all seaons?', *Public Administration*, 69 (1), 1991, pp.4-5.
10) O.E.Hughes, *Public Management & Administration*, St.Martin's Pr., 1994, pp.5-7.
11) 村松岐夫・稲継裕昭編『包括的地方自治ガバナンス改革』東洋経済新報社、2003年、第8章および第12章参照。地方自治体のアウトソーシングに関する選択行動の規定要因について分析を試みたものとして、原田久『NPM時代の組織と人事』信山社、2005年、第3章参照。
12) 片岡寛光編『国別行政改革事情』早稲田大学出版部、1998年、pp.16-18。
13) 政策移転(policy transfer)とは、「ある時点、および/もしくはある場所での構想、制度、政策、プログラムに関する知見が、別の時点、および/もしくは別の場所での政策やプログラムの展開にかかる政策形成のアリーナに伝播していく過程」をいう(D.P.Dolowitz and D.Marsh, "Policy transfer: a framework for comparative analysis", in M.Minogue, C.Polidano and D.Hulme.eds., *Beyond the New Public Management*, Edward Elgar,1998, p.38.)。政策移転論に関する最新の理論動向については、松岡清志「政策移転論・政策波及論」縣公一郎・藤井浩司編『コレーク政策研究』成文堂、2007年、第8章、参照。
14) *Ibid.*,pp.43-46. 村松・稲継、前掲書、p126およびp130。
15) R.Common, "The new public management and policy transfer: the role of international organizations",in Minogue et al.,*op.cit.*,pp.70-71.片岡、前掲書、p18。
16) Dolowitz and Marsh,*op.cit.*,pp.52-55.
17) 企業組織を対象に、従来の日本的経営の変容について検討した先行リサーチとして、日本経営者団体連盟「新時代の『日本的経営』――挑戦すべき具体方向とその策」(1995年5月17日)、同「『新時代の日本的経営』についてのフォローアップ調査報告」(1998年8月6日)、および経済企画庁調査局景気統計調査課「日本的経営システムの再考――企業行動に関するアンケート調査報告」(1998年4月15日)がある。以上の

調査分析から、本稿の知見、考察の組み立てにあたって着想の手がかりを得た。その他、吉田和男『日本型経営システムの功罪』東洋経済新報社、1993年、chs.2および7、東北大学経営グループ『ケースに学ぶ経営学』有斐閣、1998年、第12章、野村正實「規制緩和と日本型資本主義」社会政策学会編『社会構造の変動と労働問題』ミネルヴァ書房、2000年、p10以下、および山田信行「グローバリゼーションと日本的システム」同書pp.30-34を参照。

18) 日本都市センター「自治体組織の多様化——長・議会・補助機関の現状と課題」(自治体組織の多様化に関する調査研究報告書)、2004年4月、p39以下参照。

19) 自治大学校地方公務員研修研究会「自治体における政策の現状と政策形成過程に関する調査」(2005年3月)、pp.28-29。

20) 例えば、週40時間労働導入 (1994年)、介護休業制度導入 (1995年)、ホワイトカラー労働の職業紹介への民間参入 (1997年)、全産業での派遣労働導入 (1999年)、女性の残業、休日・夜間労働制限の撤廃、裁量労働制導入、期限付き雇用契約導入、最長労働時間上限の撤廃 (1999年) など。

21) 工藤章、橘川武郎、グレン・フック編『現代日本企業1　企業体制 (上)』有斐閣、2005年、第6および7章参照。

22) 例えば、経済企画庁調査局による前掲調査報告書「日本的経営システムの再考」(1998年) でも、今後新たな仕組みの重要性、影響力が高まっていくと予想されるものの、必ずしも新たな仕組みが従来からの仕組みに取って代わるのではなく、職種や部門等に応じ新旧仕組みて組み合わせて活用されていくと展望している (http://www5.cao.go.jp/98/f/19980415f-ank-1.html参照)。

23) 三重、静岡両県でのNPM改革、特に事務事業評価、予算制度の分権化、組織フラット化の取り組みと他自治体への波及について、日本都市センター編『都市自治体の行政経営改革とベンチマーキング』日本都市センター、2004年9月、pp.6-9。わが国における国・自治体のNPM型行政改革を概観、整理したモノグラフとして、久保木匡介「NPMから公共経営へ」縣・藤井前掲書『コレーク行政学』p35以下、参照。

24) 「成果主義　異変あり」(2005年3月12日付「朝日新聞」) では、1990年代半ば以降、年功型賃金の見直しで導入された成果主義賃金制や目標管理制度を再見直しに取り組む主要企業の例や、終身雇用制を堅持する例が取り上げられている。あるいは「進めた改革　格差を助長」同2006年3月29日では、労働法制規制緩和、最高税率引き下げ、給付削減などの政策変更による経済格差の影響が取り上げられている。

25) 工藤・橘川・グレン、前掲書、p65以下およびp193以下、参照。

26) 「風前　病院PFI」(2008年1月22日付「朝日新聞」) は、民間活用して病院経営の効率化を期待して導入された病院PFIの取り組みが、期待した成果を生まず、逆に経営悪

化、赤字経営に直面している複数の自治体の事例について取り上げている。あるいは「競争導入で光と影」（2006年4月16日付『朝日新聞』）では、学校選択制導入に伴う問題事例が取り上げられている。
27）「三位一体改革　35道府県『赤字』」（2007年10月26日付『朝日新聞』）。
28）国土交通省「過疎地域等における集落の状況に関するアンケート調査結果（中間報告）」（2007年1月）によれば、過疎地域を抱える全国775市町村に属する62,271集落のうち12.6％の7,873集落が限界集落（65歳以上高齢者が住民の半数以上を占める集落）で、うち2,917集落が機能維持困難、2,641集落が将来消滅の可能性があるとされる。
29）宮崎文彦「公共哲学」縣・藤井前掲書『コレーク行政学』pp.213-214。
30）R.D.パットナム、河田潤一訳『哲学する民主主義』NTT出版、2001年、および同、坂本治也・山内富美訳「ひとりでボウリングをする――アメリカにおけるソーシャル・キャピタルの減退」宮川公男・大守隆編『ソーシャル・キャピタル』東洋経済新報社、2004年、第2章、参照。
31）内閣府国民生活局「ソーシャル・キャピタル：豊かな人間関係と市民活動の好循環を求めて」（2002年度内閣府委託調査）2003年6月（http://www.npo-homepage.go.jp/data/report9.html）、および内閣府経済社会総合研究所「コミュニティ機能再生とソーシャル・キャピタルに関する研究調査報告書」2005年8月（http://www.esri.go.jp/jp/archive/hou/hou020/hou015.html）、参照。

◆参考文献
(1)　縣公一郎、藤井浩司編『コレーク政策研究』成文堂、2007年
(2)　同上『コレーク行政学』成文堂、2007年
(3)　片岡寛光『公共の哲学』早稲田大学出版部、2002年
(4)　工藤章、橘川武郎、グレン・フック編『企業体制　上・下』有斐閣、2005年
(5)　原田久『NPM時代の組織と人事』信山社、2005年
(6)　村松岐夫、福継裕昭編『包括的地方自治ガバナンス改革』東洋経済新報社、2003年

【編者紹介】

片木　淳（かたぎ・じゅん）［担当：第1章］

　1947年大阪府生まれ。1971年東京大学法学部卒業。同年自治省入省。鹿児島県観光物産課長・財政課長、旧西ドイツ ジェトロ・デュッセルドルフセンター、高知県保健環境部長・総務部長、北海道総務部長、大阪府総務部長、自治省選挙部長、総務省消防庁次長等歴任。公営企業金融公庫理事を経て、2003年4月から早稲田大学大学院公共経営研究科教授、同大学メディア文化研究所長。

＊

藤井　浩司（ふじい・こうじ）［担当：第10章］

　1955年京都府生まれ。早稲田大学法学部卒業、早稲田大学大学院政治学研究科博士後期課程満期退学。東北福祉大学社会福祉学部講師、龍谷大学社会学部助教授を経て、現在早稲田大学大学院公共経営研究科教授、同大学メディア文化研究所研究員。

＊

森　治郎（もり・じろう）［担当：第3章］

　1943年大阪府生まれ。早稲田大学政治経済学部卒業、朝日新聞社に入社。東京本社編集局整理部、マリオン編集部、AERA発行室、システム技術本部、メディア政策室、総合研究本部などで新聞・雑誌の編集やメディア戦略の企画・研究に携わり2003年定年。同年4月から2006年3月まで早稲田大学大学院公共経営研究科客員教授（メディア分野科目担当）。2006年4月から同大学メディア文化研究所客員教授。

【執筆者紹介】

河村　守信（かわむら・もりのぶ）［担当：第8章］

　1958年秋田県生まれ。東京農業大学農学部卒業。1981年（財）秋田県林業公社を経て、現在、株式会社都市環境計画研究所勤務。主に道路計画、都市計画、地域計画を担当。中国においても道路計画や都市開発のコンサルティング活動を幅広く展開。

＊

木村　俊昭（きむら・としあき）［担当：第7章］

　1960年北海道生まれ。1984年に小樽市入庁。財政部・議会事務局・企画部・総務部・経済部・企画政策室にて、総合計画、広域行政、地場産業振興、産学官連携、産業クラスター、異業種交流、学生起業家塾、職人展、全国・世界職人学会、制作体験工房、新産業創出、キッズベンチャー塾等を企画・実践。現在、内閣官房地域活性化統合事務局・内閣府構造改革特区担当室・内閣府地域再生事業推進室企画官、内閣府経済社会総合研究所特別研究員として、地域再生策の策定、地域再生制度事後評価、地域大学での「地域再生システム論」の開講、NPO支援、地域再生勉強会の開催、政府広報、地域再生に関する調査・研究等を担当。地域活性化伝道師（国）。

黒澤　武邦（くろさわ・たけくに）[担当：第5章]

　1970年茨城県生まれ。早稲田大学理工学部卒業、早稲田大学大学院理工学研究科修士課程修了、ペンシルベニア大学大学院博士課程修了（Ph.D.：都市計画学博士）。佐賀大学低平地研究センター講師、国会議員政策担当秘書などを経て、現在、「シンクタンク2005・日本」主任研究員。早稲田大学社会システム工学研究所客員研究員、早稲田大学大学院公共経営研究科非常勤講師。

*

林　秀一（はやし・しゅういち）[担当：第2章]

　1961年北海道生まれ。北海道大学法学部卒業。1985年株式会社電通に入社。CSR室勤務。マーケティング局にて外資系企業を担当後、官公庁担当営業として、省庁再編時のCI（Corporate Identity）、観光に関するコンサルティング、愛・地球博、衆議院選挙時の政党広報を担当。2002FIFAワールドカップ組織委員会に出向後、官公庁職員に対する研修業務に従事し、自治体プロジェクトを担当。市街地開発、観光、物産、テーマパークの活性化、地域のPR等をテーマに各地で講演・研修を実施。

*

細川　甚孝（ほそかわ・しげのり）[担当：第9章]

　1971年秋田県生まれ。都留文科大学文学部卒業、上智大学大学院文学研究科社会学専攻博士後期課程満期退学、早稲田大学大学院公共経営研究科修士課程修了（公共経営修士（専門職））。これまで、全国各地で地域活性化・地域再生・公共経営をテーマとして、関連する様々なコンサルティング業務に従事。現在、株式会社インテージカスタムリサーチユニットソーシャルマーケティング部研究員、早稲田大学パブリックサービス研究所客員研究員。

*

本間　奈々（ほんま・なな）[担当：第4章]

　1969年福岡県生まれ。1993年早稲田大学法学部卒業。同年、自治省（現総務省）入省。山梨県、総理府内政審議室主査、厚生労働省建設・港湾対策推進室長補佐、札幌市企画課長、総務省自治大学校教授などの勤務経験を経て、2007年4月から愛知県春日井市副市長に就任、現在に至る。その他に札幌大学法学部非常勤講師、東京大学大学院総合文化研究科客員助教授を経験。

*

松田　弘行（まつだ・ひろゆき）[担当：第6章]

　1954年福島県生まれ。中央大学法学部卒業。1978年日本道路公団入社。高速道路料金関係部門、建設関連協議協定部門、予算部門等に従事。東京湾アクアラインの開通時に東京湾横断道路株式会社に出向。その後、東北支社仙台管理事務所等の勤務を経て、現在、東日本高速道路株式会社北海道支社勤務。

地域づくり新戦略 ── 自治体格差時代を生き抜く ──

2008年4月10日　初版発行

　　　編　者　　片木　淳・藤井　浩司・森　治郎
　　　発行者　　菊池　公男
　　　発行所　　株式会社 一 藝 社
　　　　　　　　〒160-0022 東京都新宿区新宿1丁目6番11号
　　　　　　　　TEL. 03-5312-8890　FAX. 03-5312-8895
　　　　　　　　振替　東京　00180-5-350802
　　　　　　　　e-mail : info@ichigeisha.co.jp
　　　　　　　　website : http://www.ichigeisha.co.jp

　　印刷・製本　　㈱シナノ

　　　　　　　　Ⓒ J. Katagi/K. Fujii/J. Mori 2008 Printed in Japan
　　　　　　　　ISBN978-4-901253-96-3 C3031
　　　　　　　　落丁・乱丁本はお取り替えいたします。